WISSENSCHAFTLICHE BEITRÄGE AUS DEM TECTUM VERLAG

Reihe Philosophie

WISSENSCHAFTLICHE BEITRÄGE
AUS DEM TECTUM VERLAG

Reihe Philosophie

Band 20

Anna Claas

Lässt sich das *Prinzip Verantwortung* doch noch verteidigen?

Erneuter Versuch der Begründung des *Prinzips Verantwortung* von Hans Jonas auf der Basis der diskursiven und neo-pragmatistischen Ethik von Albrecht Wellmer

Tectum Verlag

Anna Claas

Lässt sich das *Prinzip Verantwortung* doch noch verteidigen?
Erneuter Versuch der Begründung des *Prinzips Verantwortung* von Hans Jonas auf der Basis der diskursiven und neo-pragmatistischen Ethik von Albrecht Wellmer
Wissenschaftliche Beiträge aus dem Tectum Verlag:
Reihe: Philosophie; Bd. 20

Zugl. Univ.Diss., Köln 2011
ISBN: 978-3-8288-2767-7
ISSN: 1861-6844
Umschlagabbildung: © studiovision | www.istockphoto.com

Printed in Germany

Besuchen Sie uns im Internet
www.tectum-verlag.de

Bibliografische Informationen der Deutschen Nationalbibliothek
Die Deutsche Nationalbibliothek verzeichnet diese Publikation in der Deutschen Nationalbibliografie; detaillierte bibliografische Angaben sind im Internet über http://dnb.ddb.de abrufbar.

Inhaltsverzeichnis

Abbildungsverzeichnis

Danksagung und Widmung

Die vorliegende Dissertation wurde im Januar 2011 von der Humanwissenschaftlichen Fakultät der Universität zu Köln angenommen.

Mein aufrichtiger Dank gilt meinem Doktorvater Herrn Prof. Dr. Holger Burckhart sowie meinem Zweitgutachter Herrn Prof. Dr. Kersten Reich. Durch beide habe ich eine hilfreiche und zugewandte Unterstützung erfahren dürfen.

Des Weiteren möchte ich mich bei meinen Kommilitonen und Freunden Wibke Petras, Petr Frantik und Dairi Matsumoto bedanken. Die zahlreichen Diskussionen, in denen wir unsere Erfahrungen und unser Wissen austauschen konnten, werden mir immer in wertvoller Erinnerung bleiben.

Diese Arbeit möchte ich meinem Bruder Oliver Claas und meinem Vater Günther Claas widmen, die im vergangenen Jahr unerwartet verstorben sind.

Köln, Mai 2011
Anna Claas

1 Einleitung

1.1 Problemlage

Seit Beginn der sich rapide verändernden Technik und der wirtschaftlichen Globalisierung in den 1980er Jahren wird der Ruf nach einem globalen und gemeinsamen Verantwortungshandeln immer lauter. Wie Hans Jonas in seinem Werk „Das Prinzip Verantwortung. Versuch einer Ethik für die technologische Zivilisation" aus dem Jahr 1979 bereits deutlich gemacht hat, liegt der Grund dafür darin, dass sich das Handeln des Menschen seit dem Aufkommen der Technologie gravierend verändert hat: Es lässt sich zunehmend durch Globalität, Kollektivität und Unbestimmtheit charakterisieren.[1] Das heißt, einzelne Handlungen sind auf verschiedenen Ebenen immer mehr miteinander verknüpft und nehmen in ihrer Gemeinsamkeit ein globales Ausmaß an. Dabei werden ursprüngliche Handlungsräume und Handlungsgrenzen, wie zum Beispiel nationalstaatliche Grenzen, durchbrochen. Es entstehen endlose, chaotische und unüberblickbare Handlungsketten, was zur Folge hat, dass Handlungsresultate sich nicht mehr eindeutig auf ihre Verursacher zurückverfolgen lassen.

Hinzu kommt, dass das veränderte Handeln vermehrt zu Problemen und Katastrophen globaler Reichweite führt. Hans Jonas hat seinerzeit auf die ökologische Krise in den 1980er Jahren verwiesen. Darüber hinaus sind jedoch auch die stetig anwachsenden Probleme im Bereich der globalen Ökonomie und globalen sozialen Gerechtigkeit zu nennen. Als Beispiele lassen sich hier die aktuelle, weltweite Finanzkrise oder das nach wie vor bestehende Problem der Armutsbekämpfung in den Entwicklungsländern anführen.[2]

---

1 Vgl. Jonas, Hans (1979), *Das Prinzip Verantwortung. Versuch einer Ethik für die technologische Zivilisation*, Frankfurt a. M.

2 Zu den verschiedenen neuen, globalen Problemfeldern vgl. Le Monde diplomatique (Hg. 2006), *Atlas der Globalisierung. Die neuen Daten und Fakten zur Lage der Welt*, deutsche Ausgabe, Berlin; Le Monde diplomatique (Hg. 2009), *Atlas der Globalisierung. Sehen und verstehen, was die Welt bewegt*, deutsche Ausgabe, Berlin; Herrmann, Harald/Voigt, Kai-Ingo (Hg. 2005), *Globalisierung und Ethik*, Ludwig-Erhard-Ringvorlesung an der Friedrich-Alexander-Universität Erlangen-Nürnberg, Heidelberg; Ekhardt, Felix (2005), *Das Prinzip Nachhaltigkeit: Generationengerechtigkeit und globale Gerechtigkeit*, München; Beck, Ulrich (1997), *Was ist Globalisierung? Irrtümer des Globalismus – Antworten auf Globali-*

Diese weltweite kritische Situation erfordert ein Prinzip der kollektiven und globalen Verantwortung, das die Menschen moralisch dazu verpflichtet, eine gemeinsame Zuständigkeit für die neuen, weltumspannenden Problemfelder zu übernehmen. Die globalen Probleme müssen fortan als *gemeinsame* Probleme angesehen werden, die nur mit einem *gemeinsamen,* moralisch verpflichtenden Verantwortungshandeln gestoppt, gelöst und zukünftig verhindert werden können.

Ein solches moralisches Verantwortungsprinzip formulierte erstmals in philosophischer Hinsicht Hans Jonas in seinem bereits genannten Werk „Das Prinzip Verantwortung. Versuch einer Ethik für die technologische Zivilisation". Darin fordert er die Menschen zu einem kollektiven, verantwortlichen Umgang mit der ihnen gemeinsamen Natur auf und formuliert entsprechende Imperative, die ihnen die unbedingte Pflicht auferlegen, in all ihrem Handeln die Natur zu bewahren und nicht durch unüberlegte, unkontrollierbare, technisch-experimentelle Handlungen weiter zu beschädigen.

Jonas' Ausarbeitung eines globalen und kollektiven Verantwortungsprinzips ist für die Philosophie von großer Bedeutung. In bestimmter Hinsicht ist seine Verantwortungsethik jedoch auch problematisch und nicht ohne weiteres anzunehmen. Die Schwierigkeit besteht darin, dass Jonas bei der Begründung des moralischen Prinzips Verantwortung einen inakzeptablen Weg geht: Er versucht die Verantwortungspflicht der Menschen gegenüber der Natur in einer naturphilosophischen Ontologie zu verankern. Dabei behauptet er, dass das „Sollen" der Verantwortung aus dem „Sein" der Natur herzuleiten ist. Dieser Schritt lässt sich augenscheinlich als „naturalistischer Fehlschluss" interpretieren – ein Schluss, der seit den Ausführungen von David Hume innerhalb der Ethik nicht mehr erfolgreich vertreten werden kann.[3]

Insofern ist Jonas Verantwortungsethik auf der einen Seite und im Kern – wenn es darum geht, den Menschen eine kollektive und globale Handlungspflicht angesichts ihrer neuen weltweiten Probleme aufzuerlegen – sehr überzeugend. Auf der anderen Seite ist sie jedoch dort, wo Jonas versucht, das Prinzip Verantwortung auf der Basis einer naturphilosophischen Ontologie zu begründen, philosophisch nicht mehr haltbar.

---

sierung, Frankfurt a. M.; Bausch, Thomas/Böhler, Dietrich/Gronke, Horst u. a. (Hg. 2000), *Zukunftsverantwortung in der Marktwirtschaft,* Münster u. a.

3 Vgl. Kapitel 3.2.3.2 dieser Arbeit.

Ein weiterer Versuch der philosophischen Begründung des moralischen Prinzips Verantwortung stammt von Karl-Otto Apel. Apel versucht in einer großangelegten und zweistufigen Architektonik das Jonas'sche Prinzip Verantwortung auf der Basis seiner transzendentalpragmatischen Diskursethik zu rekonstruieren und schließlich eine Ethik der „Mit-Verantwortung" zu entfalten.[4] Auf den ersten Blick scheint Apel damit das Problem der philosophischen Begründung des moralischen Prinzips Verantwortung gelöst zu haben: Er berücksichtigt – im Gegensatz zu Jonas – die *Dimension der Intersubjektivität, der Kommunikation und des Diskurses* für die Begründung der Moral insgesamt und schließt damit an die Tradition des revolutionären Humanismus und der kritischen Diskussion um die Ethik Kants an.[5] Auf den zweiten Blick muss man jedoch einwenden, dass Apel in der Begründungsfrage einen Schritt zu weit geht: Er bindet das Prinzip Verantwortung nicht lediglich an den realen, lebensweltlichen Diskurs, sondern an den *idealen Diskurs der idealen Kommunikationsgemeinschaft*, der als *regulative Idee* in den Bedingungen der Möglichkeit unseres vernünftigen Argumentierens immer schon vorausgesetzt und *letztbegründet* ist. Da diese von Apel aufgestellten idealistischen Implikationen nicht überzeugen, muss auch sein Versuch der philosophischen Begründung eines moralischen Prinzips Verantwortung als problematisch erachtet werden.[6]

Angesichts dieser beiden Versuche von Jonas und Apel gilt das Projekt der philosophischen Begründung des Prinzips Verantwortung in der heutigen Philosophie weitestgehend als gescheitert. Das bedeutet, dass in erster Linie die Möglichkeit einer absoluten und letzten Begründung der moralischen Verantwortungspflicht verneint wird. Entsprechend wird das Jonas'sche Prinzip Verantwortung überwiegend als nicht anschlussfähig gedeutet und Verantwortung dagegen nur noch als einfa-

4 Vgl. Apel, Karl-Otto (1994), *Die ökologische Krise als Herausforderung für die Diskursethik,* in: Böhler, Dietrich (Hg. 1994), *Ethik für die Zukunft. Im Diskurs mit Hans Jonas,* München, S. 369ff; Werner, Micha H. (2006b), *Verantwortung,* in: Düwell, Marcus/Hübenthal, Christoph/Werner, Micha H. (Hg. 2006), *Handbuch Ethik,* zweite, aktualisierte und erweiterte Auflage, Stuttgart/Weimer, S. 545.

5 Vgl. Kapitel 3.3.1 dieser Arbeit.

6 Vgl. Wellmer, Albrecht (1986), *Ethik und Dialog. Elemente des moralischen Urteils bei Kant und in der Diskursethik,* Frankfurt a. M., S. 51ff; Kapitel 4.2.3 dieser Arbeit.

che, moral*neutrale* Zuschreibungskategorie oder soziale Konstruktion verstanden.[7]

Die geschilderte Problemlage lässt sich folgendermaßen auf den Punkt bringen: Auf der einen Seite ist in der heutigen Zeit der Globalisierung ein moralisch verpflichtendes Prinzip der kollektiven und globalen Verantwortung, so wie Jonas es zuerst entwickelt hat, wichtig und sinnvoll. Auf der anderen Seite gilt ein solches moralisches Prinzip jedoch innerhalb der Philosophie weitestgehend als gescheitert, da bislang jeder Versuch der Begründung dieses Prinzips als nicht haltbar identifiziert werden musste.

1.2 Thema, These und Ziel der Untersuchung

Thema der Untersuchung:

In der vorliegenden Arbeit wird ein erneuter Versuch unternommen, an das Prinzip Verantwortung, das Jonas im Jahr 1979 entwickelt hat, anzuschließen, es weiterzudenken und zu überarbeiten. Dabei wird das Projekt einer überzeugenden philosophischen Begründung dieses moralischen Prinzips nicht ignoriert oder aufgegeben, sondern erneut aufgenommen: Es gilt, das Prinzip Verantwortung im Rahmen einer *diskursiven* Ethik neu zu begründen. Der Grund für die diskursive Fundierung des Prinzips Verantwortung wird in dieser Arbeit – der Argumentation Albrecht Wellmers folgend – darin gesehen, dass eine heutige Ethik (a) in der Tradition der Aufklärung und des revolutionären Humanismus stehen und (b) an der Kritik der Ethik Kants anknüpfen muss.[8] Dazu sollen die richtigen Kerngedanken des Jonas'schen Ansatzes aus dem naturphilosophisch-metaphysischen Begründungskontext herausgelöst und in den Rahmen der neuen, diskursiven Begründungsweise eingebunden werden.

Entsprechend wird in der vorliegenden Arbeit zunächst – in einem Zwischenschritt – die diskursive und transzendentalpragmatische Verantwortungsethik von Apel diskutiert, führt doch der Anspruch, das Prinzip Verantwortung mit einer diskursiven Ethik zu verbinden, direkt zu der Ethik Apels. Innerhalb der philosophischen Richtung der transzendentalpragmatischen Diskursethik ist man überzeugt, dass die Problematik der Jonas'schen Ethik nur mit der Methode der *diskursiven*

---

7 Vgl. Kapitel 2.2 dieser Arbeit.

8 Vgl. Wellmer 1986, S. 7ff; Kapitel 3.3.1 dieser Arbeit.

und transzendentalpragmatischen Transformation gelöst werden kann.[9] In der vorliegenden Arbeit wird hingegen deutlich werden, dass die Apel'sche Ethik das Prinzip Verantwortung zwar in das Zentrum einer diskursiven Ethik stellt, dabei aber selbst von an Absolutheitsvorstellungen orientierten Voraussetzungen ausgeht, die nicht haltbar sind.

Angesichts dieser Schwierigkeiten soll schließlich die diskursive, aber neo-pragmatistische Ethik von Albrecht Wellmer herangezogen werden. Wellmer selbst spricht zwar nicht explizit über Verantwortung, aber das Prinzip Verantwortung lässt sich sehr gut in seinen Ansatz eingliedern. Der Vorteil der Wellmer'schen Ethik besteht darin, dass es ihm gelungen ist, einen Ansatz zu entwickeln, der auf der einen Seite völlig auf idealistische Implikationen verzichtet und auf der anderen Seite dennoch den Anspruch einer universalistischen und kognitiven Diskursethik erfüllen kann. Der Schlüssel für dieses Gelingen ist in Wellmers grundlegendem neo-pragmatistischen Denken, das eine „Umkehr des Denkens" hervorruft, zu finden: Mit ihm lassen sich traditionelle Konzepte wie „Begründung" und „Wahrheit" neu interpretieren und für eine diskursive Ethik fruchtbar machen.[10]

Fügt man schließlich das Prinzip Verantwortung in den Rahmen der Wellmer'schen Ethik ein, so kann dadurch erreicht werden, dass (a) das Prinzip Verantwortung auf der Basis einer diskursiven Ethik begründet wird und dass dabei (b) die Fehler Apels vermieden werden: Das Prinzip Verantwortung wird nicht an einen *idealen* Diskurs, sondern an den *realen* Diskurs der Lebenswelt gebunden.

---

9 Vgl. Burckhart, Holger (2002), *Überwindung der metaphysisch-heuristischen Grundlegung der Verantwortungsethik bei Hans Jonas durch eine dialogisch-diskursive Zukunftsethik der Mitverantwortung*, in: Sakai, Akihiro (Hg. 2002), *Gendai no seimeikan to sizenkan ni taisuru tetugakuteki rinrigakuteki saikentou (A Philosophical and ethical rethinking of the concepts of life and nature in the present)*, Sapporo, S. 41ff; Böhler, Dietrich (1994b), *In dubio contra projectum. Mensch und Natur im Spannungsfeld von Verstehen, Konstruieren und Verantworten*, in: Böhler Hg. 1994a, S. 244ff; Gronke, Horst (1994), *Epoché der Utopie. Verteidigung des ‚Prinzips Verantwortung' gegen seine liberalen Kritiker, seine konservativen Bewunderer und Hans Jonas selbst*, in: Böhler Hg. 1994a, S. 407ff; Kuhlmann, Wolfgang (1994), *‚Prinzip Verantwortung' versus Diskursethik*, in: Böhler Hg. 1994a, S. 277ff.

10 Vgl. Kapitel 5.1.1 dieser Arbeit.

These der Untersuchung:

Die leitende Fragestellung der vorliegenden Arbeit lautet daher: Ist das moralisch geltende Prinzip Verantwortung, das für unsere lebensweltlichen, globalen gemeinsamen Probleme so wichtig ist und das man schon bei Jonas findet, nicht doch – entgegen der gegenwärtigen Ansichten vieler philosophischer Kritiker – möglich? Die These, die in dieser Arbeit vertreten wird, geht davon aus, dass das Jonas'sche Verantwortungsprinzip verteidigt und begründet werden kann. Dies setzt jedoch zwei Modifikationen voraus:

(1) Das Prinzip Verantwortung muss diskursiv neu begründet werden. Dies führt zunächst, wie bereits angedeutet, zu der diskursiven und transzendentalpragmatischen Ethik Apels. Da Apels Begründungsweise jedoch aufgrund der idealistischen Implikationen nicht akzeptabel ist, wird als Lösung die diskursive und neo-pragmatistische Ethik Wellmers herangezogen. Die erste Modifikation besteht somit darin, das Prinzip Verantwortung in den Rahmen einer diskursiven, aber nicht an Absolutheitsvorstellungen orientierten, sondern neo-pragmatistischen Ethik einzubringen.

(2) Die zweite Modifikation geht aus der ersten Modifikation hervor. Sie ist die Erweiterung von einem zweistelligen in einen dreistelligen Verantwortungsbegriff. Den dritten und erweiterten Pol stellt dabei die Diskursgemeinschaft, *vor* der jedes Verantwortungssubjekt sich zu verantworten hat, dar.

Diese zwei Modifikationen sind nicht als konventionelle Fragen oder Argumente zu sehen. Es sind Theoriebausteine, die auf den theoretischen Ansatz der vorliegenden Arbeit zurückzuführen sind: auf die neo-pragmatistische Diskursethik Wellmers. Vor diesem Hintergrund sind die Argumentation der gesamten Arbeit sowie die Aufstellung der beiden genannten Modifikationen zu verstehen.

Ziel der Untersuchung:

Ziel der Untersuchung ist es, ein Prinzip Verantwortung zu gewinnen, das an Jonas anknüpft, aber über ihn hinausgeht. Dabei soll dieses Prinzip aus dem bei Jonas vorherrschenden metaphysisch-ontologischen Begründungszusammenhang herausgelöst und in den Rahmen der diskursiven und pragmatistischen Ethik Wellmers neu eingefügt werden. Es gilt, die Ansätze von Jonas und Wellmer gewinnbringend zusammenzuführen. Auf diese Weise lässt sich ein brauchbares moralisches Handlungsprinzip gewinnen, das den Menschen hilft, sich in der heutigen Zeit der Globalisierung zu orientieren und die neuen globalen Probleme gemeinsam zu lösen.

Durch die Begründung des Prinzips Verantwortung auf der Basis der Wellmer'schen Ethik kann erreicht werden, dass das moralische Prinzip Verantwortung nicht – wie die Kritiker der philosophischen Gegenwart dies nahelegen – aufgegeben werden muss. Vielmehr lässt es sich mithilfe des neo-pragmatistischen Ansatzes retten. Dabei geht zwar sein absoluter Geltungsanspruch verloren, den es noch bei Jonas und Apel hatte. Das heißt, es muss in seinem Status als Prinzip stark abgeschwächt werden. Dies ist jedoch, wie noch deutlich zu machen ist, für eine gelingende *lebensweltliche* Begründung nicht mehr von Bedeutung. Das Ziel der vorliegenden Untersuchung ist es somit aufzuzeigen, dass eine solche Begründung, die bei den einzelnen Individuen ansetzt und dadurch „von unten" vollzogen wird, ausreicht. Sie ist nicht nur *sinnvoll* und *möglich,* sondern sogar *notwendig*.[11]

1.3 Methodik und Vorgehen

Die Untersuchung ist in sechs Kapitel unterteilt. Das vorliegende *Kapitel 1* führt in das Thema ein und formuliert die leitende Fragestellung sowie die Arbeitshypothese. Als Vorbereitung auf die eigentliche Thematik der Arbeit wird in *Kapitel 2* der allgemeine Begriff der „Verantwortung" innerhalb der Philosophie dargestellt. Dabei wird in einem ersten Schritt die Geschichte der *Idee* der Verantwortung nachgezeichnet und das Prinzip Verantwortung darin eingeordnet. In einem zweiten Schritt rücken einzelne kritische Aspekte der philosophischen Gegenwart ins Blickfeld, wobei die Ausführungen sich auf die Kritik am Prinzip Verantwortung beschränken. Die Darlegung soll aufzeigen, dass das Prinzip Verantwortung hauptsächlich wegen seiner absoluten Begründungsweise von vielen Philosophen abgelehnt wird.

Kapitel 3 gilt als Ausgangspunkt der Untersuchung. Hier wird die Verantwortungsethik von Hans Jonas aufgegriffen, kritisch analysiert und schließlich weitergedacht. Vor- und Nachteile des Jonas'schen Prinzips Verantwortung werden herausgearbeitet. Die Vorteile sind als die richtigen Kerngedanken des Jonas'schen Ansatzes zu verstehen. Sie sind an sich sinnvoll und brauchbar und sollen in diesem Kapitel aus dem metaphysisch-ontologischen Begründungskontext, in den sie bei Jonas eingebunden sind, herausgelöst werden, um sie im späteren Verlauf der

11 Vgl. Kapitel 6.2 dieser Arbeit.

Arbeit in den Rahmen einer diskursiven Ethik wieder einbringen zu können. Die Nachteile sind Jonas' Ausarbeitungen einer naturphilosophischen Ontologie, auf deren Basis er das Prinzip Verantwortung begründet. Das Kapitel schließt mit dem Aufweis und der Präzisierung der *zwei Modifikationen*, die notwendig sind, um das Prinzip Verantwortung zu verteidigen und der Lösung der gegenwärtigen globalen Probleme zugrunde zu legen. Die erste Modifikation betrifft die *diskursive Neubegründung* des Prinzips Verantwortung, die zweite erweitert den zweistelligen Verantwortungsbegriff bei Jonas zu einem *dreistelligen Verantwortungsbegriff*. Es gilt aufzuzeigen, warum diese zwei Modifikationen erforderlich sind.

Die Anforderungen der beiden Modifikationen führen zunächst zu der Ethik der Mit-Verantwortung von Karl-Otto Apel, die in *Kapitel 4* mit Blick auf die Fragestellung kritisch ins Auge gefasst wird. Die Vor- und die Nachteile seines Ansatzes werden herausgearbeitet. Die Vorteile bestehen darin, dass Apel das Prinzip Verantwortung diskursiv erweitert. Als nachteilig muss jedoch bewertet werden, dass er von idealistischen Implikationen ausgeht, die nicht beweisbar sind.

Angesichts der Probleme der Jonas'schen Ethik sowie des Apel'schen Ansatzes leitet *Kapitel 5* zu der diskursiven und neo-pragmatistischen Ethik von Albrecht Wellmer über. In ihr wird der Schlüssel zur Lösung der aufgeworfenen Problematik gesehen. Mithilfe der Ethik Wellmers kann das Prinzip Verantwortung in den Rahmen einer diskursiven Ethik gestellt werden, ohne eine absolute Begründungsweise anwenden zu müssen. Dazu muss das Prinzip Verantwortung, das in Kapitel 2 aus dem Jonas'schen Begründungskontext herausgelöst wurde, in den Rahmen der Ethik Wellmers eingebunden werden. In diesem Zusammenhang gilt es, die zwei geforderten Modifikationen erfolgreich vorzunehmen und zu zeigen, wie eine *lebensweltliche* Begründung des Prinzips Verantwortung vollzogen werden kann. *Kapitel 6* schließt die Untersuchung mit einer Zusammenfassung, einer Auswertung und einem Ausblick ab.

1.4 Um welchen Begriff der Verantwortung geht es?

Der Begriff der Verantwortung wird in den unterschiedlichen Bereichen unseres Lebens verschiedenartig verwendet.[12] Im Alltag wird er in

12 Vgl. Höffe, Otfried (1989), *Schulden die Menschen einander Verantwortung? Skizze einer fundamentalethischen Legitimation*, in: Lampe, Ernst-Joachim (Hg. 1989),

diversen Kontexten und Situationen gebraucht und dabei häufig auch anstelle anderer Begriffe wie zum Beispiel Fürsorge, Zurechnung, Zuständigkeit, Haftung oder Schuld verwendet. „Verantwortung" ist heutzutage populär und in aller Munde. Dennoch lässt sich keine einheitliche und eindeutige Verwendungsweise dieses Begriffs in unserer Alltagssprache ausmachen.[13] Dementsprechend finden sich auch in der Philosophie zahlreiche Konzeptionen, die voneinander abweichen und eine einheitliche Systematisierung und Definition erschweren oder sogar unmöglich zu machen scheinen.[14] So sieht Hans Lenk in der gegenwärtigen mangelhaften Schematisierung des Begriffs der Verantwortung das „Hauptdefizit der bisherigen Verantwortungsdiskussion".[15] Dennoch werden Versuche unternommen, dieses Defizit zu beheben.[16] So auch hier: Der in dieser Arbeit verwendete Begriff der Verantwortung, das „Prinzip Verantwortung", soll eingegrenzt und definiert werden. Dies vollzieht sich in sechs Schritten:

(1) Eine erste Eingrenzung lässt sich gewinnen, indem zwischen retrospektiver und prospektiver Verantwortung unterschieden wird. Dabei ist das Prinzip Verantwortung eindeutig der Kategorie der prospektiven Verantwortung zuzuordnen. Wie ist diese Unterscheidung genauer zu verstehen? Beide Verantwortungstypen lassen sich durch den Satz „P ist verantwortlich für X" ausdrücken. In Bezug auf die retrospektive Verantwortung heißt dies, dass eine Person P für eine Tat X, die zeitlich zurückliegt, die Verantwortung zu tragen hat. Ein Beispiel wäre hier eine Erzieherin, die für das Ertrinken eines Kindes verantwortlich gemacht wird. Anstelle von retrospektiver Verantwortung lässt sich auch von Zurechnung, Imputation, Rechtfertigung oder Rechenschaft sprechen. Bei der prospektiven Verantwortung handelt es sich hingegen da-

Verantwortlichkeit und Recht. Jahrbuch für Rechtssoziologie und Rechtstheorie, Bd. XIV, Opladen, S. 13; Höffe, Otfried (1993), *Moral als Preis der Moderne. Ein Versuch über Wissenschaft, Technik und Umwelt*, Frankfurt a. M., S. 20; Kaufman, Arnold S. (1967), *Responsibility, Moral and Legal*, in: Edwards, Paul (Hg. 1967), *The Encyclopedia of Philosophy*, Bd. VII, New York/London, S. 183.

13 Vgl. Ropohl, Günter (1996), *Ethik und Technikbewertung*, Frankfurt a. M., S. 70f; Schenck, Ernst von (1956), *Die anthropologische Kategorie der Verantwortung*, in: *Studia Philosophica*, Bd. XIV (1956), S. 179.

14 Vgl. Finkentscher, Wolfgang (1989), *Verantwortung und Recht – Schlußwort zu einer Tagung*, in: Lampe Hg. 1989, S. 330.

15 Lenk, Hans (1992), *Zwischen Wissenschaft und Ethik*, Frankfurt a. M., S. 84.

16 Vgl. Höffe 1989, S. 12ff; Höffe 1993, S. 20f; Lenk, Hans (1982), *Zur Sozialphilosophie der Technik*, Frankfurt a. M., S. 214ff; Lenk 1992, S. 76ff.

rum, dass einer Person P bestimmte Verpflichtungen bezüglich X zugeschrieben wird. Dabei kann es sich bei X zunächst um Personen, Gegenstände oder Situationen handeln. Auch ist zunächst noch unbestimmt, ob es sich bei der prospektiven Verpflichtung um eine rechtliche, politische, berufliche, familiäre oder eben moralische Verpflichtung handelt. Als ein Beispiel ließe sich hier nennen, dass eine Erzieherin für das Wohlergehen der Kinder verantwortlich ist. Der Begriff der prospektiven Verantwortung ist durch die Begriffe der Fürsorge, Betreuung, Pflicht oder Zuständigkeit ersetzbar.[17]

(2) Des Weiteren ist das Prinzip Verantwortung hinsichtlich seines Objektbereichs einzugrenzen. Wie der vorhergehende Schritt deutlich gemacht hat, kann der Mensch für ganz unterschiedliche Dinge verantwortlich sein bzw. gemacht werden. In dem Fall des Prinzips Verantwortung soll es sich jedoch ausschließlich um eine Verantwortung handeln, die sich auf die kollektiven Problemfelder im globalen Raum bezieht. Darunter zählen vor allem die globale Ökologie, die globale Ökonomie und die globale soziale Gerechtigkeit.[18] Darüber hinaus geht es um die generelle und elementare Aufgabe, für den Erhalt und das Wohlergehen der gesamten Menschheit zu sorgen, die sich von dem rasanten Fortschritt der Technik immer mehr bedroht sieht.[19] Das Objekt des globalen Verantwortungsbegriffs ist insofern recht offen gehalten. Das heißt, dass dem Handlungssubjekt kein definierter Aufgabenkatalog vorgelegt wird, sondern sich ihm vielmehr ein breiter Raum von

17 Vgl. Werner 2006b, S. 542; Duff, R. Antony (1998), *Responsibility*, in: Craig, Edward (Hg. 1998), *Routledge Encyclopedia of Philosophy*, Bd. 8, London/New York, S. 290f; Zimmermann, Michael J. (1992), *Responsibility*, in: Becker, Lawrence C./Becker, Charlotte B. (Hg. 1992), *Encyclopedia of Ethics*, Bd. 2, New York/London, S. 1089.

18 Die drei Bereiche Ökologie, Ökonomie und soziale Gerechtigkeit werden zusammen auch als das „Drei-Säulen-Modell der Nachhaltigkeit" bezeichnet. Vgl. dazu Deutscher Bundestag (Hg. 1998), *Konzept Nachhaltigkeit. Vom Leitbild zur Umsetzung. Deutscher Bundestag*, Referat Öffentlichkeitsarbeit, Bonn. Kritisch wird dieses Drei-Säulen-Modell von Ekardt betrachtet. Er interpretiert es als zu verkürzt, da es nicht alle globalen Probleme widerspiegelt; Ekardt 2005, S. 27ff.

19 Vgl. Bayertz, Kurt (1995), *Eine kurze Geschichte der Herkunft der Verantwortung*, in: Bayertz, Kurt (Hg. 1995), *Verantwortung. Prinzip oder Problem?*, Darmstadt, S. 48; Birnbacher, Dieter (1995), *Verantwortung für zukünftige Generationen*, bibliographisch ergänzte Ausgabe, Stuttgart, S. 12; Böhler, Dietrich (2000), *Idee und Verbindlichkeit der Zukunftsverantwortung. Hans Jonas und die Dialogethik – Perspektiven gegen den Zeitgeist*, in: Bausch u. a. Hg. 2000, S. 35ff.

Handlungsmöglichkeiten eröffnet, der das Individuum zur Eigeninitiative zwingt.[20]

Letztlich lässt sich das Prinzip der globalen Verantwortung auch anhand der von Apel eingeführten Unterscheidung zwischen institutioneller und überinstitutioneller Verantwortung verdeutlichen. Das hier gesuchte Prinzip ist der Kategorie der überinstitutionellen Verantwortung zuzuordnen: Die globalen Objekte liegen nicht *innerhalb*, sondern *außerhalb* unserer ganz unterschiedlichen Institutionen. Dies bedeutet, dass Institutionen selbst zum globalen Problem und somit zum Objekt globaler Verantwortung werden können.[21]

(3) In einem dritten Schritt lässt sich das Prinzip Verantwortung hinsichtlich des Subjekts der Verantwortungsbeziehung definieren. Bei dem hier gebrauchten Verantwortungssubjekt handelt es sich um alle Menschen im Kollektiv. Damit ist gemeint, dass die globale Verantwortung nicht vereinzelten, ausgewählten Menschen, sondern *allen* Menschen dieser Welt *gemeinsam* zugeschrieben werden soll.[22] Aus diesem Grund trägt jeder Mensch eine, wie Apel es expliziert, *Mit*-Verantwortung am globalen Geschehen. Der Grund für eine solche kollektive und solidarische Verantwortung liegt – wie Jonas und Apel aufzeigen – darin, dass mit der Entwicklung der Technik und infolge der Globalisierung die Völker der Erde immer mehr zu einer Einheit zusammenwachsen und die diversen einzelnen Handlungen sich vermehrt zu gemeinsamen globalen Handlungen verwandeln, die in dieselben globalen Katastrophen münden.

(4) In einem nächsten Schritt ist die Beziehung zwischen Verantwortungssubjekt und Verantwortungsobjekt genauer zu bestimmen. Bei dem Prinzip Verantwortung handelt es sich um eine nicht-reziproke und moralische Pflicht.[23] Wie in Kapitel 2.2 noch genauer zu zeigen ist,

20 Vgl. Bayertz 1995, S. 46.

21 Vgl. Apel, Karl-Otto (2001b), *Diskursethik als Ethik der Mit-Verantwortung vor den Sachzwängen der Politik, des Rechts und der Marktwirtschaft*, in: Apel, Karl-Otto/Burckhart, Holger (Hg. 2001a), *Prinzip Mitverantwortung. Grundlage für Ethik und Pädagogik*, Würzburg, S. 69ff; Kapitel 4.1.4.4 dieser Arbeit.

22 Zur näheren Erläuterung des Begriffs der „kollektiven Verantwortung" vgl. Lenk, Hans/Maring, Matthias (2001), *Verantwortung*, in: Ritter, Joachim/Gründer, Karlfried/Gabriel, Gottfried (Hg. 2001), *Historisches Wörterbuch der Philosophie*, völlig neubearbeitete Ausgabe des „Wörterbuchs der Philosophischen Begriffe" von Rudolf Eisler, Band 11, Basel, S. 571f; Duff 1998, S. 293.

23 Vgl. die Kapitele 3.1.2.1, 3.2.1.3 und 4.2.1 dieser Arbeit.

gibt es innerhalb der Philosophie in diesem Punkt vermehrte Unstimmigkeiten, wobei die Kategorie der Verantwortung als „moralisch leer" angesehen wird. In der vorliegenden Arbeit wird jedoch gezeigt, dass es möglich ist, das Prinzip Verantwortung als moralisch verpflichtend zu begründen.

(5.) Des Weiteren ist auf die Anzahl der Relationen innerhalb des Verantwortungsbegriffs einzugehen. In der Philosophie finden sich hierzu unterschiedliche Konzeptionen. Meist wird ein dreirelationaler Verantwortungsbegriff vertreten, der allgemein die folgende Form aufweist: Ein Verantwortungssubjekt übernimmt vor einer Verantwortungsinstanz Verantwortung gegenüber einem Verantwortungsobjekt.[24] Es gibt jedoch auch Versuche, den Verantwortungsbegriff als vier-, fünf- oder sechsstellige Relation zu konzipieren.[25]

Der Verantwortungsbegriff bei Jonas ist lediglich als eine zweistellige Relation formuliert.[26] Wie sich im Laufe der Arbeit herausstellen wird, ist dies als ein gravierender Mangel zu identifizieren. Dabei wird sich zeigen, dass ein drittes Beziehungselement unabdingbar ist und dass es sich bei diesem um die Diskursgemeinschaft handeln muss. Diesen Aspekt hat Apel bereits richtig erkannt, und er wird am Ende der Arbeit, wenn der Verantwortungsbegriff innerhalb der Wellmer'schen Ethik neu definiert wird, nochmals deutlich herausgestellt. Die Uneinigkeit über die Relationen ist auf die Begründungsweise des Prinzips Verantwortung zurückzuführen: Jonas begründet es nicht diskursiv und erkennt somit nicht die Notwendigkeit, dass sich jeder, der sich zu der globalen Mitverantwortung bekennt, immer auch *vor* den anderen Teilnehmern der Diskursgemeinschaft zu verantworten hat.

(6.) Schließlich ist zu klären, was unter Verantwortung als *Prinzip* zu verstehen ist. Jonas versteht darunter einen aus der Natur hergeleiteten, ersten und obersten, ontologischen Imperativ. Nach diesem hat sich alles Handeln zu richten. Bei Apel ist das Prinzip Verantwortung die oberste moralische Grundnorm der Argumentation. Zusammen mit der Gleichberechtigung bildet es das moralisch fundierte Diskursprinzip.[27]

---

24 Vgl. Werner 2006b, S. 543.

25 Vgl. Höffe 1993, S. 23; Lenk 1992, S. 26; Ropohl, Günter (1994), *Das Risiko im Prinzip Verantwortung*, in: *Ethik und Sozialwissenschaften* 5 (1994), S. 109ff.

26 Vgl. Werner 2006b, S. 545; Kapitel 3.1.2.1 dieser Arbeit.

27 An dieser Stelle ist ebenfalls die diskursive und transzendentalpragmatische Verantwortungsethik Holger Burckharts zu nennen. Burckhart geht noch einen Schritt weiter als Apel, indem er Verantwortung als *einzige* oberste

Jonas und Apel gehen beide von einem starken Prinzipienbegriff aus. Das Prinzip Verantwortung gilt absolut und ist letztbegründet. Dieser starke Prinzipienstatus kann beim Prinzip Verantwortung, wie es in dieser Arbeit auf der Basis der Wellmer'schen Ethik gewonnen wird, nicht beibehalten werden. Mit Wellmer kann nicht mehr von *dem* Moralprinzip, sondern lediglich von *einem* moralischen Handlungsprinzip gesprochen werden. Und dieses kann nicht als etwas Letztbegründetes aufgedeckt, sondern muss im realen Diskurs erst ermittelt werden. Dass es sich dennoch um ein insgesamt sinnvolles, gehaltvolles und auch notwendiges Prinzip Verantwortung handelt, wird am Ende der Arbeit deutlich.

Zusammenfassend lässt sich sagen, dass es sich bei dem in dieser Arbeit verwendeten „Prinzip Verantwortung" um einen Begriff der globalen und kollektiven Verantwortung handelt, der eine nicht-reziproke moralische Verpflichtung impliziert.

Grundnorm der Argumentation begründet. Vgl. Burckhart, Holger (2005b), *Verantwortung. Prinzip oder Lebenspraxis? Ein erziehungsphilosophischer Versuch*, in: Burckhart, Holger/Sikora, Jürgen/Hoyer, Timo (Hg. 2005a), *Sphären der Verantwortung. Prinzip oder Lebenspraxis?*, Münster, S. 9ff.

2 Der Begriff der Verantwortung in der Philosophie

Bevor in Kapitel 3 auf das „Prinzip Verantwortung" in der Jonas'schen Ethik eingegangen wird, gilt es, den allgemeinen Begriff der Verantwortung in der Philosophie zu betrachten. Zunächst wird in Kapitel 2.1 die geschichtliche Entwicklung des Begriffs „Verantwortung" innerhalb der Philosophie nachgezeichnet. Die überblicksartige Darstellung fokussiert zentrale Aspekte von der Antike bis zur Gegenwart. Statt jedoch die zahlreichen, unterschiedlichen Verantwortungsbegriffe innerhalb der Philosophie im Einzelnen darzustellen, soll vielmehr versucht werden, die Entwicklung der *Idee* der Verantwortung zu rekonstruieren.[28] Im Zuge dessen findet eine ideengeschichtliche Verortung des Jonas'schen „Prinzips Verantwortung" statt. Dessen historische Einordnung ergänzt die systematische Eingrenzung des „Prinzips Verantwortung" in Kapitel 1.4.

Daraufhin wird in Kapitel 2.2 auf einzelne kritische Ansichten zum Begriff Verantwortung in der philosophischen Gegenwart eingegangen. Die Darstellung konzentriert sich auf die Kritik am „Prinzip Verantwortung" und arbeitet heraus, dass es innerhalb der Philosophie allgemein als gescheitert gilt.

2.1 Kurzer historischer Überblick

In der heutigen Philosophie nimmt der Begriff der Verantwortung eine Schlüsselposition ein und gilt als zentrale Kategorie zahlreicher ethischer Schriften. Dieses Phänomen ist jedoch erst seit der zweiten Hälfte des 20. Jahrhunderts zu beobachten. Davor finden sich zwar diverse Ausführungen zu der Idee der Verantwortung, jedoch ist der Ausdruck selbst erst seit einigen Jahren in der Philosophie geläufig. Auch lassen sich philosophische Ausarbeitungen zu einer „Verantwortungsethik", in welcher der Begriff der Verantwortung den Mittelpunkt und das oberste Handlungsprinzip darstellt, erst seit kurzer Zeit ausfindig machen. Dieser Umstand hängt, wie Jonas in „Das Prinzip Verantwortung" deutlich macht, mit der tiefgreifenden Umwandlung des menschlichen Handelns im 20 Jahrhunderts zusammen.[29]

28 Vgl. Bayertz 1995, S. 4ff.

29 Vgl. Jonas 1979, S. 15ff; Kapitel 3.1.1.1 dieser Arbeit; Bayertz 1995, S. 3, 24ff; Werner 2006b, S. 543ff.

Wie Kurt Bayertz in seinem Aufsatz „Eine kurze Geschichte der Herkunft der Verantwortung“ darlegt, lässt sich zwar nicht die Geschichte des *Ausdrucks,* wohl aber die Geschichte der *Idee* der Verantwortung bis in die Antike zurückverfolgen.[30] Dabei lassen sich innerhalb der früheren Philosophie überwiegend Ausführungen zu der Idee der *retrospektiven* Verantwortung finden, die in den Ausdrücken „Schuld“, „Zurechnung“, „Zuschreibung“ oder „Imputation“ gefasst wurden. Gedanken zur *prospektiven* Verantwortung, für die das Wort „Pflicht“ verwendet wurde, waren zwar auch, jedoch vergleichsweise nur gering vorhanden.[31]

Aufgrund dieser Dominanz der Idee der retrospektiven Verantwortung in der bisherigen Philosophie spricht Bayertz auch von dem „klassischen Modell der Verantwortung“. Dieses klassische Modell weist dabei folgende Grundzüge auf: (1) Zunächst wird einem bestimmten Individuum rückwirkend eine Schuld in Bezug auf eine vergangene Tat, die dieses Individuum kausal bewirkt hat, zugeschrieben. (2) Bei dieser Tat handelt es sich um eine negativ zu bewertende Tat. Diese nachträgliche negative Wertung ergibt sich aus der Erfahrung bedrohlicher oder schlimmer Folgen der Ausgangshandlung. (3) Die Bewertung richtet sich nach einem in der Gesellschaft bestehenden Normen- und Wertesystem. Dieses dient als genereller Maßstab, um beurteilen zu können, ob eine Handlung richtig war oder nicht und ob dem Akteur eventuell eine Schuld zugesprochen werden muss. (4) Die Frage, ob jemand schuldig ist oder nicht, wird schließlich vor dem Gericht ausgehandelt. Hier muss sich der Beschuldigte stellen und vor dem Richter verantworten. Somit definiert Bayertz das Gericht als den paradigmatischen Ort der retrospektiven Verantwortung der früheren Philosophie. (5.) Schließlich ist einzugrenzen, dass nicht jedem Individuum, das eine negative Tat vollzogen hat, eine Schuld zugesprochen werden kann. Bayertz zählt drei subjektive Faktoren auf, die erfüllt sein müssen, damit ein Individuum überhaupt als schuldfähig gelten kann. Diese Faktoren sind (a) die Intentionalität der Handlung, (b) das Vorauswissen um die Folgen und (c) die Freiheit, überhaupt entscheiden und handeln zu können.[32]

Ein Beispiel für das klassische Modell der Verantwortung ist in der Ethik von Aristoteles zu finden. Dieser hat im dritten Buch der „Niko-

30 Vgl. Bayertz 1995, S. 4.

31 Vgl. Bayertz 1995, S. 5ff; Werner 2006b, S. 544f.

32 Vgl. Bayertz 1995, S. 5–24.

machischen Ethik" eine Lehre der Imputation ausgearbeitet, die dem klassischen Verantwortungsbegriff bei Bayertz entspricht. Darin fragt Aristoteles, wie Moralphilosophen und Gesetzgeber feststellen können, ob einem Menschen eine begangene Tat zugeschrieben werden kann – und er folglich gelobt oder getadelt bzw. belohnt oder bestraft werden soll. Die Untersuchung konzentriert sich auf die Klärung der Begriffe der Freiwilligkeit und der Unfreiwilligkeit. Aristoteles beschreibt sein Programm wie folgt:

> „Da die Tugend es mit Affekten und Handlungen zu tun hat und diese, wenn sie freiwillig sind, Lob und Tadel finden, wenn aber unfreiwillig, Verzeihung, zuweilen auch Mitleid, so kann der Moralphilosoph nicht wohl umhin, den Begriff *des Freiwilligen* und *des Unfreiwilligen* zu erörtern. Aber auch für *die Gesetzgeber* ist dieses von Nutzen im Hinblick auf Feststellung von Belohnungen und Strafen."[33]

Aristoteles gemäß kann einem Menschen nur dann eine Straftat zugeschrieben werden, wenn sie freiwillig begangen wurde. Demgegenüber sind unfreiwillige Handlungen auf Zwang oder Unwissenheit zurückzuführen und können nicht zugerechnet werden. Wie erklärt Aristoteles aber die Unterscheidung zwischen Freiwilligkeit und Unfreiwilligkeit? Er verdeutlicht sie mithilfe der Kategorien der Wissentlichkeit und der Willentlichkeit. Demnach ist eine Handlung als freiwillig – und somit als zurechenbar – einzustufen, wenn der Handelnde (a) im Wissen aller Rahmenbedingungen der Handlung war und (b) die Möglichkeit hatte, seine Handlung bewusst entscheiden zu können. So fasst Aristoteles seine Ausführungen zu Freiwilligkeit und Unfreiwilligkeit mit den Worten zusammen:

> „Da unfreiwillig ist, was aus Zwang oder Unwissenheit geschieht, so möchte *freiwillig* sein, *dessen Prinzip in dem Handelnden ist und zwar so, daß er auch die einzelnen Umstände der Handlung kennt.* Denn es ist wohl verkehrt, wenn man als unfreiwillig bezeichnet, was aus Zorn oder Begierde geschieht."[34]

Die aristotelische Imputationslehre wurde innerhalb der Philosophie kontinuierlich weiterentwickelt und beeinflusst noch heute die Straf-

---

33 Aristoteles (1985), *Nikomachische Ethik*, auf d. Grundlage der Übers. von Eugen Rolfes hrsg. von Günther Bien, 4., durchges. Aufl., Hamburg, S. 44 (1109b 30–35); vgl. Bayertz 1995, S. 9f.

34 Aristoteles 1985, S. 48 (1111a 22–26).

rechtstheorie sowie die philosophische Reflexion über Verantwortung, Handlung, Freiheit und den Begriff der Person.[35]

Weitere Beispiele für das klassische Modell der Verantwortung lassen sich in der Ethik Kants finden. Kant unterscheidet dabei streng zwischen bloßer Zuschreibung und *Zurechnung*, wobei Letztere dem dargestellten klassischen Verantwortungsbegriff entsprechen würde. Die *Zurechnung* unterscheidet sich von der einfachen Zuschreibung durch zwei explizite Faktoren: zum einen die Freiheit der Person und zum anderen das zugrundeliegende Gesetz. Das heißt, dass einer Person nur dann eine schlechte Tat zugerechnet werden kann, wenn sie (a) aus einer freien Entscheidung heraus gehandelt hat und wenn sie (b) dabei dem in der Gesellschaft geltenden Gesetz zuwidergehandelt hat. Diesen Sachverhalt fasst Kant in folgende Worte:

> „Alle Zurechnung ist das Urteil von einer Handlung, sofern sie aus der Freiheit der Person entstanden ist, in Beziehung auf gewisse praktische Gesetze. Es muß also bei der Zurechnung eine freie Handlung und ein Gesetz sein."[36]

Die beschriebene Dominanz des klassischen Modells der Verantwortung lässt sich, so Bayertz, bis ins 19. Jahrhundert hinein beobachten. Daraufhin ist ein Wechsel zu erkennen: Es treten vermehrt Überlegungen zur prospektiven Verantwortung auf, wodurch der Vorrang der retrospektiven Verantwortung zurückgeht. Diesen Wandel in der Geschichte der Idee der Verantwortung führt Bayertz auf den Übergang von der traditionalen zur modernen Gesellschaft zurück. Dabei lässt sich durch den aufkommenden Prozess der Industrialisierung eine fundamentale Umwandlung des menschlichen Handelns beobachten, die eine genaue retrospektive Zurechnung immer stärker erschwert: Die neuartigen Faktoren der Arbeitsteilung und der anwachsenden Technik verschmelzen mit dem Handeln der Menschen und bewirken schließlich, dass Handlungsresultate nicht mehr eindeutig mit einzelnen Ausgangshandlungen in Verbindung gebracht werden können.[37]

Dieser Prozess der Umwandlung des Handelns setzt sich fort und wird ab der Mitte des 20. Jahrhunderts gravierend. Seitdem lässt sich beobachten, dass das menschliche Handeln durch die Mittel der sich immer weiter entwickelnden Technologie eine globale Dimension ange-

35 Vgl. Werner 2006b, S. 543.

36 Kant, Immanuel (1990), *Eine Vorlesung über Ethik*, hrsg. von Gerd Gerhardt, Frankfurt a. M., S. 66; vgl. Bayertz 1995, S. 14.

37 Vgl. Bayertz 1995, S. 24ff.

nommen hat: Menschliche Aktionen erstrecken sich über den gesamten Globus und verschmelzen zu gemeinsamen Handlungen, die in denselben globalen Katastrophen münden. Schließlich ist durch das Vorhandensein der Atombombe auch die Möglichkeit der Auslöschung der gesamten Menschheit gegeben, was früher unmöglich erschienen war.[38]

Aus den genannten Gründen setzt sich, im Zuge der Umwandlung des menschlichen Handelns, immer stärker der Begriff der prospektiven und globalen Verantwortung durch, die sich auf die neuen weltweiten Problemfelder beziehen soll. In diesem Zusammenhang ist in erster Linie die Verantwortungsethik von Hans Jonas aus dem Jahr 1979 zu nennen. Jonas hat die Veränderung des menschlichen Handelns im Zeitalter der Technik genau analysiert und resultierend daraus die Notwendigkeit eines neuen, moralisch verpflichtenden, globalen und kollektiven „Prinzips Verantwortung" formuliert und gefordert. Aufgrund des dringlichen Gegenstandsbereichs gewinnt Jonas Verantwortungsethik seit den 1980er Jahren an großer Popularität und führt zu diversen Diskussionen in den verschiedenen wissenschaftlichen und gesellschaftlichen Bereichen.[39]

Des Weiteren ist in dieser Hinsicht die diskursethische Verantwortungstheorie von Apel zu nennen. Er formuliert fast zur selben Zeit wie Jonas die Notwendigkeit, ein moralisch gehaltvolles Prinzip der kollektiven und globalen Verantwortung für die heutige Weltgemeinschaft zu begründen. Dabei versucht Apel, die wesentlichen Elemente des Jonas'schen Verantwortungsbegriffs in dem Rahmen seiner transzendentalpragmatischen Diskursethik zu rekonstruieren. Somit sieht er in dem Versuch der transzendentalpragmatischen Letztbegründung des Prinzips Verantwortung sein philosophisches Hauptanliegen, das er bis heute kontinuierlich verfolgt und ausbaut.[40]

Zusammenfassend ist zu sagen, dass sich erst mit dem „Aufstieg" des prospektiven, globalen Verantwortungsbegriffs im 20. Jahrhundert auch der *Ausdruck* „Verantwortung" durchsetzte. Gleichzeitig lässt sich eine größer werdende und immer mehr Disziplinen umfassende Debatte über das besagte Thema beobachten. So wird nicht nur in der Philosophie, sondern auch in der Wirtschaft, Politik, Medizin oder Biologie

38 Vgl. Bayertz 1995, S. 48.

39 Vgl. Bayertz 1995, S. 48ff; Birnbacher 1995, S. 12; Werner, Micha H. (2003), *Hans Jonas' Prinzip Verantwortung*, in: Düwell, Marcus/ Steigleder, Klaus (Hg. 2003), *Bioethik. Eine Einführung*, Frankfurt a. M. 2003, S. 41.

40 Vgl. Werner 2006b, S. 545; Kapitel 4.1 dieser Arbeit.

über das, was „Verantwortung" sein soll, nachgedacht und disputiert. Dabei stellt man sich generell die Frage, ob und wie der Mensch eine „Verantwortung" für die Welt und die Menschheit übernehmen kann und soll. Ausgangspunkt und Grundlage dieser Diskussionen ist dabei oftmals Jonas' „Prinzip Verantwortung".[41]

Ein wichtiger Aspekt dieser Entwicklung, der hier noch zu nennen ist, sind die Ausführungen zu einer Verantwortungsethik von Max Weber. Sie haben die Arbeiten von Jonas und Apel wesentlich beeinflusst und geben der modernen Verantwortungsdebatte heute noch wichtige Impulse.[42] Weber spricht in seinem Werk „Politik und Beruf" aus dem Jahr 1919 erstmalig von der Notwendigkeit einer „Verantwortungsethik", die von der traditionellen kantischen „Gesinnungsethik" unterschieden sein soll. Dabei geht es um das vorausschauende und fürsorgliche Handeln des Politikers, der nicht nur an seiner Handlung an sich, sondern vor allem an den *Folgen* seines Handelns gemessen werden soll. Die Gesinnung hat sich auf den Zweck der Handlung und die Verantwortung auf die Folgen der Handlung zu richten. Im Hinblick auf diese Unterscheidung führt Weber folgende Definition an:

> „Wir müssen uns klarmachen, dass alles ethisch orientierte Handeln unter zwei voneinander grundverschiedenen, unaustragbar gegensätzlichen Maximen stehen kann: es kann ‚gesinnungsethisch' oder ‚verantwortungsethisch' orientiert sein. Nicht dass Gesinnungsethik mit Verantwortungslosigkeit und Verantwortungsethik mit Gesinnungslosigkeit identisch wäre. Davon ist natürlich keine Rede. Aber es ist ein abgrundtiefer Gegensatz, ob man unter der gesinnungsethischen Maxime handelt – religiös geredet: ‚Der Christ tut recht und stellt den Erfolg Gott anheim' –, oder unter der verantwortungsethischen: dass man für die (voraussehbaren) Folgen seines Handelns aufzukommen hat."[43]

Gemäß Weber stehen sich Verantwortungsethik und Gesinnungsethik zwar konträr gegenüber, aber sie schließen sich nicht aus. Er fordert in „Politik als Beruf" vielmehr, dass sich beide Ethiken als Ergänzungen im Handeln des Politikers widerspiegeln sollen. So sagt er:

---

41 Vgl. u. a. die unterschiedlichen Beiträge in Bausch u. a. Hg. 2000.

42 Vgl. Werner 2006b, S. 544f; Bayertz 1995, S. 40f.

43 Weber, Max (1971), *Politik als Beruf*, in: Weber, Max (1971), *Gesammelte Politische Schriften*, dritte, erneut vermehrte Aufl., hrsg. von J. Winckelmann, Tübingen, S. 551f.

> „Insofern sind Gesinnungsethik und Verantwortungsethik nicht absolute Gegensätze, sondern Ergänzungen, die zusammen erst den echten Menschen ausmachen, den, der den ‚Beruf zur Politik' haben kann."[44]

2.2 Kritische Aspekte der philosophischen Gegenwart

In der gegenwärtigen Debatte um den Begriff Verantwortung gibt es viele kritische Stimmen zu dem „Prinzip Verantwortung" von Hans Jonas. Der Jonas'sche Verantwortungsbegriff wird zweiwertig betrachtet: Zum einen wird er aufgrund seines aktuellen Gegenstandes als zutreffend und notwendig angesehen, zum anderen wird er in Bezug auf seine philosophischen Grundlagen kritisiert und weitestgehend abgelehnt.[45] Aber auch der weitere Versuch von Apel, das Prinzip Verantwortung auf der Basis der transzendentalpragmatischen Diskursethik zu rekonstruieren, wird kritisiert.[46]

Das Problem beider Ansätze wird fast übereinstimmend in dem Versuch gesehen, den Begriff der Verantwortung mit dem der absoluten moralischen Pflicht zu vermischen und somit ein Prinzip zu gewinnen, das jeden Menschen zur unbedingten Übernahme und Ausführung der globalen und kollektiven Verantwortung auffordern soll.[47] Jonas begründet diese Möglichkeit auf der Basis seiner naturphilosophischen Ontologie, wobei er aus dem ontologischen „Sein" ein moralisches „Sollen" ableitet, Apel dagegen, indem er durch eine transzendentale Reflexion die Bedingungen unseres Argumentierens als immer schon vorhandene moralische Grundnormen aufdeckt.

Gemäß der gegenwärtigen philosophischen Kritik lässt sich ein solches moralisch verpflichtendes Prinzip Verantwortung nicht begründen.

---

44 Weber 1971, S. 559.

45 Vgl. Werner 2003, S. 45; Bayertz S. 60ff; Burckhart 2005b, S. 29; Böhler 1994b, S. 244ff; Kuhlmann 1994, S. 277ff; Birnbacher, Dieter (1983), *Hans Jonas. Das Prinzip Verantwortung*, in: *Zeitschrift für Philosophische Forschung* 37 (1983), S. 144ff.

46 Vgl. die Kritik von Wellmer in Kapitel 4.2.3 dieser Arbeit; Reese-Schäfer, Walter (1990), *Karl-Otto Apel zur Einführung. Mit einem Nachwort von Jürgen Habermas*, Hamburg, S. 49ff; Albert, Hans (1975), *Transzendentale Träumereien. Karl-Otto Apels Sprachspiele und sein hermeneutischer Gott*, Hamburg; des Weiteren ist an dieser Stelle die vielfache Kritik von Jürgen Habermas an Apels Ansatz zu nennen. Vgl. dazu beispielsweise Habermas, Jürgen (1992), *Erläuterungen zur Diskursethik*, 2. Aufl., Frankfurt a. M., S. 185ff.

47 Vgl. Burckhart 2005b, S. 40ff; Apel 2001b, S. 71f.

Dies hängt damit zusammen, dass die Möglichkeit einer *letzten* Begründung – ob sie nun wie bei Jonas naturphilosophisch-ontologisch oder wie bei Apel transzendentalpragmatisch verstanden wird – generell abgelehnt wird. So resümiert Wolfgang Wieland seine kritischen Gedanken über die Möglichkeiten des „Prinzips Verantwortung" folgendermaßen:

> „Eine Analyse des Begriffs der Verantwortung allein kann nicht zu der Einsicht führen, wofür und vor wem jemand Verantwortung zu übernehmen verpflichtet werden soll. Deswegen ist das Prinzip Verantwortung nicht geeignet, ethische Grundnormen letztbegründend zu legitimieren oder gar selbst als ethische Grundnorm zu fungieren."[48]

Angesichts dieser problematischen philosophischen Grundlagen besteht in der philosophischen Gegenwart somit die verbreitete Ansicht, dass das Jonas'sche „Prinzip Verantwortung" nicht anschlussfähig sei. Vielmehr sieht man lediglich die Möglichkeit, einen abgeschwächten, minimalen, vom „Prinzip Verantwortung" unterschiedenen Verantwortungsbegriff – der keine moralische Pflicht beinhalten kann – zu formulieren. Zwei Beispiele sollen dies verdeutlichen: zum einen Kurt Bayertz und zum anderen Ludger Heidbrink.

Kurt Bayertz stellt in seinem Aufsatz „Eine kurze Geschichte der Herkunft der Verantwortung" nicht nur die Historie der Idee der Verantwortung dar, sondern formuliert auch seine Kritik gegenüber der Möglichkeit des Jonas'schen Prinzips Verantwortung. Aufgrund des Versuchs, das Prinzip Verantwortung auf der Basis einer naturphilosophischen Ontologie *letzt*zubegründen, bezeichnet er Jonas' Verantwortungsethik als „starkes Programm". Bayertz sieht in diesem Programm den verzweifelten Versuch, einen moralisch gehaltvollen und kategorisch verpflichtenden Verantwortungsbegriff zu begründen, was jedoch nicht funktionieren kann. Ihm zufolge ist Verantwortung zwar normativ, aber moralneutral. Verantwortung ist als ein rein formales Zuschreibungskonzept zu verstehen, das nachträglich auf Handlungen angewendet werden kann.[49] In diesem Zusammenhang spricht er von Verantwortung als einer „sozialen Konstruktion", die lediglich zur Lösung von sozialen Problemen herangezogen werden kann. Dabei hebt

48 Wieland, Wolfgang (1999), *Verantwortung – Prinzip der Ethik?*, Heidelberg, S. 102; zur Diskussion der Bedeutung für die Gegenwart und Verteidigung der Letztbegründung vgl. Hösle, Vittorio (1990), *Die Krise der Gegenwart und die Verantwortung der Philosophie. Transzendentalpragmatik, Letztbegründung, Ethik,* München.

49 Vgl. Bayertz 1995, S. 50ff.

er hervor, dass Verantwortung kein moralisch gehaltvolles Prinzip des Handelns und des Lebens sein kann.[50]

Zu seiner Kritik an Jonas' „starkem Programm" und der Unmöglichkeit, den Verantwortungsbegriff mit der Moral zu vermischen, sagt Bayertz:

> „Der Verantwortungsbegriff konstituiert keine Wertungen, sondern ‚transportiert' sie lediglich; er ist evaluativ neutral. Daraus ergibt sich, daß jede Theorie der Verantwortung parasitär gegenüber einer Theorie der Moral ist: Sie lebt von moralischen Wertungen, die sie selbst nicht begründen kann. Mit diesem metaethisch bedeutsamen Befund ergibt sich, daß eine Theorie der Verantwortung nicht mit der Theorie der Moral zusammenfallen kann, sondern dieser notwendigerweise untergeordnet ist. Genau damit aber möchte sich das starke Programm nicht abfinden. Man kann dieses Programm als den Versuch beschreiben, die evaluative Neutralität des Verantwortungsbegriffs zu überwinden und einen ‚substantiellen zweckverpflichteten Begriff von Verantwortung' (Jonas: 175) zu formulieren, der zugleich grundlegend für die Ethik insgesamt ist."[51]

Ludger Heidbrink verfolgt in seinem Werk „Kritik der Verantwortung. Zu den Grenzen verantwortlichen Handelns in komplexen Kontexten" den Anspruch, eine schrittweise kantanaloge Kritik des Begriffs der Verantwortung von der Antike bis zur Gegenwart zu vollziehen.[52] In diesem Zuge hinterfragt und analysiert er auch die Ansätze von Jonas und Apel. Diese kantalogische Kritik führt Heidbrink vor dem Hintergrund der Systemtheorie durch und erhält am Ende einen minimalen, systeminternen Verantwortungsbegriff, der die Aufgabe hat, Störungen innerhalb von sozialen Systemen auszugleichen. Heidbrink kommt es in seiner Monographie hauptsächlich darauf an, der fortschreitenden und immer undurchsichtiger werdenden Ausweitung des Verantwortungsbegriffs entgegenzuarbeiten und ein einheitliches, begrenztes, stark reduziertes und brauchbares Konzept der Verantwortung zu erhalten. So sagt er am Ende seines Werkes:

50 Vgl. Bayertz 1995, S. 20ff.

51 Bayertz 1995, S. 65f.

52 Vgl. Heidbrink, Ludger (2003), *Kritik der Verantwortung. Zu den Grenzen verantwortlichen Handelns in komplexen Kontexten*, Weilerswist; vgl. dazu Burckhart 2005b, S. 27f.

> „Um den Verantwortungsbegriff auf der Höhe der Zeit zu halten, ist es nötig, ihn auf ein legitimierbares Maß herunterzufahren, ihn strukturell zu vereinfachen und zugleich für Differenzierungen offen zu halten."[53]

Zu der minimalen Verantwortungsethik von Heidbrink ist jedoch zu sagen, dass er in keiner Weise versucht, das Jonas'sche Prinzip Verantwortung zu rekonstruieren. Stattdessen formuliert er ein Verantwortungskonzept, das systemintern und moralneutral ist. Das heißt: Auch hier wird nicht die Möglichkeit gesehen, ein Prinzip Verantwortung, das eine moralische Pflicht impliziert, zu begründen. So resümiert Burckhart:

> „Im Kern fehlt es der Heidbrinkschen Analyse an einem normativ verbindlichen Prinzip, welches es uns auferlegt, Verantwortung zu tragen."[54]

In beiden genannten Beispielen ist somit ersichtlich geworden, dass das „Prinzip Verantwortung" von Jonas verworfen und nicht weiter versucht wurde, daran anzuschließen. In der vorliegenden Arbeit wird dagegen der Versuch unternommen, das Prinzip Verantwortung in einer minimalen Form zu retten. Dabei wird es in seinem Prinzipienstatus abgeschwächt, kann aber dennoch, insgesamt, als gehaltvoll, sinnvoll und sogar notwendig gelten. Der in dieser Arbeit verfolgte Lösungsweg – das Prinzip Verantwortung auf der Basis der Wellmer'schen Ethik zu verteidigen – kann als Mittelweg zwischen der absoluten Begründungsweise von Jonas und Apel und der in diesem Kapitel dargestellten kompletten Verwerfung des Prinzips durch die genannten Kritiker gesehen werden.

53 Heidbrink 2003, S. 305.

54 Burckhart 2005b, S. 28.

3 Ausgangspunkt: Das Prinzip Verantwortung von Hans Jonas

Das Prinzip Verantwortung von Jonas bildet den Ausgangspunkt der vorliegenden Untersuchung. Im Folgenden soll es daher aufgegriffen und kritisch betrachtet werden, um schließlich mithilfe bestimmter Modifikationen daran anschließen zu können. Dabei wird, entsprechend der Zielsetzung und der These der vorliegenden Arbeit, gezeigt, dass sich die Verantwortungsethik von Jonas sinnvoll und fruchtbringend weiterdenken und, entgegen der Meinung gegenwärtiger philosophischer Kritiker, heute immer noch verteidigen lässt.

In Kapitel 3.1 wird das Jonas'sche Prinzip Verantwortung in seinen Grundzügen dargestellt, um in dem darauffolgenden Schritt, in Kapitel 3.2, die Vorteile und Nachteile dieses Ansatzes herausarbeiten zu können. Die Vorteile werden verstanden als der *Kern* des Ansatzes von Jonas, der an sich richtig und sinnvoll ist, jedoch im Rahmen eines veränderten Begründungskonzeptes neu aufgestellt werden muss. Zu diesen richtigen Kerngedanken zählen a) Jonas' Konzeption der Verantwortung als einer *kollektiven* und *globalen* moralischen Verpflichtung und b) die diversen *lebensweltlichen* Gründe, die Jonas darlegt und welche die Pflicht zu einer solchen kollektiven und globalen Verantwortungsübernahme überhaupt erst begreiflich machen. Die Nachteile der Verantwortungsethik sind hingegen ihre grundlegenden metaphysisch-ontologischen Begründungsideen, die früheren naturphilosophischen Arbeiten Jonas' entspringen. Sie sollen kritisiert und verworfen werden, um sie schließlich im weiteren Verlauf im Zuge eines neuen Begründungsversuches Schritt für Schritt auszuwechseln.

Im Anschluss an die Analyse der Vorteile und Nachteile erfolgt in Kapitel 3.3 die Darlegung der zwei Modifikationen, die im weiteren Verlauf der Arbeit vollzogen werden sollen. Dabei geht es um die sukzessive Ersetzung des Jonas'schen Begründungskonzepts auf der Basis seiner ontologischen Naturphilosophie durch einen neuen Versuch der Grundlegung des Prinzips Verantwortung auf der Basis einer diskursiven Ethik.

3.1 Darstellung des Prinzips Verantwortung von Hans Jonas

Im Folgenden sollen die Hauptcharakteristika des Prinzips Verantwortung von Hans Jonas aufgezeigt werden. Die Darlegung konzentriert sich auf zentrale Fragen: wie (a) die Erfordernis einer neuen Verantwortungsethik im technologischen Zeitalter entstanden ist (Kapitel 3.1.1); wie (b) eine solche Verantwortungsethik gemäß Jonas im Wesentlichen beschaffen sein muss (Kapitel 3.1.2); und schließlich wie (c) Jonas das Prinzip Verantwortung auf der Basis seiner metaphysisch-ontologischen Naturphilosophie begründet (Kapitel 3.1.2).

3.1.1 Technologisches Zeitalter und Erfordernis einer neuen Verantwortungsethik

Jonas' Werk „Das Prinzip Verantwortung. Versuch einer Ethik für die technologische Zivilisation" aus dem Jahre 1979 entstand zu einer Zeit, als die Entwicklung der Technik sich verstärkt beschleunigte. Die Technik bestimmt seither immer mehr Lebensbereiche des Menschen und übernimmt eine zentrale und nicht mehr wegzudenkende Rolle im Leben und Alltag der Menschen.[55] Das Fatale an dieser Entwicklung ist, dass die technische Entwicklung den Menschen zunehmend aus der Kontrolle gerät und zu einer immer größer werdenden Bedrohung für die Natur und letztlich den Menschen selbst wird. Dies lässt sich an den vermehrt auftretenden ökologischen Katastrophen in der gesamten Welt ablesen, aufgrund derer man auch von einer „ökologischen Krise" spricht.[56] Die Technik wurde früher und am Anfang ihrer Entwicklung als etwas für den Menschen Hilfreiches und Entlastendes betrachtet und eingesetzt. Heute hat sich dieses Bild gewandelt: Sie gleitet den Menschen zunehmend aus den Händen und hat eine für Mensch und

55 Vgl. ebenfalls Jonas, Hans (1985c), *Warum die moderne Technik ein Gegenstand für die Philosophie ist,* in: Jonas, Hans (1985a), *Technik, Medizin und Ethik. Zur Praxis des Prinzips Verantwortung,* Frankfurt a. M., S. 15.

56 Vgl. zum Begriff der ökologischen Krise Jonas, Hans (1992d), *Zur ontologischen Grundlegung einer Zukunftsethik,* in: Jonas, Hans (1992a), *Philosophische Untersuchungen und metaphysische Vermutungen,* Frankfurt a. M./Leipzig, S. 145; Jonas, Hans (2000), *Die Verantwortung des Verbrauchers angesichts der ‚ökologischen Krise',* in: Bausch u. a. Hg. 2000, S. 31ff; Hösle, Vittorio (1994), *Philosophie der ökologischen Krise. Moskauer Vorträge,* 2., um ein Nachwort erweiterte Auflage, München, S. 13ff; Bayertz 1995, S. 51.

Natur bedrohliche Eigendynamik entwickelt. So stellt Jonas seinem Werk die These voran:

> „Daß die Verheißung der modernen Technik in Drohung umgeschlagen ist, oder diese sich mit jener unlösbar verbunden hat, bildet die Ausgangsthese des Buches."[57]

In diesem Zusammenhang übt Jonas scharfe Kritik am „Baconischen Ideal", was er gleich zu Beginn zu erkennen gibt. Francis Bacon identifizierte Wissen mit Glück und glaubte, dass sich menschliches Elend und materielle Not durch Anwendung naturwissenschaftlicher Erkenntnisse und vor allem durch die Entwicklung der Technik verringern und vermeiden ließen. Er forderte daher die technologische Beherrschung der Natur für den höheren Zweck des guten Lebens und Wohlergehens der Menschen.[58] Bacon steht mit dieser Ansicht wortführend für eine neue Epoche der Naturwissenschaften: Während in der Antike die Erkenntnisse über die Natur eher als Selbstzweck betrachtet wurden, werden sie in der Neuzeit – im Zusammenhang mit der sich entwickelnden Technik – als Mittel zur Verbesserung des allgemeinen Menschenglücks verstanden.[59] Jonas betrachtet diese Art des Denkens als sehr riskant und bringt es in direkten Zusammenhang mit der gegenwärtigen globalen ökologischen Gefahrenkrise. Entsprechend fordert er, dass die Menschen sich dringend von diesem Ideal verabschieden müssen und die Natur fortan bewahren und nicht weiter durch Versuche der technischen Beherrschung und Nutzbarmachung beschädigen sollen.[60] Er verlangt gleich zu Anfang von „Das Prinzip Verantwortung" eine neuartige Ethik der kollektiven und *globalen* Verantwortung, die sich auf eben diese neuen ökologischen Problemfelder in weltweitem Maßstab zu beziehen hat und die Menschen dazu aufrufen soll, die Natur – und somit auch sich selbst – vor weiteren unkontrollierbaren Übergriffen der Technik zu schützen.[61]

---

57 Jonas 1979, S. 7.

58 Vgl. Bacon, Francis (1990), *Neues Organon*, lateinisch-deutsch, hrsg. von Wolfgang Krohn, 2 Bde., Hamburg; Jonas, Hans (1973), *Organismus und Freiheit. Ansätze zu einer philosophischen Biologie*, aus dem Engl. übers. vom Verf. und von K. Dockhorn, Göttingen, S. 284ff.

59 Vgl. Schäfer, Lothar (1993), *Das Bacon-Projekt. Von der Erkenntnis, Nutzung und Schonung der Natur*, Frankfurt a. M., S. 11ff.

60 Vgl. Schäfer 1993, S. 95; Jonas 1979, S. 251ff.

61 Vgl. Jonas 1979, S. 7f.

3.1.1.1 Veränderung des Handelns und neue Anforderungen an eine Ethik

Jonas stellt zwei Behauptungen an den Beginn seiner Ausführungen: Zunächst macht er klar, dass sich die Qualität des menschlichen Handelns im Zeitalter der Technologie verändert habe (Behauptung 1). Damit zusammenhängend postuliert er, dass dieses veränderte Handeln eine neue Ethik erfordere (Behauptung 2).

Behauptung 1: Die Qualität des menschlichen Handelns hat sich im Zeitalter der Technologie verändert

Das Beispiel der Antike zeigt, dass sich der Mensch früher in den Grenzen seiner Stadt verwirklichte und sein Handeln auf diesen abgesteckten Raum begrenzte. Die Folgen seines Handelns waren überschaubar und kalkulierbar. Sie spielten sich ebenfalls im Rahmen der Stadt und meist unmittelbar nach der Handlung ab und waren somit geprägt von räumlicher und zeitlicher Nähe.[62] Dies galt besonders für sein technisches Handeln. Das technische Handeln lässt sich generell fassen als das Handeln des Menschen mit der außermenschlichen Welt, das heißt mit der Natur.[63] Dieses war früher und eigentlich bis zum Aufkommen der modernen Technologie geprägt durch den einfachen Gebrauch von künstlichen Werkzeugen zur Dienstbarmachung der Natur und zur Erleichterung des Lebens der Menschen.[64] Dabei war die Natur aber immer etwas, was größer und mächtiger als der Mensch war und überwiegend außerhalb der Stadt der Menschen lag. Die technischen Eingriffe des Menschen in die Natur waren somit harmlos und oberflächlich und führten nicht zu einer Bedrohung der Natur, wie es heute der Fall ist. Zwar ist bei dem Menschen auch damals schon ein Drang zur Eroberung der Natur zu beobachten, aber dieser blieb bis zum Aufkommen der modernen Technologie des heutigen Zeitalters erfolglos.[65]

Das menschliche Handeln heute ist dagegen überwiegend durch die Errungenschaften der modernen Technologie geprägt. Der Handlungsraum der Stadt ist durchbrochen und Handlungen spielen sich auf dem

62 Vgl. Jonas 1979, S. 17ff.

63 Vgl. Jonas 1979, S. 22.

64 Vgl. Jonas, Hans (1985b), *Warum die moderne Technik ein Gegenstand für die Philosophie ist,* in: Jonas 1985a, S. 17f.

65 Vgl. Jonas 1979, S. 19; Jonas 1985a, S. 17ff; Jonas, Hans (2004), *Erkenntnis und Verantwortung. Stationen eines Denklebens: Gespräch mit Ingo Hermann,* in: Böhler u. a. Hg. 2004a, S. 452ff.

ganzen Globus ab.[66] Dies betrifft besonders das technische Handeln, das heutzutage charakterisiert ist durch den offenen Raum und die ferne und unüberschaubare Zukunft: Die Folgen des modernen technischen Handelns breiten sich in der ganzen Welt aus und sind unberechenbar kumulativ. Dabei münden sie vermehrt in immer gravierenderen Naturkatastrophen globalen Ausmaßes. In dem kumulativen Charakter des technischen Handelns sieht Jonas den Hauptrisikopunkt des technischen Handelns. *Kumulation* in diesem Zusammenhang heißt, dass sich die Folgen des technischen Handelns fortlaufend summieren und die ursprünglichen Absichten der originären Handlung immer unklarer werden. Die Folgen des technischen Handelns lassen sich nicht mehr im Vorhinein berechnen, und umgekehrt lassen sich auch die diversen globalen Umweltprobleme nicht mehr eindeutig auf eine technische Ursprungshandlung zurückführen. Die Handlungsketten der Technik sind somit bestimmt durch Undurchsichtigkeit und Verzerrung.[67] Einen weiteren Risikopunkt sieht Jonas in der mit der Kumulation einhergehenden *Unumkehrbarkeit* der technologischen Handlungen: Die technischen Wirkungen nehmen ab einem bestimmten Punkt eine Eigendynamik an und geraten dadurch außer Kontrolle. Es besteht letztlich keine Möglichkeit mehr, die Handlungen und ihre Folgen einzuholen, anzuhalten und umzukehren.[68] Über die riskanten Eigenschaften der Kumulation und Irreversibilität des modernen technologischen Handelns schreibt Jonas:

> „Die Erfahrung hat gelehrt, daß die vom technologischen Tun jeweils mit Nahzielen in Gang gesetzten Entwicklungen eine Tendenz haben, sich selbständig zu machen, das heißt ihre eigene zwangsläufige Dynamik zu erwerben, ein selbsttätiges Momentum, kraft dessen sie nicht nur, wie schon gesagt, irreversibel, sondern auch vorantreibend sind und das Wollen und Planen der Handelnden überflügeln. Das einmal Begonnene nimmt uns das Gesetz des Handelns aus der Hand, und die vollendeten Tatsachen, die das Beginnen schuf, werden kumulativ zum Gesetz seiner Fortsetzung."[69]

Ein weiteres verändertes Merkmal des modernen technologischen Handelns in Bezug auf die frühere Technik ist, so Jonas, die *Kollektivität*. Früher waren die Verursacher der technischen Handlungen einzelne Menschen. Es waren die Hersteller der verschiedenen künstlichen

---

66 Vgl. Jonas 1985b, S. 45f.

67 Vgl. zum Begriff der Kumulation Jonas 1979, 27f; Bayertz 1995, S. 51.

68 Vgl. Jonas 1979, S. 27.

69 Jonas 1979, S. 72.

Werkzeuge, und nur sie konnten letztendlich rückwirkend für ihr Werk zur Verantwortung gezogen werden. Heutzutage muss man die Verursacher der technischen Handlungen im Kollektiv betrachten: Die einzelnen technischen Vorgänge mögen vielleicht von bestimmten einzelnen Menschen in Gang gebracht worden sein, aber im weiteren Verlauf verketten und verschlingen sie sich auf verschiedenen Ebenen miteinander. Sie verwandeln sich mehr und mehr zu *kollektiven* Handlungen. Letztendlich können durch die Verworrenheit und Vielschichtigkeit einerseits und die enorme räumliche und zeitliche Größenordnung der technologischen Handlungen andererseits einzelne Verursacher im Nachhinein nicht mehr eindeutig zugeordnet werden. Will man aber einen eindeutigen Verursacher und Verantwortlichen für die katastrophalen Folgen der Technik ausfindig machen, so kann man hier nur noch die Menschheit im Kollektiv heranziehen. Dies heißt: Die Menschen sind gemeinsam kollektive Täter und kollektive Verantwortliche.[70]

Das neue technologische Handeln ist also, um es auf den Punkt zu bringen, charakterisiert durch a) Kumulation, b) Unumkehrbarkeit, c) die Sprengung von zeitlichen und räumlichen überschaubaren Grenzen und schließlich d) Kollektivität. Aus diesen Gründen sieht Jonas es als unerlässlich an, eine neue Ethik einzuführen, könne doch die bisherige Ethik in dieser Problemlage keine Hilfestellung mehr leisten.[71]

Behauptung 2: Das veränderte technologische Handeln erfordert eine neue Ethik

Die bisherige Ethik ist in erster Linie eine Nächsten-Ethik. Analog zu dem Charakter des früheren menschlichen Handelns bezieht sie sich auf eine überschaubare räumliche und zeitliche Dimension. Die Handlungen und deren Folgen, auf die sie sich bezieht, sind übersichtlich und leicht kontrollierbar. Diese Ethik berücksichtigt nicht, wie es heutzutage der Fall sein müsste, unumkehrbare und kumulative Folgehandlungen. Die bisherige Ethik ist eine Ethik für das Hier und Jetzt. Sie ist für Gelegenheiten des privaten und öffentlichen Lebens gedacht, in denen Menschen an demselben Ort und zu derselben Zeit miteinander agieren. Dementsprechend formuliert sie Normen – beispielsweise „Liebe deinen Nächsten wie dich selbst", „Du sollst nicht lügen" oder „Du darfst nicht stehlen" –, die sie auf den unmittelbaren Umkreis der

70 Vgl. Jonas 1979, S. 32.

71 Vgl. Jonas 1979, S. 27.

jeweiligen Handlungen beschränken.[72] Der Bereich der Technik ist aus dem Bereich der bisherigen Ethik noch ganz ausgeschossen. Da die Technik dem Menschen und der Natur früher keine existenzielle Bedrohung war, wurde sie als ethisch neutral betrachtet.[73]

Heute ist jedoch, wie Jonas deutlich macht, aufgrund der Veränderung der Natur des menschlichen Handelns und der riskanten Folgen der Technik, die bereits zahlreiche Naturkatastrophen im globalen Ausmaß bewirkt haben, eine neue Ethik – und zwar eine spezielle *Verantwortungs*ethik – vonnöten:

> „Der springende Punkt hier ist, daß das Eindringen ferner, zukünftiger und globaler Dimensionen in unsere alltäglichen, weltlich-praktischen Entscheidungen ein ethisches Novum ist, das die Technik uns aufgeladen hat; und die ethische Kategorie, die vorzüglich durch diese neue Tatsache auf den Plan gerufen wird, heißt: *Verantwortung*. Daß diese wie nie zuvor in den Mittelpunkt der ethischen Bühne rückt, eröffnet ein neues Kapitel in der Geschichte der Ethik, das die neuen Größenordnungen der Macht spiegelt, denen die Ethik von nun an Rechnung tragen muß."[74]

Für diese neue Verantwortungsethik ist entscheidend, dass sie im Gegensatz zur bisherigen Ethik den Nahbereich früherer Ethik überschreitet und sich auf die globalen Ausmaße und unumkehrbaren, kumulativen Folgen der technischen Handlungen bezieht. Das unüberschaubare und vielschichtige technische Handeln, das heute nur noch als *kollektives* Handeln verstanden werden kann, macht den Mittelpunkt dieser Ethik aus. Das Objekt der Verantwortung ist fortan die gesamte Menschheit und Natur, die es vor weiteren Beschädigungen durch die moderne Technologie zu bewahren und zu schützen gilt. Durch das Eintreten der Natur in den Bereich der Ethik fordert Jonas eine Durchbrechung der einseitigen Anthropozentrik der früheren Ethik – es soll nicht mehr nur um das Handeln zwischen Menschen, sondern auch und vor allem um das Verhalten des Menschen gegenüber der Natur gehen. Die gefährdete Natur als „ethisches Novum" der menschlichen Verantwortlichkeitsbeziehungen soll im Zentrum der neuen Ethik stehen.[75]

---

72 Vgl. Jonas 1979, S. 23.

73 Vgl. Jonas 1979, S. 22.

74 Jonas 1985b, S. 45f.

75 Vgl. Jonas 1979, S. 22; Jonas 1985b, S. 46ff.

Was das Verhältnis von bisheriger und neu geforderter Ethik angeht, so erklärt Jonas, dass die alten Normen nach wie vor gelten sollen. Er hebt hervor, man dürfe die frühere Ethik des Nahbereichs niemals aufgeben. Es sei jedoch entscheidend, sie auf den Bereich der Globalität und fernen Zukunft auszudehnen. Zu dem Verhältnis zwischen der bisherigen Ethik und der neu geforderten Verantwortungsethik sagt Jonas:

> „Gewiß, die alten Vorschriften der ‚Nächsten'-Ethik – die Vorschriften der Gerechtigkeit, Barmherzigkeit, Ehrlichkeit, usw. – gelten immer noch, in ihrer intimen Unmittelbarkeit, für die nächste, tägliche Sphäre menschlicher Wechselwirkung. Aber diese Sphäre ist überschattet von einem wachsenden Bereich kollektiven Tuns, in dem Täter, Tat und Wirkung nicht mehr dieselben sind wie in der Nahsphäre, und der durch die Enormität seiner Kräfte der Ethik eine neue, nie zuvor erträumte Dimension der Verantwortung aufzwingt."[76]

3.1.1.2 *Ethisches Vakuum und Notwendigkeit der Metaphysik*

Das Problem, vor das sich Jonas mit der Begründung einer neuen Verantwortungsethik – die sich insbesondere auch auf die Natur beziehen soll – gestellt sieht, ist der Standpunkt der *Wertfreiheit der Naturwissenschaften*: Die Naturwissenschaften klammern ethische Fragen über Sinn und Wert aus ihren Forschungsgegenständen der Natur und aus ihren Forschungsmethoden aus. Stattdessen bauen sie eine Welt aus Experimentalergebnissen, Theorien und Formeln auf, die gegenüber Sinn- und Wertfragen gänzlich neutral beschaffen ist.[77] Jonas' Kritik betrifft nun nicht die Naturwissenschaften und ihre wertfreien Methoden an sich. Im Gegenteil betont er, dass die Naturwissenschaften aufgrund ihres Anspruches auf Objektivität gar nicht anders vorgehen können, als gegenüber Wert- und Sinnfragen zurückhaltend zu sein. Was er jedoch als sehr hinderlich und riskant betrachtet ist die aus dieser Haltung der Naturwissenschaften entstandene, die Neuzeit prägende generelle Weltanschauung, welche die Natur als etwas begreift, dass keinen Sinn und keine Würde besitzen kann.[78]

Die allgemeine Weltanschauung der Neuzeit ist nach Jonas dadurch geprägt, dass nur der Mensch Träger von Sinn und Wert bzw. Würde sein kann. Der Mensch kann seine Werte höchstens auf die Natur projizie-

76 Jonas 1979, S. 26.

77 Vgl. Wetz, Franz Josef (1994), *Hans Jonas zur Einführung*, Hamburg, S. 126.

78 Vgl. Jonas, Hans (1983), *Forschung und Verantwortung* (Aulavorträge 21), Hochschule St. Gallen, S. 8.

ren, die Natur an sich kann jedoch selbst keine Werte besitzen, wie in dem Ausdruck „Wertindifferenz der Natur" klar zum Ausdruck kommt.[79] Dass die Natur als *wert*los begriffen wird, führt letztlich zu dem allgemeinen Verständnis, dass die Natur dem Menschen als etwas von ihm völlig Verschiedenes, Nichtiges und letztendlich Gleichgültiges gegenübersteht. Dies erklärt ferner, dass die Ausbeutung der Natur durch die aufkommende Technik bislang als etwas ethisch Neutrales und vielleicht auch Erlaubtes verstanden wurde. Die bisherige Ethik ist, wie gesehen, auf den zwischenmenschlichen Bereich beschränkt, von dem die Natur ausgeschlossen bleibt. Die frühere Ethik ist rein anthropozentrisch strukturiert.

Jonas kämpft mit seiner Verantwortungsethik gegen diesen verbreiteten Nihilismus und dessen Ansicht der wertindifferenten Natur an.[80] Dabei sieht er es als unabdingbar an, die Schranken der ehemals anthropozentrischen Ethik zu durchbrechen und auf eine *physiozentrische Ethik* auszuweiten.[81] Mit dieser physiozentrischen Erweiterung möchte Jonas verdeutlichen, dass nicht nur der Mensch, sondern auch die Natur Sinn und Würde in sich trägt. Ebenso geht es ihm darum, aufzuklären, dass die Natur nicht etwas vom Menschen Getrenntes und Verschiedenes darstellt, sondern dass im Gegenteil der Mensch ein wesentlicher Teil der mit Sinn und Werten durchzogenen Natur ist.[82]

Jonas' Verantwortungsethik soll infolgedessen eine Ethik sein, in der alles Moralische aus dem Grundstoff der wert- und sinnvollen Natur abgeleitet wird. Die Grundlage der philosophischen Begründung soll dabei nicht die Religion, sondern die *Metaphysik* sein.[83] In der Wiederbelebung der Metaphysik sieht Jonas eine dringende Notwendigkeit, da nur in ihr eine physiozentrische Verantwortungsethik und die damit zusammenhängenden notwendigen moralischen Normen – in Bezug auf die Bewahrung der Natur und das Verbot einer unkontrollierten technologischen Entwicklung – sinnvoll begründet werden können.[84]

Ein Problem von Jonas' Vorhaben liegt jedoch, wie bereits angedeutet, in der führenden Ansicht der Naturwissenschaften, welche die Grund-

79 Vgl. Jonas 1983, S. 8.

80 Vgl. Jonas 1979, S. 57.

81 Vgl. Wetz 1994, S. 129; Jonas 1985b, S. 46ff.

82 Vgl. Wetz 1994, S. 57.

83 Vgl. Jonas 1979, S. 58; Jonas 1992d, S. 136f.

84 Vgl. Jonas 1979, S. 94.

legung einer solchen physiozentrischen, metaphysisch-ontologischen Verantwortungsethik erschwert. Die Behinderung durch das vorherrschende „ethische Vakuum" einerseits und die Erfordernis einer Wiederbelebung der Metaphysik für die Begründung seiner Ethik andererseits legt Jonas wie folgt dar:

> „Denn ebendieselbe Bewegung, die uns in den Besitz jener Kräfte gesetzt hat, deren Gebrauch jetzt durch Normen geregelt werden muß – die Bewegung des modernen Wissens in Gestalt der Naturwissenschaft – hat durch eine zwangsläufige Komplementarität die Grundlagen fortgespült, von denen die Normen abgeleitet werden konnten, und hat die bloße Idee von Norm als solcher zerstört [...]. Erst wurde durch dieses Wissen die Natur in Hinsicht auf Wert ‚neutralisiert', dann auch der Mensch. Nun zittern wir in der Nacktheit eines Nihilismus, in der größte Macht sich mit größter Leere paart, größtes Können mit geringstem Wissen davon, wozu."[85]

3.1.2 Elemente des Jonas'schen Prinzips Verantwortung

Wir sahen, wie sich das Handeln, insbesondere das technische Handeln, seit dem Aufkommen der Technologie verändert hat. Es wurde gezeigt, dass es speziell durch seine global ausgedehnten, unumkehrbaren und kumulativen Folgen charakterisiert ist, wodurch gewohnte räumliche und zeitliche Handlungsgrenzen überschritten worden sind. Ferner wurde es als ein kollektives Handeln bestimmt, da einzelne Verursacher rückwirkend nicht mehr eindeutig zugeordnet werden können. Hier zeigt sich, dass die bisherige Ethik, die in erster Linie eine Nächsten-Ethik ist, für dieses neue technologische Handeln nicht mehr ausreicht und Jonas aus diesem Grund eine neuartige Verantwortungsethik fordert. Sie muss zum einen kollektiv und zum anderen global ausgerichtet sein, was heißt, dass ihr Objektbereich auf die gesamte Natur und Menschheit auszudehnen ist. Dabei werden die traditionellen anthropozentrischen Grenzen zugunsten einer Begründung auf der Basis einer ontologischen Naturphilosophie aufgebrochen.

Aufgrund dieser Bedingungen entwickelt Jonas sein Prinzip Verantwortung, dessen wichtigste Elemente im Folgenden erläutert werden. Die Darlegung konzentriert sich auf a) die besondere Beziehung zwischen Verantwortungssubjekt und Verantwortungsobjekt, b) den „ersten Imperativ" und c) die Bedeutung des Wissens und die Heuristik der Furcht.

85 Jonas 1979, S. 57.

3.1.2.1 *Subjekt-Objekt-Beziehung*

Das Neuartige an Jonas' Verantwortungsbegriff im Gegensatz zu dem klassischen Verantwortungsmodell, das in Kapitel 2.1 dieser Arbeit erläutert wurde, sind zunächst einmal seine Konzeptionen des *Verantwortungssubjekts* und des *Verantwortungsobjekts*.

Das Verantwortungssubjekt ist, wie bereits angedeutet, das Kollektiv. Da die diversen technologischen Handlungen und deren kumulative und unumkehrbare Folgen, die sich über den ganzen Globus und in die ferne Zukunft erstrecken, nicht mehr klar auseinanderzuhalten sind, muss im Hinblick auf die neuen, globalen, ökologischen Problemfelder die Menschheit in ihrer Gesamtheit zur Verantwortung gezogen werden. Jonas versucht nicht, einzelne Verursacher und Verantwortliche ausfindig zu machen, sondern fordert die Menschen *gemeinsam* zu einer *solidarischen* Verantwortungsübernahme gegenüber ihren neuen gemeinsamen Problemen auf. Diese neue weltweite Solidarität erläutert Jonas folgendermaßen:

> „Eine neue *Solidarität des Ganzen der Menschheit* beginnt über uns zu dämmern. Eine gemeinsame Schuld verbindet uns, eine gemeinsame Verantwortung ruft uns auf. In dem blendenden Licht dieses neu sich öffnenden Horizonts verblassen Rassenkonflikte, und ihr Geschrei sollte verstummen. Ich weiß, es wird nicht verstummen, aber von nun an können wir es zum Schweigen bringen mit dem neuen Appell an diese ehrfurchtgebietende Gemeinschaftlichkeit, die niemals zuvor offenbar gewesen war."[86]

Das Jonas'sche Objekt der Verantwortung ist sehr komplex. Um es besser verstehen zu können, wird im Folgenden zwischen einer konkreten und einer abstrakten Perspektive unterschieden:

Aus der konkreten Perspektive besteht das Jonas'sche Verantwortungsobjekt aus sämtlichen neuen, globalen Problemfeldern, die aufgrund der vielfältigen technologischen Handlungen und deren unumkehrbaren und kumulativen Folgen entstanden sind. Diese sind, vor allem zu der Zeit, als Jonas „Das Prinzip Verantwortung" geschrieben hat, die verschiedenen bedrohten Naturbereiche – wie Wälder, Gewässer, bestimmte Tierarten oder letztlich die Atmosphäre –, aufgrund derer man von der „ökologischen Krise" spricht. Beispiele für diese Gefahrenkrise sind unter anderem der Industrieunfall von Tschernobyl, der weltweite Treibhauseffekt, die globale Klimaveränderung, die Verschmutzung

86 Jonas, Hans (1994), *Rassismus im Lichte der Menschheitsbedrohung*, in: Böhler Hg. 1994a, S. 25.

der Weltmeere durch Ölteppiche, die weltweite Bedrohung der Wälder oder die Vernichtung von Lebensräumen für Tiere durch Bau neuer Industrieanlagen.[87]

Aus einer abstrakten Perspektive besteht das Objekt der Verantwortung für Jonas aus mehr: Es ist die „Idee der Menschheit" und die hinter diesem Ausdruck stehende gesamte metaphysisch-ontologische Natur. Dieser Konzeption liegt Jonas' metaphysische Naturphilosophie zugrunde, die besagt, dass die gesamte Natur – vom kleinsten Tier bis hin zum Menschen – von Sinn und Werten durchzogen sei. Dabei stellt in diesem Naturgefüge der Mensch die am höchsten entwickelte Spezies dar, der alle weiteren Naturwesen untergeordnet sind. In dem Ausdruck „Idee der Menschheit" steckt gemäß Jonas nun der Appell, dass das gesamte sinnhafte und werttragende ontologische Sein – das heißt alle Lebewesen – einen unbedingten Anspruch auf Existenz auf Erden haben. Jonas bezeichnet sie auch als eine *ontologische Idee,* die zum Ersten die Anwesenheit des Menschen und im Weiteren den Fortbestand der restlichen Natur fordere. In dem Ausdruck „Idee der Menschheit" sei, so Jonas, alle weitere Natur mit enthalten. Er betont nachdrücklich, dass man aufgrund des zunächst unklaren Ausdrucks nicht auf eine anthropozentrische Ausrichtung seiner Ethik schließen dürfe. Im Gegenteil müsse man begreifen, dass diese physiozentrisch konzipiert sei, da die Natur in ihrer *Ganzheit* – an deren Spitze jedoch der Mensch steht – das Objekt der Verantwortungsbeziehung ausmache.[88]

Nachdem nun Subjekt und Objekt der Verantwortung im Sinne Jonas' benannt sind, wird im Folgenden auf die Art der Beziehung zwischen beiden Polen eingegangen. Diese ist a) durch eine nicht reziproke moralische Verpflichtung und b) durch die Phänomene von Appell und Gefühl charakterisiert:

Zu a: Jonas beschreibt die Beziehung zwischen Verantwortungssubjekt und Verantwortungsobjekt als „nicht reziprok", das heißt als eindimen-

---

87 Vgl. dazu die Beispiele von Jonas im Interview mit Ingo Herrmann in: Jonas 2004, S. 450f. Ihnen ließe sich eine Reihe weiterer Vorfälle der letzten Jahre, ja Monate hinzuzählen, von denen die Atomkatastrophe von Fukushima wohl der gravierendste ist.

88 Vgl. Jonas 1979, S. 91, 245ff; Wolf, Jean-Claude (1992), *Hans Jonas: Eine naturphilosophische Begründung der Ethik,* in: Hügli, Anton/Lübcke, Poul (Hg. 1992), *Philosophie im 20. Jahrhundert. Band 1: Phänomenologie, Hermeneutik, Existenzphilosophie und Kritische Theorie,* 3. Auflage, Reinbek bei Hamburg, S. 229ff.

sional verlaufend.[89] Verantwortung kann in dieser Beziehung nur der Mensch übernehmen. Er ist das einzige Lebewesen, das von seinen Anlagen her zu dieser Eigenschaft befähigt ist. Die Fähigkeit der Verantwortungsausübung gehört zur wesentlichen Charakteristik des Menschen. Aus diesem Grund stellt Jonas die Behauptung auf, dass der Mensch, indem er Verantwortung potenziell übernehmen kann, sie in dem Moment auch schon tragen muss. Er hebt hervor, dass die Fähigkeit zur Verantwortungsübernahme als Bedingung für die moralische *Pflicht* zur tatsächlichen Verantwortungsübernahme bzw. -ausführung schon ausreiche.[90] Bezogen auf das Prinzip Verantwortung heißt dies: Die Menschen im Kollektiv müssen eine gemeinsame moralische Verantwortung gegenüber dem Fortbestand der Menschheit und der Natur übernehmen, und zwar aus dem Grund, dass sie die einzigen Naturwesen sind, die Verantwortung überhaupt ausüben können.

Das Eigentümliche an Jonas' nicht reziproker Verantwortungsbeziehung ist, dass der erste Anstoß des Aktes der Verantwortungsübernahme nicht in der Motivation oder dem freien Willen des Subjekts, sondern in der Fürsorgebedürftigkeit des Objekts liegt. Das heißt, dass der Ausgangspunkt der moralischen Verantwortungshandlung nicht im *Verhalten* des Menschen, sondern im *Sein* der Natur zu finden ist. Mit den Worten Burckharts lässt sich dies folgendermaßen beschreiben: Die Verantwortung liegt als etwas quasi Gegenständliches in den Naturwesen bereit und muss vom Subjekt schließlich aufgenommen und ausgeführt werden.[91] Die Art und Weise, wie die Verantwortung in den Naturobjekten vorhanden ist, bezeichnet Jonas als „ontologisches Sollen" oder einfach „Seinsollen".[92] Damit ist gemeint, dass die Verantwortung in der Form eines lautlosen *Appells* vorliegt. Die Natur ruft sozusagen nach Schutz und Hilfe. Der Adressat dieses Aufrufs sind die Menschen, welche die Fähigkeit der Verantwortungsübernahme besitzen und demnach moralisch verpflichtet sind, die Verantwortung anzunehmen und auszuführen. Den Pol des Verantwortungssubjekts bezeichnet Jonas demzufolge als „Tunsollen".

Zusammenfassend lässt sich sagen: Das Prinzip Verantwortung besteht aus einer nicht reziproken Beziehung zwischen dem moralischen „Tunsollen" des Subjekts und dem ontologischen „Seinsollen" des Objekts,

89 Vgl. Jonas 1979, S. 177.

90 Vgl. Jonas 1979, S. 185; Jonas 1992d, S. 130; Wetz 1994, S. 118.

91 Vgl. Burckhart 2002, S. 42; Jonas 1979, S. 174ff.

92 Vgl. Jonas 1979, S. 175, 234.

wobei der erste Anlass der Verantwortungsübernahme des Subjekts nicht im Subjekt selbst, sondern im Objekt vorliegt. Das heißt, dass das „Tunsollen" im „Seinsollen" bereits impliziert ist und aus diesem erst hervorgeht. Chronologisch gesehen geht somit der Appell des „Seinsollens" der Objektseite dem „Tunsollen" der Subjektseite voran. Bildlich lässt sich diese Beziehung folgendermaßen skizzieren:

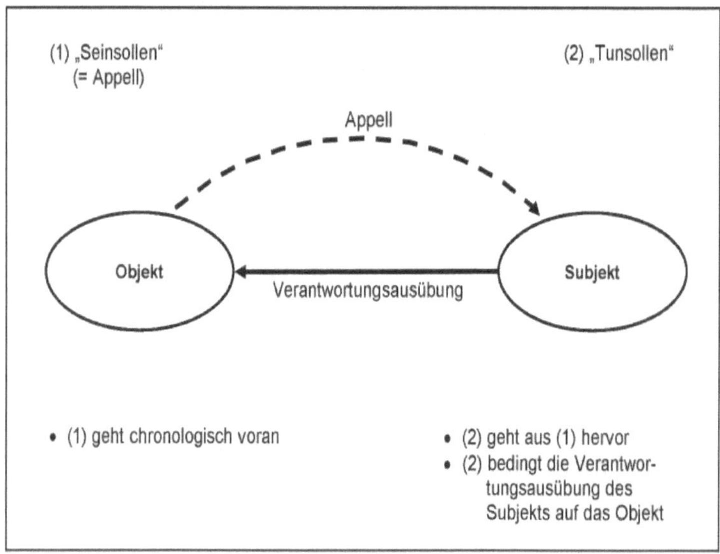

Abb. 1: Die Subjekt-Objekt-Beziehung bei Hans Jonas

Jonas beschreibt diese nicht reziproke Beziehung zwischen Verantwortungssubjekt und Verantwortungsobjekt mit den Worten:

> „Der Begriff der Verantwortung impliziert den des Sollens, zuerst des Seinsollens von etwas, dann des Tunsollens von jemand in Respons zu jenem Seinsollen. Das innere Recht des Gegenstandes geht also voran. Erst ein seinsimmanenter Anspruch kann objektiv eine Pflicht zu seinstransitiver (vom einen Sein zum andern gehender) Kausalität begründen. Die Objektivität muß wirklich vom Objekt kommen. Daher, wie sich (nach Kant) alle Gottesbeweise auf den ontologischen reduzieren oder von ihm abhängig zeigen lassen, so lassen sich alle Gültigkeitsbeweise

von moralischen Vorschriften am Ende auf den etwa erlangbaren Ausweis eines ‚ontologischen' Sollens zurückführen."[93]

Zu b: Eine weitere und entscheidende Komponente in der Beziehung zwischen Verantwortungssubjekt und Verantwortungsobjekt ist das *Gefühl* der Verantwortung. Dieses steht in einer bedeutenden Relation zum *Appell* des hilfsbedürftigen Objekts.

Es wurde oben erwähnt, dass der Mensch die Befähigung zur Verantwortungsausübung anlagebedingt in sich trägt und aus diesem Grund moralisch dazu verpflichtet ist, Verantwortung gegenüber der Natur zu übernehmen. Nun kommt beim Menschen neben der Fähigkeit, Verantwortung *ausüben* zu können, noch die Fähigkeit hinzu, Verantwortung *fühlen* zu können. Der Mensch ist durch dieses Gefühlsvermögen überhaupt erst empfänglich für die Appelle der Natur. Dem Gefühl der Verantwortlichkeit misst Jonas eine große und entscheidende Bedeutung bei. Er legt dar, dass die Aufrufe der Natur nur zu ihrer Befriedigung kommen können, weil der Mensch die passenden Rezeptoren – eben die emotionale Fähigkeit des verantwortlichen Pflichtgefühls – in sich trägt und infolgedessen erst mit bestimmten verantwortlichen Handlungen reagieren kann.[94]

Wie Abbildung 1 oben zeigt, geht der *Appell* des Objekts chronologisch der Verantwortungs*ausübung* des Subjekts voraus. Nun lässt sich noch ein drittes Element in diese Beziehung zwischen Verantwortungssubjekt und Verantwortungsobjekt einfügen: Das *Gefühl* der Verantwortlichkeit des Subjekts ist noch vor dem *Appell* des Objekts zu verorten. Denn wären die Menschen nicht im Besitz der Fähigkeit, die Appelle der hilfsbedürftigen Natur antizipieren, sprich *fühlen* zu können, so würden die Aufrufe der Natur ins Leere laufen, und die Menschen hätten kein Verständnis davon, dass es so etwas wie verantwortliches Handeln überhaupt geben kann. Aus diesem Grund versteht Jonas das Vermögen des Verantwortungsgefühls als Dreh- und Angelpunkt seiner Ethik: Nur aufgrund dieser Fähigkeit können wir Menschen überhaupt erst über Verantwortung nachdenken, reden und sie schließlich auch vernünftig in unserem Handeln einsetzen.[95]

Um die Abbildung zu vervollständigen, muss also noch das Element des Verantwortungs*gefühls* des Subjekts hinzugefügt werden. Die Be-

93 Jonas 1979, S. 234.

94 Vgl. Jonas 1979, S. 175, 162ff; Wolf 1992, S. 220ff.

95 Vgl. Jonas 1979, S. 164.

ziehung zwischen Verantwortungssubjekt und Verantwortungsobjekt lässt sich daraufhin folgendermaßen darstellen:

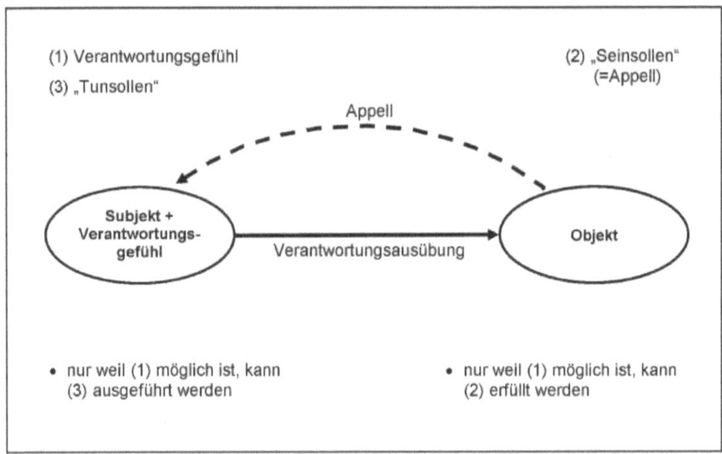

Abb. 2: Die Subjekt-Objekt-Beziehung (mit den Elementen „Gefühl" und „Appell") bei Hans Jonas

3.1.2.2 Erster Imperativ

Wie im vorhergehenden Kapitel aus der Beziehung zwischen Verantwortungssubjekt und Verantwortungsobjekt ersichtlich wurde, ist ein wesentliches Charakteristikum des Jonas'schen Prinzips Verantwortung die implizite moralische Pflicht. Dabei wurde deutlich, dass die moralische Pflicht des „Tunsollens" auf der Seite des Verantwortungssubjekts in dem Appell des „Seinsollens" auf der Seite des Verantwortungsobjekts bereits enthalten ist und aus diesem hervorgeht.

Den genannten Appell des „Seinsollens" des Verantwortungsobjekts bestimmt Jonas an anderer Stelle als einen Imperativ, der lautet: „Daß eine Menschheit sei".[96] Diesen Imperativ bezeichnet Jonas als den „ersten Imperativ" überhaupt, aus dem dann alle weiteren Imperative abgeleitet werden können. Er schließt die fundamentale Forderung ein, die Menschen müssten dafür Sorge tragen, dass es immer Menschen auf Erden geben kann. Er impliziert weiter – wie im Rückblick auf die Erläuterung der „Idee der Menschheit" erklärbar wird – die Forderung,

96 Vgl. Jonas 1979, S. 90f.

dass auch alle restliche Natur – in welcher der Mensch den am weitesten entwickelten, integrierten Teil darstellt – für immer geschützt und bewahrt werden soll.[97] Demzufolge betont Jonas, dass es in diesem Imperativ in einem *ersten Schritt* darauf ankommt, *dass* es die Menschen und die Natur in der Welt geben kann. Erst in einem *zweiten Schritt* geht es dann darum, *wie* die Menschen und die Natur auf Erden leben können und sollen.[98] Die simple Forderung der Existenz der Menschheit ist gemäß Jonas das „Urgebot", das uns Menschen als eine erste Pflicht obliegt. Alle weiteren Pflichten folgen daraus und sind aus dieser ersten Pflicht abgeleitet.[99]

Da der Imperativ „Daß eine Menschheit sei" in dem Appell des „Seinsollens" enthalten ist, nennt Jonas ihn auch *ontologischen* Imperativ. Das heißt, dass seine Begründung nicht in etwas Mentalem oder Kommuniziertem, sondern in der mit Sinn und Werten durchzogenen Natur liegt. Seine Begründungsbasis ist somit die von Jonas geforderte Metaphysik. Das heißt nicht die „Lehre vom Tun", sondern die „Lehre vom Sein".[100] Mit dieser besonderen Bestimmung des Imperativs macht Jonas deutlich, dass es in ihm nicht darum geht, bestimmte Handlungen von den Menschen zu fordern; viel grundlegender verlange er, dass es überhaupt fortdauernd *handelnde* Menschen in der Welt geben könne. Diesen Sachverhalt beschreibt Jonas – in Abgrenzung zu Kant – mit den Worten:

> „Da sein [des Imperativs, AC] Prinzip nun aber nicht wie beim Kantischen die Selbsteinstimmigkeit der sich Gesetze des Handelns gebenden Vernunft ist, das ist, eine Idee des Tuns (von dem vorausgesetzt ist, daß irgendwelches stattfindet), sondern die auf der Existenz ihres Inhalts bestehende Idee von möglichen Tätern überhaupt, die insofern eine ontologische ist, das ist, eine Idee des Seins – so ergibt sich, daß das erste Prinzip einer ‚Zukünftigkeitsethik' nicht selber in der Ethik liegt als einer Lehre vom Tun (wohin im übrigen alle Pflichten gegen die Zukünftigen gehören), sondern in der *Metaphysik* als einer Lehre vom Sein, wovon die Idee des Menschen ein Teil ist."[101]

Demgemäß wird die Ethik Kants von Jonas dahingehend kritisiert, Kant habe den entscheidenden Aspekt „Dass es überhaupt eine

97 Vgl. Kapitel 3.1.2.1 dieser Arbeit; Jonas 1979, S. 245.

98 Vgl. Jonas 1979, S. 91, 186.

99 Vgl. Jonas 1979, S. 187.

100 Vgl. Jonas 1979, S. 91f.

101 Jonas 1979, S. 92.

Menschheit gibt" außer Acht gelassen. Jonas hält Kants kategorischen Imperativ „Handle nur nach derjenigen Maxime, durch die du zugleich wollen kannst, dass sie ein allgemeines Gesetz werde"[102] nicht für falsch, jedoch sieht er eine dringende Notwendigkeit darin, diesem Imperativ den ontologischen Imperativ „Daß eine Menschheit sei" vorzuschalten. Gemäß Jonas ist Kants Ethik in diesem Punkt unvollständig. Kant erfasse in seiner Ethik nämlich nur das „Wie" und nicht das „Dass". Er erkenne nicht, dass es als Voraussetzung für das ethisch richtige Handeln – das heißt für das „Wie" – überhaupt erst einmal darum gehen müsse, *dass* der Fortbestand der Menschheit und der Natur auf Erden gesichert ist. Jonas kritisiert somit an Kant, dass dieser seine Ethik *nur* in der „Lehre des Tuns" und nicht *auch* – vorgeschaltet – in der „Lehre des Seins", der Metaphysik, verankert.[103]

Den Unterschied zwischen dem kantischen Imperativ über das richtige Tun der Menschen und dem ontologischen, in der Metaphysik begründeten Imperativ über die Existenz der Menschheit beschreibt Jonas wie folgt:

> „Das Opfer der Zukunft für die Gegenwart ist *logisch* nicht angreifbarer als das Opfer der Gegenwart für die Zukunft. Der Unterschied ist nur, daß im einen Fall die Reihe weitergeht, im anderen nicht. Aber daß sie weitergehen soll, ungeachtet der Verteilung von Glück und Unglück, ja selbst mit Übergewicht des Unglücks über das Glück, und sogar der Unmoral über die Moral, läßt sich nicht aus der Regel der Selbsteinstimmigkeit innerhalb der Reihe, so lange oder kurz sie eben dauert, ableiten: es ist ein außer ihr und ihr vorausliegendes Gebot ganz anderer Art und letztlich nur metaphysisch zu begründen."[104]

3.1.2.3 *Bedeutung des Wissens und Heuristik der Furcht*

Ein zentrales Element von Jonas' Verantwortungsethik ist die Notwendigkeit einer neuen Art des Wissens. Dabei handelt es sich um ein Wissen, das möglichst das gesamte technologische Handeln und dessen Folgen überblicken und wahrscheinliche Katastrophen vorhersagen können sollte. Ein solches spezielles Wissen kann von den einzelnen

102 Kant, Immanuel (1956b), *Grundlegung zur Metaphysik der Sitten*, Werke in sechs Bänden, Bd. IV, hrsg. von W. Weischedel, Darmstadt, BA 52.

103 Vgl. Jonas 1979, S. 35ff, 92.

104 Vgl. Jonas 1979, S. 35.

Individuen nicht erwartet und muss somit in die Hände von Experten übertragen werden.[105]

In der früheren Ethik war ein solches Wissen noch nicht gefordert: Der Bereich des Handelns und dessen Folgen waren für jeden Menschen leicht überschaubar und berechenbar. Es bedurfte keiner besonderen Kenntnisse, um mögliche Gefahren des Handelns voraussehen zu können. Heute ist dies anders: Das technologische Handeln ist geprägt durch kumulative und vielfältig miteinander verwobene Folgen, die sich weit in Zeit und Raum ausbreiten. Die vielen globalen Naturkatastrophen lassen sich nicht mehr eindeutig auf ursprüngliche technische Handlungen zurückführen, und umgekehrt lässt sich nicht mehr sagen, welche potenziellen Folgen ein bestimmter technologischer Vorgang haben kann. Es ist immer weniger möglich, klare Aussagen über den Ausgang der technischen Handlungen zu machen und potenzielle neue globale ökologische Katastrophen vorauszusagen.[106]

Aus diesen Gründen macht Jonas die Dringlichkeit der Einführung einer neuen Wissenschaft in der Gestalt einer „vergleichenden Futurologie" deutlich. Bei dieser Wissenschaft geht es darum, die verschiedenen möglichen Folgen von geplanten oder schon begonnenen technologischen Handlungen zu kalkulieren und aufzubereiten.[107] Dabei ist jedoch ein entscheidender Punkt, dass diese Wissenschaft die Folgen der Technik gar nicht genau vorhersagen, sondern lediglich verschiedene Prognosen aufstellen kann. Ein *totales* Wissen über alle Folgen des technischen Handelns ist nicht möglich.[108] Somit stellt die Kluft zwischen dem möglichen Wissen der neuen Wissenschaft und den tatsächlichen Folgen der Technik ein, wie Jonas sagt, weiteres ethisches Problem dar:

> „Unter solchen Umständen wird Wissen zu einer vordringlichen Pflicht über alles hinaus, was je vorher für seine Rolle in Anspruch genommen wurde, und das Wissen muß dem kausalen Ausmaß unseres Handelns größengleich sein. Die Tatsache aber, daß es ihm nicht wirklich größengleich sein kann, das heißt, daß das vorhersagende Wissen hinter dem technischen Wissen, das unserem Handeln die Macht gibt, zurückbleibt, nimmt selbst ethische Bedeutung an. Die Kluft zwischen Kraft des Vorherwissens und Macht des Tuns erzeugt ein neues ethisches Problem. Anerkennung der Unwissenheit wird dann die Kehrseite der Pflicht des Wissens und damit ein Teil der Ethik, welche die immer nötiger wer-

105 Vgl. Jonas 1979, S. 24, 38, 61ff.

106 Vgl. Jonas 1979, S. 24.

107 Vgl. Jonas 1979, 62f; Jonas 1992d, S. 128, 135.

108 Vgl. Jonas 1992d, S. 133.

> dende Selbstbeaufsichtigung unserer übermäßigen Macht unterrichten muß."[109]

Das ethische Problem der Kluft zwischen dem begrenzten Wissen der Wissenschaft und den unvorhersehbaren Folgen der Technik löst Jonas in der Weise, dass das aufbereitete Wissen der „vergleichenden Futurologie" nach folgender Regel ausgewertet werden soll: Die schlechten Prognosen sollen vor die guten Prognosen gestellt werden bzw. der Unheilsprophezeiung soll mehr Gehör gegeben werden als der Heilsprophezeiung.[110] Jonas erklärt die Vorzüge dieser Methode von der psychologischen Seite des Menschen her. Dabei betont er, dass der Mensch von Natur aus das Schlechte besser begreifen kann als das Gute und dass er die guten Dinge des Lebens in der Regel nur über den Umweg schlechter Erfahrungen erkennen und schätzen lernt. Jonas begreift somit den Vorzug des Verstehens des Schlechten vor dem Guten als einen Grundsatz der menschlichen Psychologie:

> „Denn so ist es nun einmal mit uns bestellt: die Erkennung des *malum* ist uns unendlich leichter als die des *bonum*; sie ist unmittelbarer, zwingender, viel weniger Meinungsverschiedenheiten ausgesetzt und vor allem ungesucht: die bloße Gegenwart des Schlimmen drängt sie uns auf, während das Gute unauffällig da sein und ohne Reflexion (zu der wir besondere Ursache haben müssen) unerkannt bleiben kann. Über das Schlimme sind wir nicht unsicher, wenn wir es erfahren; über das Gute gewinnen wir Sicherheit meist erst auf dem Umweg über jenes. Es ist zu bezweifeln, ob je einer das Lob der Gesundheit gesungen hätte ohne wenigstens den Anblick der Krankheit, das der Redlichkeit ohne den der Schurkerei, und das des Friedens, ohne vom Elend des Krieges zu wissen. Was wir nicht wollen, wissen wir viel eher als was wir wollen."[111]

Hinter diesem psychologischen Grundsatz steckt nun ein bedeutendes psychologisches Faktum, und zwar die *Furcht* vor dem Schlimmen. Jonas hat die enorme Stärke des Gefühls der Furcht vor Unheil erkannt und möchte es als zentrales Element in seiner Ethik etablieren: Die Menschen sollen sich vor möglichen Katastrophen, die aus ihren technologischen Handlungen resultieren könnten, *fürchten*. Nur so, meint Jonas, lassen die Menschen auch von dem Drang nach freier und selbstgenügsamer Forschung und der damit zusammenhängenden Eroberung der Natur ab. Das bloße Wissen um die verschiedenen möglichen Folgen der Technik reiche hier, als effektive Abschreckung, nicht aus.

---

109 Jonas 1979, S. 28.

110 Vgl. Jonas 1979, S. 70ff.

111 Jonas 1979, S. 63f.

Erst die Furcht lasse den Menschen deutlich erkennen, wie es um den Fortbestand der Menschheit und der Natur bestellt sei.[112] Jonas führt darum, zusätzlich zu der Notwendigkeit des *Wissens*, die *Furcht* als wichtige Heuristik in seine Ethik ein:

> „Was kann als Kompaß dienen? Die vorausgedachte Gefahr selber! In ihrem Wetterleuchten aus der Zukunft, im Vorschein ihres planetarischen Umfanges und ihres humanen Tiefganges, werden allererst die ethischen Prinzipien entdeckbar, aus denen sich die neuen Pflichten neuer Macht herleiten lassen. Dies nenne ich die ‚Heuristik der Furcht': Erst die vorausgesehene Verzerrung des Menschen verhilft uns zu dem davor zu bewahrenden Begriff des Menschen. Wir wissen erst, was auf dem Spiele steht, wenn wir wissen, daß es auf dem Spiele steht. Da es dabei nicht nur um das Menschenlos, sondern auch um das Menschenbild geht, nicht nur um physisches Überleben, sondern auch um Unversehrtheit des Wesens, so muß die Ethik, die beides zu hüten hat, über die der Klugheit hinaus eine solche der Ehrfurcht sein."[113]

Die Aufgabe der Einrichtung der „vergleichenden Futurologie" und der zentralen Heuristik der Furcht legt Jonas in die Hände der Politik. Jonas beauftragt die Politiker, dafür Sorge zu tragen, dass es eine solche Wissenschaft im Staat geben kann, und sie sind es, welche die Prognosen der „vergleichenden Futurologie" schließlich richtig handhaben sollen. Dabei obliegt ihnen – gemäß dem oben beschriebenen psychologischen Gesetz – die Pflicht, die schlechten Prognosen und die Unheilsprophezeiungen auszusieben und als allgemeine Warnungen bekanntzumachen, um so in den Menschen Angst vor weiteren globalen Notlagen hervorzurufen.

Die Umsetzung der Erfordernisse des Wissens und der Heuristik der Furcht auf der Ebene der Politik stellt Jonas sich folgendermaßen vor: Das notwendige Wissen in der Form der „vergleichenden Futurologie" soll zwischen dem *ethischen Prinzipienwissen* einerseits und dem *praktischen Wissen der Politik* andererseits etabliert werden. Bei dem ethischen Prinzipienwissen handelt es sich um die Grundlagen der Ethik: Es ist das Wissen über die Beschaffenheit unserer sinn- und wertdurchzogenen Natur und die Sonderstellung des Menschen darin. Bei der vergleichenden Futurologie handelt es sich, wie dargestellt, um die Wissenschaft über die möglichen Folgen unseres technischen Handelns. Diese Wissenschaft hat die Aufgabe, verschiedenen Prognosen für die Weiterverwertung durch den Politiker aufzustellen. Das politische Wissen

112 Vgl. Jonas, S. 63f.

113 Jonas 1979, S. 7f.

ist schließlich der Bereich, in dem die beiden vorhergehenden Wissenschaften münden: Die Politik ist auf beide Wissensbereiche angewiesen und muss beide in ihre Praxis einbinden. Demnach muss der Politiker zum einen für ein richtiges Bild der Natur in der Gesellschaft sorgen – das heißt also, er muss erklären, dass nicht nur der Mensch, sondern auch die Natur eine Würde besitzt –, und zum anderen muss er die schlechten Prognosen der „vergleichenden Futurologie" in der Form eines bedrohlichen Zukunftsbildes unserer Welt bekanntmachen.[114] Die Beziehung der drei Wissensbereiche auf der Ebene der Politik lässt sich wie folgt skizzieren:

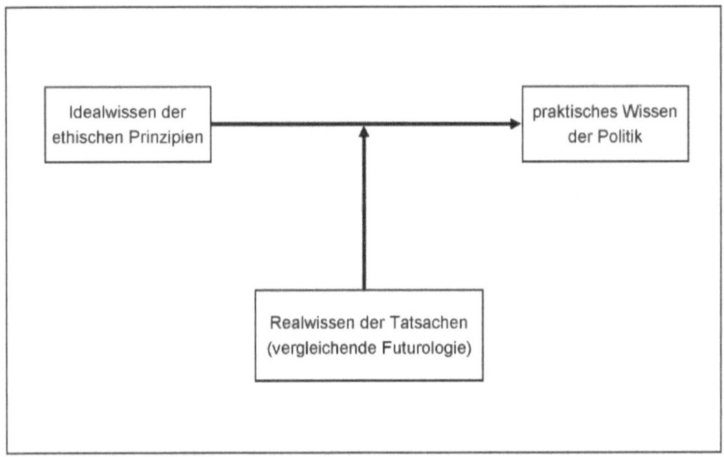

Abb. 3: Die „vergleichende Futurologie" bei Hans Jonas

Wie in diesem Kapitel bereits deutlich wurde, verortet Jonas die Verantwortungsethik nicht auf der Ebene der Individuen, sondern auf der Ebene der Politik. Der Grund dafür ist, dass der Gegenstand der heutigen Ethik zu kompliziert und komplex geworden ist, um ihn an jedes einzelne Individuum heranzutragen. Es wäre unzumutbar, von allen Individuen zu verlangen, dass sie sich mit dem gesamten Gebiet der Technologie auskennen und es in Bezug auf die globalen Folgen einschätzen können. War alle bisherige Ethik eine Individualethik, die sich im zwischenmenschlichen Bereich und im Hier und Jetzt abspielte, ist die heute geforderte Verantwortungsethik bei Jonas vielmehr eine poli-

114 Vgl. Jonas, S. 61ff.

tische Ethik, die es mit den großen und unüberschaubaren Handlungen der Technik zu tun hat. Ethik, und das heißt in erster Linie *Verantwortungs*ethik, ist heute eine Aufgabe der öffentlichen Politik. Über deren veränderten und erweiterten Aufgabenbereich sagt Jonas:

> „Wenn die Sphäre des Herstellens in den Raum wesentlichen Handelns eingedrungen ist, dann muß Moralität in die Sphäre des Herstellens eindringen, von der sie sich früher ferngehalten hat, und sie muß dies in der Form öffentlicher Politik tun. Mit Fragen von solcher Umfangsbreite und solchen Längen projektierender Vorwegnahme hatte öffentliche Politik es nie vorher zu tun. In der Tat, das veränderte Wesen menschlichen Handelns verändert das Grundwesen der Politik."[115]

3.1.3 Jonas' Begründungsweg auf der Ebene der Metaphysik

Ein gewichtiger Teil von Jonas' Ethik ist sein eigentümlicher Begründungsweg des Prinzips Verantwortung. Dass es überzeugend zu begründen ist, sieht er als Notwendigkeit, um es nicht dem Vorwurf der Relativität oder Beliebigkeit auszusetzen. Seiner Ansicht nach reicht eine Begründung auf der Ebene der Lebenswelt nicht aus, und er begibt sich auf eine darüber liegende spezielle Prinzipienebene der philosophischen Begründung: die Ebene der *Metaphysik*. Genauer gesagt handelt es sich dabei um die Ebene der *ontologischen Naturphilosophie*, die er in seinen naturphilosophischen Schriften entwickelt.[116] Hier versucht Jonas das Prinzip Verantwortung fest zu verankern, um die Pflicht, die es impliziert, mit einer universalgültigen, moralischen Geltung versehen zu können. Die Notwendigkeit einer solchen speziellen philosophischen Begründung kündigt Jonas wie folgt an:

> „Die Frage ‚warum denn?' kann selbst hier in voller Freiheit und ohne Frivolität gefragt werden, und wenn wir ihr die Antwort (selbst eine unvollkommene) schuldig bleiben, haben wir wenig Recht, von einer verpflichtenden Ethik zu sprechen, und können uns höchstens auf die Überredungskraft unseres Gefühls verlassen."[117]

Jonas sieht sich mit seinem Vorhaben einer Begründung auf der Ebene der ontologischen Naturphilosophie vor das Problem gestellt, dass er damit gegen zwei Dogmen seiner Zeit anzukämpfen hat: a) zum einen gegen das Dogma, das besagt, dass es keine metaphysischen Wahrhei-

115 Jonas 1979, S. 32.

116 Vgl. Jonas 1992d, S. 129f; generell zu Jonas' ontologischer Naturphilosophie Jonas 1973; Wetz 1994, S. 69ff.

117 Jonas 1979, S. 61f.

ten geben kann, und b) zum anderen gegen den mit dem ersten Dogma zusammenhängenden Grundsatz des „naturalistischen Fehlschlusses", der besagt, dass sich aus dem *Sein* kein *Sollen* ableiten lasse.[118]

Wie Jonas, trotz dieser Dogmen, seinen speziellen Begründungsweg des Prinzips Verantwortung beschreitet, wird im Folgenden gezeigt: (1) Begonnen wird mit einer kurzen Darstellung seiner ontologischen Naturphilosophie, die er insbesondere in seiner Schrift „Organismus und Freiheit" entfaltet. (2) Daraufhin werden seine Zweck- und Wertlehre, die er in „Das Prinzip Verantwortung" auslegt, dargestellt und erklärt. (3) Abschließend folgt eine Illustration seines empirischen Beweises gegen den „naturalistischen Fehlschluss".

3.1.3.1 *Ontologische Naturphilosophie*

Jonas' Werk „Das Prinzip Verantwortung" ist eine Reihe naturphilosophischer Schriften vorangestellt – unter anderem die Monographie „Organismus und Freiheit" –, in denen Jonas seine spezielle ontologische Naturphilosophie darlegt.[119] Diese Naturphilosophie liegt seinen gesamten Ausführungen in „Das Prinzip Verantwortung" zugrunde, und sie tritt an vielen Stellen, vor allem, wo Jonas von einem teleologischen „Arbeiten" oder von „Zwecken" in der Natur spricht, deutlich hervor.

Jonas' naturphilosophische Schriften sind geprägt durch den Gedanken, dass die vorherrschende Kluft zwischen Mensch und Natur, die von den Weltansichten des Existenzialismus und Nihilismus gespeist wird, aufgehoben werden muss.[120] Es ist Jonas' Anliegen zu zeigen, dass Mensch und Natur sich nicht als zwei fremde und verschiedene Einheiten gegenüberstehen, sondern – im Gegenteil – in einem grundlegenden gemeinsamen Naturstoff als eine Einheit miteinander verbunden sind. Er sieht den Menschen nicht als einen der Natur enthobenen Fremdkörper, sondern gliedert ihn in das gesamte Naturgefüge – als besonderen Teil des Ganzen – ein.[121] Dabei wird die Natur nicht als

118 Vgl. Jonas 1979, S. 92.

119 Vgl. Jonas 1973; des Weiteren Jonas, Hans (1992b), *Evolution und Freiheit*, in: Jonas 1992a, S. 11–33; Jonas, Hans (1992c), *Werkzeug, Bild, Grab. Vom Transanimalischen im Menschen*, in: Jonas 1992a, S. 34–49.

120 Vgl. Jonas 1973, S. 295, 310ff; ferner Jonas, Hans (1987), *Wissenschaft als persönliches Erlebnis*, Göttingen, S. 19; Jonas 1992b, S. 101f.

121 Vgl. Jonas 1992b, S. 17.

etwas rein Materielles, sondern als eine mit „Würde" und „Innerlichkeit" durchzogene Einheit von Materie und Geist begriffen.[122]

Der Mensch nimmt in diesem Naturgefüge, mit dem er grundlegend in eins verbunden ist, eine Sonderstellung ein: Er ist die auf einer Stufenfolge der Entwicklung der verschiedenen Naturwesen am höchsten entwickelte Kreatur.[123] Zudem ist er das einzige Lebewesen, das mit der Fähigkeit zu höherem Wissen und zu Selbstreflexion ausgestattet ist.[124] Die wesentlichen menschlichen Merkmale, an denen sich die Sonderstellung des Menschen in der Natur und gegenüber den restlichen Naturwesen ablesen lässt, fasst Jonas unter die Phänomene „Werkzeug", „Bild" und „Grab" zusammen. Nur der Menschen allein ist – aufgrund seiner am weitesten entwickelten geistigen Fähigkeiten – zur Schaffung dieser Phänomene fähig.[125]

An dieser Stelle, wo es um die Sonderstellung des Menschen innerhalb der Natur geht, wird die Überleitung zu seinem nachfolgenden Werk „Das Prinzip Verantwortung" deutlich und für Jonas notwendig: Der Mensch trägt nicht nur besondere Begabungen, sondern ihm kommt auch eine besondere *Verantwortung* in Bezug auf die ihn umgebende Natur zu. Er hat sich um sie zu kümmern und es ist, gerade im heutigen Zeitalter der Technologie, seine unbedingte Pflicht, ihre Bewahrung und Unversehrtheit sicherzustellen. Somit liegt es in der Verantwortung des Menschen, seinen Wissens- und Herstellungsdrang – der in die heutige Hochtechnologie mündet – einzudämmen und unter eine strenge Kontrolle zu stellen, um die Natur nicht weiter zu gefährden.[126]

In seinem Werk „Das Prinzip Verantwortung" geht es dann darum, diese besondere Pflicht der Verantwortungsübernahme des Menschen gegenüber der Natur zu begründen. Die Begründung der neuen Verantwortungsethik basiert, wie im nächsten Kapitel erklärt wird, auf der durch Jonas in seinen naturphilosophischen Schriften bereits entfalteten speziellen Ontologie. In diesem Sinne schließt er sein Werk „Organismus und Freiheit" mit einem Epilog über Natur und Ethik, in dem es heißt:

122 Vgl. Jonas 1973, S. 258; Jonas 1992b, S. 17.

123 Vgl. Jonas 1992b, S. 16.

124 Vgl. Jonas 1973, S. 261ff.

125 Vgl. Jonas 1992c, S. 34ff.

126 Vgl. Jonas 1973, S. 337f.

> „Am Anfang dieses Buches stand der Satz, daß die Philosophie des Lebens die Philosophie des Organismus und die Philosophie des Geistes umfasse. An seinem Ende, und im Lichte dessen, was wir gelernt haben, können wir einen weiteren Satz hinzufügen, der im ersten mitenthalten ist, aber eine neue Aufgabe stellt: die Philosophie des Geistes schließt die Ethik ein – und durch die Kontinuität des Geistes mit dem Organismus und des Organismus mit der Natur wird die Ethik ein Teil der Philosophie der Natur."[127]

3.1.3.2 Zwecke und Werte

In „Das Prinzip Verantwortung" macht sich Jonas zum Ziel, die Verpflichtung der Verantwortung des Menschen gegenüber der Natur auf der Basis seiner bereits zuvor entwickelten ontologischen Naturphilosophie zu begründen. Dies vollzieht er in zwei wesentlichen Schritten. (1) Zunächst zeigt er, dass es *Zwecke* in der Natur gibt. Denn hat er dies bewiesen, so lässt sich auch von *Werten* bzw. von einer *Würde* in der Natur sprechen. Der erste Schritt ist also der Schluss von den Zwecken auf die Werte in der Natur. (2) In einem zweiten Schritt handelt es sich dann darum, zu zeigen, wie von den Werten in der Natur auf die Pflicht der Verantwortung zu schließen ist. Hier geht es um die Sonderstellung des Menschen, bei dem die immer größer werdende Macht schließlich in eine Pflicht der Verantwortungsübernahme gegenüber der restlichen Natur umschlägt. Der zweite Schritt ist der Schluss von den Werten in der Natur auf die Pflicht der Verantwortung des Menschen.

Schritt 1: Schluss von den Zwecken auf die Werte in der Natur

Jonas beginnt seine Ausführungen zu seiner Zweck- und Wertlehre mit der Feststellung, dass die gesamte Natur mit Zwecken durchzogen sei. Zweck ist der Grund, aus dem eine Sache existiert, und man erfasst ihn, wenn man die Frage stellt: „*Wozu* gibt es dieses Wesen?" Jonas hebt hervor, dass Zwecke zunächst ganz unabhängig von Werten in der Natur vorhanden sind: Der Zweck ist da, sobald ein Wesen seine Wesenhaftigkeit lebt. Dies ist vorerst unabhängig davon zu sehen, *wie gut*, das heißt mit welcher *Wert*haftigkeit, das Wesen dies vollbringt. Der Wert ist somit relativ zum Zweck. Er folgt immer in einem zweiten Schritt, und man erfasst ihn mit der Frage: „*Wie gut* erfüllt das Wesen seine Zweckhaftigkeit?"[128]

127 Jonas 1973, S. 340.

128 Vgl. Jonas 1979, S. 105f, 153.

Zwecke befinden sich somit – unabhängig davon, wie *wert*voll sie letztlich sind – in der gesamten Natur. Die Natur beschreibt Jonas als einen lebendigen Stoff, in dem die verschiedenen Naturwesen im tiefen Grund kontinuierlich miteinander verwoben sind und zur Oberfläche hin immer spezieller und individueller werden. An der Oberfläche erkennt man dann die verschiedenen „Subjektivitäten" – wie bestimmte Pflanzen, Tier oder eben die Menschen –, die sich alle durch ihren eigenen Zweck definieren und voneinander unterscheiden. Somit sind die verschiedenen individuellen Subjektivitäten unserer Welt als „hochgetriebene Oberflächenerscheinungen" zu verstehen, die alle auf der einen Seite einen eigenen Zweck besitzen und auf der anderen Seite in der Tiefe der Natur zu einer Einheit miteinander verschmolzen sind.[129]

Diese durchgehende Zweckhaftigkeit der Natur erklärt Jonas auch als ein allgemeines „Arbeiten" in der Natur. Die Natur arbeitet durch ihre Zweckbestimmungen auf bestimmte Ziele hin, die verwirklicht werden sollen. Dabei steuert sie trotz der Mannigfaltigkeit der Zwecke immer eine Richtung an: Es ist die Oberfläche des Naturstoffes, an der die Subjektivitäten dann in Erscheinung treten. Aufgrund dieser bestimmten Richtung der Entwicklung geht Jonas von einer *Teleologie* der Natur aus.[130] Er gebraucht dieses Konzept jedoch mit Vorsicht und Zurückhaltung. Er geht weder davon aus, dass die Zielausrichtung von einer innerweltlichen Vernunft noch von einem außerweltlichen Gott ausgeht.[131] Vielmehr lässt er die Frage nach dem ersten Anstoß oder dem ersten Zustandekommen des Naturstoffes offen und behauptet, es könnte auch reiner Zufall gewesen sein. Jonas benutzt somit einen schwachen Begriff von Teleologie. Er spricht lediglich von einem einfachen „Wollen", einem „Über-sich-hinaus-Wollen" oder einer „Tendenz", die sich in der Natur beobachten lässt.[132] Diesen Sachverhalt der Zweckhaftigkeit und somit Zielorientiertheit in der gesamten Natur beschreibt Jonas folgendermaßen:

> „Es hat Sinn, und die größere Wahrscheinlichkeit als das Gegenteil für sich, von einem ‚Arbeiten' in der Natur zu sprechen und zu sagen, daß ‚sie' in ihren verschlungenen Wegen auf etwas hin arbeitet, oder daß ‚es' vielfältig in ihr daran arbeitet. Schon wenn dies erst mit dem ‚Zufall' des Lebens begänne, wäre es genug: ‚Zweck' ist damit über alles Bewußtsein

129 Vgl. Jonas 1979, S. 139, 142.

130 Zum allgemeinen Teleologieverständnis von Jonas vgl. Jonas 1973; Wetz 1994, S. 138ff.

131 Vgl. Jonas 1979, S. 143; Wetz 1994, S. 139.

132 Vgl. Jonas 1979, S. 143f.

> hinaus, menschliches wie tierisches, in die physische Welt als ein ihr ursprünglich eigenes Prinzip ausgedehnt worden; und wie weit sein Walten unter das Lebendige hinunter in die Elementarformen des Seins hinab reicht, kann offen bleiben. Die Bereitschaft dafür muß dem Sein der Natur als solchem gutgeschrieben werden."[133]

Nachdem Jonas gezeigt hat, dass die komplette Natur – vom kleinsten Naturwesen bis hin zum Menschen – von Zweckhaftigkeit durchzogen ist, fragt er nach den *Werten* in der Natur, aus denen anschließend die Pflicht der Verantwortung abgeleitet werden soll. Dabei stellen sich zunächst die Fragen: Kommt allen Zweckwesen ein Wert zu? Kommt nur den besonders gut entwickelten Subjektivitäten ein Wert zu? Tragen die Wesen mit verschiedenen Zwecken auch verschiedene Werte? Angesichts dieser Unklarheiten fragt Jonas nach einem grundsätzlichen Wert, der *allen* Zweckwesen zukommt. Er fragt nach einem „Wert-an-sich" oder einem „Gut-an-sich", das in der gesamten Natur vorkommt.[134] Diesen findet er in der einfachen *Selbstbejahung* der Lebewesen. Einfache Selbstbejahung heißt in diesem Fall, dass sich das Lebewesen nicht für den Tod, sondern für das Leben entschieden hat. Und dies hat es „entschieden" – bewusst oder unbewusst – aufgrund der schlichten Tatsache, dass es lebt und nicht tot ist. Selbstbejahung heißt somit nicht mehr, als dass dem *Sein* Vorrang vor dem *Nichts* gegeben wird. Sie ist damit der kleinste Nenner aller Zweckwesen. Einfache Selbstbejahung ist ein Zweck-an-sich, oder wie Jonas sagt: der Grundwert aller Werte.[135] Mit dieser Bestimmung hat Jonas gezeigt, dass die Natur nicht nur vollständig mit Zwecken, sondern auch mit Werten durchzogen ist. An anderen Stellen spricht er auch von „Würde", die nicht nur den Menschen, sondern auch der Natur zukomme.[136] Somit ist das Sein der Natur nicht bloß teleologisch und zweckhaft, sondern auch sinn-, wert- und würdevoll.

Den Zusammenhang zwischen Sein, Zweck, Wert und bloßer Selbstbejahung der Lebewesen erklärt Jonas mit folgenden Worten:

> „In der Zielstrebigkeit als solcher, deren Wirklichkeit und Wirksamkeit in der Welt nach dem Vorigen [...] als ausgemacht gelten soll, können wir eine grundsätzliche Selbstbejahung des Seins sehen, die es absolut als das Bessere gegenüber dem Nichtsein setzt. In jedem Zweck erklärt

133 Jonas 1979, S. 144f.

134 Vgl. Jonas 1979, S. 154f.

135 Vgl. Jonas 1979, S. 155.

136 Vgl. Jonas 1992b, S. 17; zur Vertiefung des Begriffs der Würde Wetz 1994, S. 120ff.

sich das Sein für sich selbst und gegen das Nichts. Gegen diesen Spruch des Seins gibt es keinen Gegenspruch, da selbst die Verneinung des Seins ein Interesse und einen Zweck verrät. Das heißt, die bloße Tatsache, daß das Sein nicht indifferent gegen sich selbst ist, macht seine Differenz vom Nichtsein zum Grundwert aller Werte, zum ersten Ja überhaupt."[137]

Schritt 2: Schluss von den Werten in der Natur auf die Pflicht der Verantwortung des Menschen

In einem weiteren Schritt zeigt Jonas, dass die Natur dadurch, dass sie mit Werten und Würde durchzogen ist, auch einen Anspruch auf Fürsorge hat. In diesem Sinne richtet sie, wie oben in Kapitel 3.1.2.1 schon deutlich wurde, einen Appell an die Menschen. Dabei ruft sie nach Hilfe und Schutz. Es obliegt dementsprechend dem Menschen die Pflicht, die Verantwortung für die hilfsbedürftige Natur zu übernehmen. Diese Pflicht wurde hier bislang auf die besondere Fähigkeit des Verantwortungsgefühls und der Verantwortungsausübung des Menschen bezogen. Jonas geht in seiner Erklärung aber noch einen Schritt weiter: Er sieht die Verpflichtung der Verantwortungsübernahme des Menschen darüber hinaus in seiner besonderen *Macht*position, die er gegenüber der restlichen Natur innehat, angelegt.

Die besondere Macht des Menschen gründet in seinem *Wissen*. Der Mensch ist das einzige Lebewesen, bei dem sich die in der Natur waltende Kausalität mit Freiheit und Wissen vermischt. Alle anderen Lebewesen sind dagegen lediglich zweckgetrieben und nur bis zu einem gewissen Grad frei: In ihrem Aufwärtstreiben begrenzen sie sich gegenseitig und halten somit die Vielfältigkeit der Arten in einem symbiotischen Gleichgewicht. Eine Ausnahme bildet hier nun der Mensch: Er ist das am höchsten entwickelte Lebewesen, das durch seine besondere und einmalige Fähigkeit des Wissens und der Selbstreflexion aus dem restlichen Naturspiel heraussticht.[138]

Das Problem mit dieser besonderen Macht des Menschen besteht schließlich darin, dass sie über ihn hinauswächst und zur Gefahr für die Natur und letztlich den Menschen selbst werden kann. Dies wird an der heutigen, nicht mehr zu bremsenden technologischen Entwicklung und der von ihr bewirkten, wachsenden Bedrohung für die gesamte Natur deutlich. Jonas hebt hervor: In dem Punkt, wo der Machttrieb des Menschen für die ganze Welt zur Gefährdung wird, muss sich

137 Jonas 1979, S. 155.

138 Vgl. Jonas 1979, S. 232.

seine Macht in Verantwortung umwandeln bzw. muss das „Wollen" in „Sollen" umschlagen. Dabei muss der Mensch dem ersten Imperativ „Dass eine Menschheit sei" gerecht werden. Das heißt, dass er zum einen für den Fortbestand der Menschheit und zum anderen, darin inbegriffen, für den Fortbestand der gesamten Natur Fürsorge tragen muss:

> „Nur beim Mensch ist die Macht durch Wissen und Willkür vom Ganzen emanzipiert und kann ihm und sich selbst verhängnisvoll werden. Sein Können ist sein Schicksal und wird immer mehr zum allgemeinen Schicksal. Also erhebt sich bei ihm, und ihm allein, aus dem Wollen selber das Sollen als Selbstkontrolle seiner bewußt wirkenden Macht; und zuerst in Bezug auf sein eigenes Sein: da in ihm das Prinzip der Zweckhaftigkeit durch die Freiheit, sich Zwecke zu setzen, und die Macht, sie auszuführen, seine höchste und zugleich selbstbedrohende Spitze erreicht hat, so wird im Namen des Prinzips er sich selber zum ersten Gegenstand des Sollens, nämlich jenes erwähnten ‚ersten Gebots', nicht das in ihm Erreichte, wie er *auch* kann, durch die Art seiner Nutzung zu verderben. Darüber hinaus wird er zum Treuhänder aller anderen Selbstzwecke, die irgend unter das Gesetz seiner Macht kommen."[139]

3.1.3.3 *Empirischer Beweis: Eltern-Kind-Beziehung*

Die Herleitung der Verantwortungspflicht und des ontologischen Imperativs „Dass eine Menschheit sei" aus dem *Sein* der Natur versucht Jonas, wie im Folgenden gezeigt wird, noch auf eine andere Art. Jonas begnügt sich nicht damit, die Deduktion des *Sollens* aus dem *Sein* zu beschreiben und zu erklären, sondern er möchte diese Ableitung zusätzlich mit einem *empirischen Beweis* untermauern. Damit will er insbesondere den „naturalistischen Fehlschluss", der vorschreibt, dass man aus dem *Sein* kein *Sollen* ableiten könne, und der seit Hume in der philosophischen Ethik fast übereinstimmend als unwiderruflich gilt, überzeugend widerlegen.[140] Er sucht so ein „ontisches Paradigma", in dem ein *Sein* mit einem *Sollen* für jeden Menschen leicht erkennbar zusammenfällt.[141] Dieses findet er schließlich im Säugling.

---

139 Jonas 1979, S. 232.

140 Der Begriff „naturalistischer Fehlschluss" bezieht sich auf das „Hume'sche Gesetz" und impliziert das Verbot der Ableitung eines Sollens aus einem Sein. Der Begriff stammt nicht von Hume selbst, sondern wurde erst später von Moore in Bezug auf das Hume'sche Gesetz eingeführt. Zur näheren Erläuterung vgl. Kapitel 3.2.3.2 dieser Arbeit.

141 Vgl. Jonas 1979, S. 235.

Jonas behauptet, jeder Mensch kenne die Situation des nach Hilfe und Schutz schreienden Neugeborenen– und jeder Mensch wisse auch, dass man sich diesem Hilfeschrei nicht entziehen kann. Auch wenn man die Situation in der Theorie anders deuten mag, so wäre sie in der Praxis immer dieselbe: Der Mensch hilft dem schreienden Neugeborenen unmittelbar. Jonas erklärt diesen Fall mit den Worten: „Sieh hin und du weißt."[142] Dem Wissenschaftler, der einen solchen empirischen Beweis der Ableitung eines *Sollens* aus einem *Sein* sofort dementieren würde, begegnet Jonas mit der Kritik, dieser wisse nicht, wovon er spreche, da er sich nicht in der konkreten Situation befinde. Der Wissenschaftler, so legt Jonas dar, betrachte lediglich sein abgestecktes Feld der Theorien und Methoden und betrachte die Beziehung zwischen *Sein* und *Sollen* ausschließlich innerhalb dieses theoretischen Rahmens. Würde er sich jedoch selbst in die konkrete Situation begeben und sich vor einen schreienden Säugling stellen, so würde auch er erkennen, dass die Ableitung des *Sollens* aus dem *Sein* richtig sei. Jonas fasst seine Kritik an dem Wissenschaftler in folgende Worte:

> „Aber ist es der Säugling, der hier gesehen wird? *Ihn* bekommt der analytische Blick des mathematischen Physikers gar nicht zu Gesicht, sondern mit Absicht nur einen äußersten Rand seiner im übrigen abgeblendeten Wirklichkeit. Und selbstverständlich verlangt noch die hellste Sichtbarkeit den Gebrauch des Sehvermögens, für das sie da ist. An dieses richtete sich unser ‚Sieh hin und du weißt'. Daß dies Sehen der vollen Sache weniger Wahrheitswert besitzt als das ihres letzten Überrestes im Filter der Reduktion, ist ein Aberglaube, der nur vom Erfolgsprestige der Naturwissenschaft jenseits ihres selbstgesteckten Erkenntnisfeldes lebt."[143]

Jonas begreift den Fall des Neugeborenen, in dem *Sein* und *Sollen* für jeden evident zusammenfallen, als „Urbild der Verantwortung". Alle weiteren Fälle der Verantwortungsübernahme haben, so Jonas, in diesem Bild ihren paradigmatischen Ursprung.[144] Die Beziehung zwischen Verantwortungssubjekt und Verantwortungsobjekt im Urbild der Verantwortung (vgl. oben 3.1.2.1) ist nun wie folgt zu verstehen: Das Neugeborene ist das Verantwortungsobjekt, und die Helfenden, wie im generellen Fall die Eltern, stellen das Verantwortungssubjekt dar. Von dem Neugeborenen geht ein „Appell", das heißt ein Ruf nach Hilfe und Schutz aus, und die Eltern übernehmen unmittelbar die fürsorgliche

142 Jonas 1979, S. 235.

143 Jonas 1979, S. 236.

144 Vgl. Jonas 1979, S. 234.

Verantwortung für das schreiende Kind. Sie tun dies, weil sie a) ein entsprechendes Gefühl für die Verantwortungspflicht haben und weil sie b) die Verantwortungshandlung auch ausüben können. In Anlehnung an die Abbildung 2 lässt sich die Beziehung zwischen dem Neugeborenen und seinen Eltern – als Urbild der Verantwortung – folgendermaßen skizzieren:

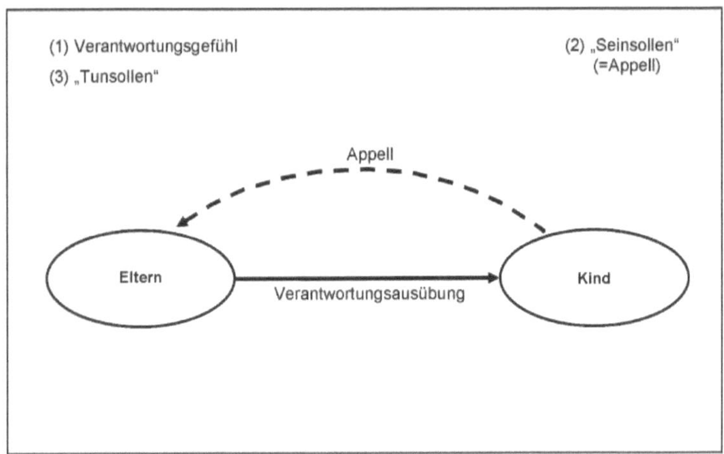

Abb. 4: Die Eltern-Kind-Beziehung bei Hans Jonas

Insgesamt hat sich somit gezeigt, dass für Jonas das Verantwortungs-Urbild des Säuglings, das sich in allen anderen Verantwortungsübernahmen widerspiegelt, der grundlegende Beweis für die Möglichkeit und auch Notwendigkeit der Ableitung des *Sollens* aus dem *Sein* und somit für die Wiederlegung des lange in der Philosophie vorherrschenden Dogmas des „naturalistischen Fehlschlusses" ist.

3.2 Vorteile und Nachteile des Jonas'schen Prinzips Verantwortung

Nachdem das Prinzip Verantwortung von Hans Jonas in seinen Grundzügen dargestellt wurde, gilt es, im Folgenden die Vorteile und Nachteile dieses Ansatzes herauszuarbeiten.

Die Vorteile sind die richtigen Kerngedanken des Jonas'schen Ansatzes. Dazu zählen zum einen sein Verständnis von Verantwortung als *kollektiver* und *globaler* moralischer Pflicht (Kapitel 3.2.1) und zum anderen die diversen *lebensweltlichen* Gründe, mit denen er die Übernahme der moralischen Verantwortungspflicht erklärbar macht (Kapitel 3.2.2). Diese Kerngedanken der Jonas'schen Verantwortungsethik werden als Vorteile gesehen, da sie (a) dem in der Einleitung gesuchten Verantwortungsbegriff entsprechen und (b) sich, wie in Kapitel 5 dieser Arbeit zu demonstrieren sein wird, im Rahmen des Wellmer'schen Begründungskonzepts auf der Basis einer diskursiven und neo-pragmatistischen Ethik fruchtbringend neu entfalten lassen.

Die Nachteile des Jonas'schen Ansatzes sind seine Ausführungen zu einer metaphysisch-ontologischen Begründung des Prinzips Verantwortung auf der Basis seiner in früheren Schriften entwickelten Naturphilosophie (Kapitel 3.2.3). Diese führt Jonas oberhalb der diversen *lebensweltlichen* Gründe an und misst ihnen eine zentrale Rolle in seiner gesamten Verantwortungsethik bei. In diesem Punkt wird jedoch ersichtlich, dass dieses metaphysisch-ontologische Begründungskonzept von Jonas nicht haltbar ist und sich ferner als unbrauchbar erweist. Im weiteren Verlauf der Arbeit wird es durch Ideen zu einer Begründung des Prinzips Verantwortung auf der Basis einer *diskursiven Ethik* ersetzt.

In diesem Kapitel werden somit die richtigen Kerngedanken der Jonas'schen Ethik aus dem unhaltbaren Jonas'schen Begründungskontext herausgelöst, um sie in den nachfolgenden Kapiteln 4 und 5 Schritt für Schritt im Rahmen einer diskursiven Ethik wieder neu einfügen zu können.

3.2.1 Vorteil 1: Verantwortung ist kollektive und globale moralische Pflicht

Betrachtet man Jonas' Verantwortungsbegriff, wie er in Kapitel 3.1.2.1 dargestellt wurde, aus einer nicht abstrakten Perspektive, das heißt, lässt man die metaphysischen Begründungsgrundlagen zunächst außer Acht, zeigt sich das Prinzip Verantwortung in mehrerer Hinsicht als vorteilhaft. So hat Jonas treffend die Bedeutung eines neuen *globalen Verantwortungsobjekts* und eines neuen *kollektiven Verantwortungssubjekts* für die heutige Zeit herausgestellt. Ebenfalls hat er die Beziehung zwischen beiden Polen als eine *nicht reziproke* und *moralische Pflicht* charakterisiert.

Im Folgenden sollen diese drei Charakteristika der *Globalität* (Kapitel 3.2.1.1), der *Kollektivität* (Kapitel 3.2.1.2) und der *nicht reziproken moralischen Pflicht* (Kapitel 3.2.1.3) nochmals genauer betrachtet werden. Dabei wird sich zeigen, dass diese Aspekte – nachdem sie aus dem Jonas'schen ontologisch-naturphilosophischen Begründungskonzept herausgelöst worden sind – für den in der Einleitung gesuchten Verantwortungsbegriff wertvoll und zutreffend sind und man hier an das Jonas'sche Prinzip Verantwortung anknüpfen kann.

3.2.1.1 *Charakteristikum der Globalität*

Jonas hat richtig erkannt, dass das Prinzip Verantwortung im Gegenzug zu den traditionellen Verantwortungsbegriffen um die Dimension der Globalität erweitert werden muss.[145] Diese Veränderung ist auf die enorme Ausweitung des Verantwortungs*objekts* zurückzuführen: Das Verantwortungsobjekt befindet sich nicht mehr als ein einzelnes Objekt in einem überschaubaren und abgesteckten Raum – das heißt im Nahbereich des Handelns –, sondern erstreckt sich über den gesamten Globus. Es umfasst zum einen die gesamten weltweiten Naturbereiche, die durch das technologische Handeln und dessen unumkehrbare und kumulative Folgen in Gefahr geraten sind. Zum anderen aber auch die Menschen selbst, welche die Technik und deren Auswüchse nicht mehr unter Kontrolle haben und sich somit selbst zur Bedrohung geworden sind. Angesichts der Zunahme der weltweiten Katastrophen verschiedener Art formuliert Jonas treffend den neuen Verantwortungsbegriff als eine umfassende, *globale* moralische Verpflichtung, die sich auf die in Bedrohung lebenden Menschen und die diversen gefährdeten Naturbereiche richten soll.

Jonas selbst hat ausschließlich die durch die Technologie bedrohte Natur als das globale Verantwortungsobjekt gesehen. Dies ist auf die Zeit, in der er sein „Prinzip Verantwortung" geschrieben hat, zurückzuführen. Ende der 1970er Jahre kam es erstmals zu globalen ökologischen Katastrophen, die durch die schnelle Entwicklung der Technologie hervorgerufen worden waren. Aus heutiger Sicht ist zu konstatieren, dass die globalen Problemfelder und somit das entsprechende Objekt der globalen Verantwortung einen noch größeren – und stetig anwachsenden – Umfang angenommen haben: Zum einen hat sich der Bereich der Technik wesentlich weiter ausgedehnt und zum anderen sind weitere Problemfelder hinzugetreten. Letzteres betrifft vor allem sämtliche Bereiche der Ökonomie und sozialen Gerechtigkeit, die mit der Globalisierung der Wirtschaft der letzten Jahre zusammenhängen. Dies heißt für den heutigen Standpunkt einer Verantwortungsethik, dass die Erfordernisse einer globalen Verantwortung weiterhin sehr groß und

145 Vgl. Kapitel 2.1 dieser Arbeit.

dringlich sind, da immer mehr globale Problembereiche als Verantwortungsobjekte hinzutreten. In dieser Hinsicht ist der Ansatz von Jonas nach wie vor wertvoll und aktuell. Jonas selbst hatte zu seiner Zeit zwar nur die ökologische Ethik in Betracht gezogen, dem Begriff einer „globalen Verantwortung" im umfassenden Sinne hat er jedoch entscheidend vorgearbeitet.

Ein weiterer richtiger Aspekt an Jonas Konzeption der globalen Verantwortung ist, dass sich sein Verantwortungsbegriff – gemäß der Systematisierung des Verantwortungsbegriffs in Kapitel 1.4 – als „überinstitutionell" charakterisieren lässt. Jonas selbst geht auf den Begriff der *Überinstitutionalität* nicht ein. Dennoch lässt sich von dem Prinzip Verantwortung auf diesen Aspekt und die damit zusammenhängende Unterscheidung zwischen *institutioneller Verantwortung* und *überinstitutioneller Verantwortung* schließen. Diese Unterscheidung, die allererst von Karl-Otto Apel ausformuliert wurde, ist aus zwei Gründen sinnvoll:

(1) Zunächst lässt sich durch diese Unterscheidung der Typ des Jonas'schen Verantwortungsbegriffs eindeutiger charakterisieren und von traditionellen Verantwortungsbegriffen abgrenzen. Dabei wird ersichtlich, dass Jonas einen Verantwortungsbegriff aufstellt, der nicht – wie bislang vertreten – auf den Innenbereich von Institutionen eingeschränkt, sondern vielmehr darüber hinaus wirksam ist. Das heißt, dass die Objekte des neuen Verantwortungsbegriffs nicht *in* den Institutionen selbst, sondern vielmehr in dem *oberhalb* aller Institutionen befindlichen, *globalen* Raum zu finden sind.

(2) Zum Zweiten ist die Unterscheidung zwischen institutioneller und überinstitutioneller Verantwortung aus begründungstheoretischer Sicht bedeutend. Es handelt sich bei der globalen bzw. überinstitutionellen Verantwortung um einen Typ von Verantwortung, der nicht individuell innerhalb von Institutionen zugeschrieben werden kann, sondern auf eine andere Art begründet werden muss: Jonas selbst vollzieht diesen Begründungsschritt auf der Basis seiner ontologischen Naturphilosophie. Apel verwendet in dieser Hinsicht die Methode der transzendentalpragmatischen Reflexion, um die Grundnorm der Mit-Verantwortung aufdecken zu können. In Kapitel 5 dieser Arbeit wird jedoch zu klären sein, dass ein solches globales und überinstitutionelles Verantwortungsprinzip nur durch die Individuen selbst, und zwar aufgrund von guten Gründen und einer im realen Diskurs ausgebildeten Urteilskraft, begründet werden kann. Zusammenfassend lässt sich daher sagen: Die *globale* Verantwortung ist ein Typ von Verantwortung, der nicht *innerhalb* von Institutionen, sondern nur *außerhalb* oder *ober-*

halb von Institutionen zu finden ist und sich auch nur dort begründen lässt. Sie bezieht sich demnach nicht auf Objekte, die *in* Institutionen liegen, sondern nur auf Objekte, die *außerhalb* derselben zu finden sind, und zwar im Bereich der Globalität. Dieser Typ von Verantwortung unterscheidet sich von traditionellen Verantwortungsbegriffen, und es ist als eine Stärke des Jonas'schen Ansatzes anzusehen, dass er einen solchen Begriff erstmals in die Ethik eingeführt hat – auch wenn er die Unterscheidung zwischen *institutioneller* und *überinstitutioneller* Verantwortung nicht bewusst gezogen hat.

Jonas' globales Verantwortungsobjekt lässt sich jedoch nicht im Ganzen übernehmen und vertreten. Wie in Kapitel 3.1.2.1 dieser Arbeit erläutert, ist es hilfreich, in dieser Hinsicht zwischen einer *konkreten* und einer *abstrakten* Ebene des Jonas'schen Objekts der Verantwortung zu unterscheiden: Auf der konkreten Ebene besteht dieses Verantwortungsobjekt aus den zahlreichen globalen ökologischen Problemfeldern, wie bedrohte Pflanzen- oder Tierarten, die sich aus dem veränderten technologischen Handeln ergeben. Auf einer darüberhinausgehenden, abstrakten Ebene beschreibt Jonas das Objekt der Verantwortung aber noch als wesentlich gehaltvoller. Und zwar, indem er es als die „Idee der Menschheit" interpretiert. Hinter dieser Idee stecken die Grundgedanken zu seiner Naturphilosophie, die besagen, dass die gesamte Natur, vom kleinsten Naturwesen bis hin zum Menschen, von Sinn und Werten durchzogen sei. An diesem Punkt setzt schließlich auch sein spezielles metaphysisch-ontologisches Begründungskonzept an, das beinhaltet, dass aus dem sinn- und wertdurchtränkten *Sein* der Natur das *Sollen* der Verantwortung abgeleitet werden kann und muss. In dieser Hinsicht geht Jonas jedoch eindeutig einen Schritt zu weit: Wie in Kapitel 3.2.3.2 zu zeigen sein wird, begeht er damit den Fehler des „naturalistischen Fehlschlusses". Einen solchen abzulehnen, gilt in weiten Kreisen innerhalb der Philosophie als unumstößlich.

Resümierend lässt sich zum Jonas'schen Verantwortungsobjekt sagen, dass der *konkrete* Teil für einen heutigen Verantwortungsbegriff sehr wichtig und brauchbar ist und man an dieser Stelle sehr gut an Jonas' Ansatz anschließen kann. Der *abstrakte* Teil des Objekts der Verantwortung, der mit seinem grundlegenden metaphysisch-ontologischen Begründungskonzept zusammenhängt, ist jedoch zu verwerfen. Will man folglich an das von Jonas herausgearbeitete Verantwortungsobjekt anschließen, so muss man es aus dem speziellen Begründungszusammenhang, in dem es bei diesem steht, herauslösen und in ein neues, vertretbares Begründungskonzept einbinden.

3.2.1.2 *Kollektivität*

Jonas hat des Weiteren richtig erfasst, dass es sich bei der globalen Verantwortung um eine *kollektive* Verantwortung handeln muss: Das Erfordernis der Kollektivität geht, wie Jonas richtig erklärt hat, aus der Tatsache hervor, dass sich das menschliche Handeln durch das Aufkommen der Technologie wesentlich verändert hat. Hier hat er treffend beschrieben, dass das technische Handeln im Wesentlichen dadurch charakterisiert ist, dass die einzelnen technologischen Handlungen *unumkehrbar* und *kumulativ* sind und sich im Laufe ihrer Entwicklung auf mehreren Ebenen miteinander verketten und verschlingen. Hinzu kommt, dass sie sich weit in die Zukunft und über den gesamten Globus erstrecken, sodass es immer schwieriger wird, sie zu identifizieren und auf einen Ursprungsort zurückzuführen. Aus diesen Erklärungen lässt sich folgern, dass insbesondere zwei Aspekte das Kollektiv als Verantwortungssubjekt erforderlich machen:

1.) Die diversen globalen Handlungen verschmelzen im Laufe ihrer Entwicklung zu kollektiven, globalen Aktionen, die schließlich in dieselbe ökologische Katastrophe münden.

2.) Die einzelnen Ursprungshandlungen und Verursacher lassen sich rückwirkend nicht mehr eindeutig identifizieren.

Aus heutiger Sicht ist jedoch noch hinzufügen, dass, seitdem Jonas sein Hauptwerk geschrieben hat, die kollektive Verantwortung noch weiter angewachsen ist. Dies hängt, wie wir schon sahen, mit der starken Ausdehnung des Verantwortungsobjekts zusammen, das heute nicht mehr nur die Problemfelder der Ökologie, sondern zunehmend auch der Ökonomie und sozialen Gerechtigkeit betrifft. Dabei ist zum Beispiel an die anwachsende weltweite Armut oder die Finanzkrise zu denken. Auch hier entstehen globale Handlungsketten, die sich immer stärker von eindeutigen Verursachern loslösen und im Nachhinein nicht mehr eindeutig zuordnen lassen. Aus diesen Gründen lässt sich sagen, dass der Aspekt der „kollektiven Verantwortung" einen Vorteil des Jonas'schen Ansatzes darstellt.

Was die *Begründung* der kollektiven Verantwortung angeht, so ist jedoch zu beachten, dass Jonas diese ebenfalls auf der Basis seiner ontologischen Naturphilosophie vollzieht. Auf dieser Grundlage gilt das Prinzip Verantwortung als objektive praktische Wahrheit, die aus dem *Sein* der Natur abgeleitet wird. In Kapitel 5 – wenn das Prinzip Verantwortung auf der Basis von Wellmers diskursiver Ethik neu begründet wird – wird sich zeigen, dass der Zusatz „kollektiv" nicht *objektiv*, sondern immer nur *für mich* gelten kann. Es ist eine individuelle Interpretation der Art von Verantwortung, die jedes Individuum nur *für sich* übernehmen kann. Die Interpretation geht jedoch aus der Antizipation eines vernünftigen Konsenses hervor, die das Individuum für sich, aufgrund seiner Erfahrungen im realen Diskurs, vollzieht, wenn es nach dem moralisch richtigen Handeln fragt. Dabei fragt es nach dem, was alle Menschen in Übereinstimmung miteinander wollen und was vernünftigerweise gut für das Allgemeinwohl ist.

3.2.1.3 Nicht-reziproke moralische Pflicht

Ein weiterer Vorteil des Jonas'schen Prinzips Verantwortung ist, dass Jonas die Beziehung zwischen Verantwortungssubjekt und Verantwortungsobjekt als *nicht-reziproke moralische* Verpflichtung beschreibt. Dies heißt, dass das Verantwortungssubjekt eine moralische Verantwortung gegenüber dem bedrohten Ökosystem übernehmen muss, ohne dafür eine Gegenleistung zu bekommen.

Jonas hat für diese Tatsache verschiedene Gründe angeführt: Zum einen fordert er vom Menschen die Verantwortungsübernahme schon allein deshalb, weil der Mensch die Fähigkeiten dazu besitzt. Des Weiteren erklärt er die Pflichtübernahme aufgrund der speziellen Machtposition des Menschen innerhalb der Natur, die sich aus seinem Vermögen ergibt, Wissen zu erlangen. Den entscheidenden Grund für die Verantwortungsübernahme sieht er jedoch letztlich nicht im Subjekt, sondern im Objekt: Es ist der Appell des Objekts an das Subjekt, für es Sorge und Schutz zu übernehmen. Dieser Begründungsart liegt Jonas' ontologische Naturphilosophie zugrunde, die sich aufgrund des damit verbundenen „naturalistischen Fehlschlusses" nicht vertreten lässt.

Dennoch kann an Jonas' Konzept der nicht-reziproken moralischen Verpflichtung – entgegen der Ansicht vieler Kritiker[146] – sehr gut angeschlossen werden, hat man es erst einmal aus dem Jonas'schen metaphysisch-ontologischen Begründungsrahmen herausgehoben. Beobachtet man nämlich den heutigen Konsens des realen Diskurses, so lässt sich sagen, dass zunehmend die Forderung einer selbstlosen, moralischen Verpflichtung der Menschen gegenüber den gemeinsamen globalen Problemfeldern gestellt wird. Die Menschen fordern dies vermehrt gegenseitig, womit einhergeht, dass auch häufiger der Begriff der „Mit-Verantwortung" fällt.

146 Vgl. Kapitel 2.2 dieser Arbeit.

Diese nicht-reziproke moralische Mit-Verantwortung können die Menschen schließlich nur, wie in Kapitel 5 zu zeigen sein wird, in sich selbst begründen, und zwar aufgrund von guten und triftigen Gründen und ihrer im realen Diskurs ausgebildeten Urteilskraft. Überzeugende Gründe für die Übernahme einer solchen selbstlosen Verpflichtung können unterschiedlich sein. Sie können der Art sein: „Jeder macht es, also muss ich es auch machen", „Wir sind gezwungen, so zu handeln", oder aber auch: „So zu handeln, dient unserem Gemeinwohl", „Nur gemeinsam können wir die Probleme beheben", „Man darf nicht nur an sich denken, sondern muss immer auch alle anderen Menschen im Blick haben" etc. Aufgrund dieser Begründungsart kann dem Prinzip Verantwortung jedoch nicht mehr die starke, absolute Soll-Geltung zugeschrieben werden, wie es bei Jonas der Fall ist. Dennoch ist ein derart begründetes Prinzip der kollektiven und globalen Verantwortung wirksam, möglich und ausreichend.

3.2.2 Vorteil 2: Lebensweltliche Gründe

Schließlich lassen sich die *lebensweltlichen Gründe,* die Jonas in „Das Prinzip Verantwortung" und anderen Werken anführt, als Vorteil des Jonas'schen Ansatzes interpretieren, da man auch hier sinnvoll und fruchtbringend anschließen kann. Diese Interpretation ist vor dem Hintergrund der diskursiven und neo-pragmatistischen Diskursethik von Wellmer zu sehen, auf deren Basis – im späteren Verlauf dieser Arbeit – die richtigen Kerngedanken der Jonas'schen Verantwortungsethik neu begründet werden sollen. In diesem Begründungszusammenhang spielen die lebensweltlichen „überzeugenden" Gründe eine zentrale Rolle. Denn diese bewegen die Individuen, das Prinzip der kollektiven und globalen Verantwortung anzuerkennen.

Unter den „lebensweltlichen" Gründen sind bei Jonas die *konkreten* oder *empirischen* Argumente gemeint, die er liefert, um die Dringlichkeit der Übernahme der Verantwortung zu erklären: Darunter zählt (a) zunächst seine ausführliche Analyse der Veränderung des menschlichen Handelns durch das Aufkommen der Technologie, die er im ersten Kapitel von „Das Prinzip Verantwortung" darlegt. Dort kommt er zu dem Ergebnis, dass das technische Handeln durch neue negative Charakteristika zu einer zunehmenden Bedrohung für die Menschen und die Natur wird. Zu diesen zählen vor allem die *Unumkehrbarkeit* und die *Kumulation,* da durch diese die technologischen Handlungen eine Eigendynamik annehmen und den Menschen vermehrt aus den Händen gleiten. Die zahlreichen globalen ökologischen Katastrophen sind schließlich die Resultate dieser veränderten Wirklichkeit. In diesem Zusammenhang diskutiert Jonas (b) in anderen Werken ganz gezielt bestimmte Problemfelder der Technik, wie zum Beispiel in seiner Aufsatzsammlung *Technik, Medizin und Ethik*. Oder er zählt verschiedene Beispiele für die ökologische Krise auf, um den Menschen damit die Dringlichkeit eines neuen verantwortlichen Handelns zu veranschaulichen. So sagt er im Interview mit Ingo Hermann:

> „Aber es gibt doch eine ganz andere Uhr, die da tickt. Diese Zeitbombe tickt, während wir einfach so leben, wie wir es tun als Mitglieder der westlichen technischen Zivilisation, und woran jeder von uns mitwirkt. Indem wir in unser Auto steigen und durch die Gegend fahren und indem wir an dem großen Güterreichtum des modernen Lebens teilnehmen und indem wir alle diese Dinge benutzen, für die Wälder abgeholzt werden, für deren Herstellung ganze Gegenden chemisch vergiftet werden, die Verschmutzung der Atmosphäre, der Gewässer, des Bodens, die Ausraubung der Biosphäre, der ganzen Lebenswelt durch Überbeanspruchung, durch Ausrottung von Arten oder auch nur durch solche Änderungen der Umwelt, daß gewisse Arten nicht mehr lebensfähig sind".[147]

Man kann folglich sagen, dass Jonas das Prinzip Verantwortung eigentlich auf zwei Ebenen begründet – auch wenn er dies selbst nicht in Erwägung zieht. Auf der einfachen *lebensweltlichen* Ebene führt er verschiedene Gründe an, welche die Bedrohlichkeit des technischen Handelns erhellen und den Menschen die Notwendigkeit eines neuen Prinzips Verantwortung begreiflich machen. Jonas reicht eine Begründung auf dieser Ebene jedoch nicht aus. Er möchte das Prinzip Verantwortung darüber hinaus an objektiv gültigen Werten, die er in der gesamten Natur zu finden meint, festmachen. Durch diese spezielle Begründungsweise versucht Jonas, den Menschen besonders stark an die Pflicht der Verantwortung zu binden und das Prinzip Verantwortung gegen jeden Vorwurf der Relativität und Beliebigkeit zu verteidigen. Dass Jonas in diesem Punkt der Begründung zu weit gegangen ist und auch eine falsche Vorstellung von Relativismus zugrunde legt, wird Kapitel 5 dieser Arbeit zeigen.

Zuletzt ist zu erhellen, dass Jonas noch an weiterer Stelle *lebensweltliche* Gründe für die Übernahme der Verantwortungspflicht anführt: dort, wo er über die Bedeutung des *Wissens* in Bezug auf die Folgen des technischen Handelns spricht.[148] Aus der Sicht der diskursiven und neo-

147 Jonas 2004, S. 450f.

148 Vgl. oben Kapitel 3.1.2.3.

pragmatischen Ethik ist es nämlich, wie noch zu zeigen sein wird, als Vorteil anzusehen, ein breites Wissen über das eigene Handeln und dessen Folgen zu haben. Denn nur so lassen sich überzeugende Gründe für ein moralisch richtiges Handeln in einer bestimmten Situation finden. In Bezug auf den Bereich der Technik heißt dies, dass die Menschen ihre technischen Handlungen besser einschätzen und somit katastrophale Folgen vermeiden können. Ein breites Wissen muss folglich als Vorteil für ein verantwortliches Handeln angesehen werden. Aus diesem Grund ist Jonas' Ethik in diesem Punkt als richtig anzusehen. Auch was den Zusatz des Gefühls der *Furcht* angeht, so ist dieser Ansatz nachahmenswert: Die zusätzliche Furcht macht es für die Menschen noch dringlicher, sich zu einem verantwortlichen Handeln gegenüber ihren globalen Problemen zu bekennen.

3.2.3 Nachteil: Metaphysisch-ontologisches Begründungskonzept

Als Nachteil des Jonas'schen Ansatzes ist sein metaphysisch-ontologisches Begründungskonzept, in das er das Prinzip Verantwortung fest verankert, auszumachen. Dieses grundlegende Konzept ist in seiner Ethik sehr dominant, und es tritt in allen seinen Ausführungen deutlich hervor. Dennoch lassen sich die genannten richtigen und überzeugenden Kerngedanken aus diesem metaphysisch-ontologischen Begründungskonzept herauslösen und im Rahmen einer diskursiven Ethik sinnvoll neu begründen.

Jonas hat richtig erkannt, dass er mit seinem anspruchsvollen Begründungsvorhaben mit zwei Dogmen seiner Zeit bricht: (a) dem Grundsatz der Unmöglichkeit metaphysischer Wahrheiten und (b) dem damit zusammenhängenden Dogma des „naturalistischen Fehlschlusses", das besagt, dass man aus dem *Sein* kein *Sollen* ableiten darf. Jonas selbst glaubt, diese beiden Dogmen mithilfe seiner Zweck- und Wertlehre sowie zusätzlich seines empirischen Beweises des Bildes vom Säugling widerlegt zu haben. Dies ist ihm jedoch aus Sicht der herrschenden Meinung innerhalb der Philosophie nicht gelungen. Warum es ihm nicht gelungen ist, wird im Folgenden in zwei Schritten genauer erklärt: Zunächst wird die generelle Problematik der Jonas'schen metaphysisch-ontologischen Naturphilosophie verdeutlicht (Kapitel 3.2.3.1). Darauf folgend wird nochmals explizit auf das Problem der Ableitung eines *Sollens* aus einem *Sein*, die Jonas vor allem mit dem Bild des Säuglings zu verteidigen versucht, eingegangen (Kapitel 3.2.3.2).

3.2.3.1 *Problem der Jonas'schen metaphysisch-ontologischen Naturphilosophie*

Jonas begründet die Gültigkeit des Prinzips Verantwortung auf der Basis seiner metaphysisch-ontologischen Naturphilosophie, die er in verschiedenen Schriften, insbesondere in „Organismus und Freiheit", entfaltet. In dieser grundlegenden Naturphilosophie geht es Jonas, wie gezeigt wurde, um die Überwindung der Kluft zwischen Mensch und Natur, und er entwirft daraufhin ein eigentümliches Bild der gesamten Natur, das nicht ohne weiteres zu akzeptieren ist.[149] Dieses Bild beruht auf zwei Grundannahmen:

(1) Zunächst geht Jonas von der Annahme aus, dass der Mensch nicht etwas Abgesondertes, sondern ein Teil der Natur ist. Der Mensch und die verschiedenen Naturwesen sind dabei am Grunde eines gemeinsamen Naturstoffes miteinander zu einer Einheit verbunden. Besonderheiten oder Individualitäten gibt es in diesem Naturbild nur noch an der Oberfläche der Natur, zu der die Naturwesen aufgrund der ihnen innewohnenden Zwecke hintreiben. Im Inneren der Natur gibt es jedoch nur denselben Naturstoff und dasselbe Kontinuum zwischen allen Wesen.

(2) Die zweite Annahme besagt, dass die Natur nicht etwas rein Materielles, sondern eine Mischung aus Materie und Sinnhaftigkeit darstellt. Diese Sinnhaftigkeit deutet Jonas als *Wert* oder auch als Würde. Er geht davon aus, dass die gesamte Natur, vom kleinsten Naturwesen bis hin zum Menschen, von Werten durchtränkt sei. Die Werthaftigkeit der Natur leitet er dabei aus einem *Gut-an-sich* ab, das er in der simplen Selbstbejahung eines jeden lebenden Wesens findet.

Zu diesem Jonas'schen Naturbild ist kritisch anzumerken, dass Jonas *mehr* in der Natur sieht, als sich letztlich empirisch beweisen lässt. Damit begibt er sich in eine Konfrontation mit den Naturwissenschaften, die lediglich von objektiv beweisbaren Tatsachen ausgehen. Jonas selbst entgegnet den Naturwissenschaften jedoch, auch sie hätten einen eigentümlichen *Seins-Begriff* und auch sie würden eine Art *Metaphysik* vertreten. Der Unterschied zwischen seinem Seins-Begriff und dem Seins-Begriff der Naturwissenschaften bestehe darin, dass diese lediglich von einem „sparsamen" und „ärmlichen" Begriff des Seins ausgingen. Jonas wirft ihnen schließlich vor, sie würden nur einen Teil des

149 Vgl. dazu auch Kuhlmanns Kritik an Jonas: Kuhlmann 1994, S. 282.

Seins betrachten und fälschlicherweise den grundlegenden *metaphysischen* Bestandteil alles Seienden ausblenden.[150]

Aus der Sicht der in dieser Arbeit vertretenen neo-pragmatistischen Diskursethik von Wellmer erscheint Jonas' Argumentation als nicht sehr überzeugend.[151] Mit seinem metaphysisch-ontologischen Begründungskonzept betritt er eine Ebene, die nicht einleuchtend und akzeptabel ist. Seine Argumente sind nicht einsichtig und verhelfen daher letztlich nicht dazu, die Menschen zur Übernahme der moralischen Verantwortungspflicht zu bewegen. So ist fraglich, warum Mensch und Natur ein Kontinuum bilden sollen und warum die gesamte Natur mit Sinnhaftigkeit durchzogen sein soll. Des Weiteren ist die Ableitung von der *einfachen Selbstbejahung* zu einem *Gut-an-sich* und schließlich zu der Aussage, die gesamte Natur sei mit Werten durchzogen, unklar. Auch ist der Säuglings-Beweis für die unbedingt Übernahme der moralischen Verantwortungspflicht nicht stichhaltig.

Somit bleibt zu kritisieren, dass Jonas sein spezielles Naturbild lediglich beschreibt, aber nicht mit überzeugenden Begründungen unterlegt. Er liefert keine triftige Beweislage, die dazu zwingt, sein Naturbild zu übernehmen. Eventuell nützen seine Argumente vereinzelten, wenigen Menschen als *persönliche* Motive. Sie können jedoch nicht als einleuchtende Gründe im realen Diskurs verwendet werden, da sie dort auf verbreitete Ablehnung stoßen. Hiermit stimmt auch Böhler überein, auch wenn er einen anderen Ansatz der Diskursethik vertritt als den, der dieser Arbeit zugrunde liegt. So sagt Böhler:

> „Ein Beweggrund, ein persönliches Motiv, kann das in der Tat sein, ein Grund im argumentativen Diskurs (auch und mit gerade einem argumentativen Skeptiker) ist es nicht. Eine Metaphysik kann mitgebrachte Intuitionen und Motive verstärken, doch kann sie weder deren Sachgehalt erweisen noch die Verbindlichkeit eines normativen Gehalts."[152]

Wie in Kapitel 5 noch genauer erklärt wird, geht es bei der diskursiven und neo-pragmatistischen Ethik nicht in erster Linie um „wahre" und

150 Vgl. Jonas 1979, S. 92ff.

151 Die Sichtweise der neo-pragmatistischen Diskursethik wird in Kapitel 5 entfaltet.

152 Böhler, Dietrich (2004b), *Ethik der Zukunfts- und Lebensverantwortung. Erster Teil: Begründung. Zwischen Metaphysik und Reflexion im Dialog*, in: Böhler, Dietrich/Brune, Jens Peter (Hg. 2004a), *Orientierung und Verantwortung. Begegnungen und Auseinandersetzungen mit Hans Jonas*, Würzburg, S. 121; vgl. ferner Bayertz 1995, S. 64.

„falsche" Aussagen, sondern vielmehr um Aussagen, die „triftig" sind und die Menschen überzeugen, Verantwortung zu übernehmen. Aus dieser Perspektive wird dann rückblickend ersichtlich, dass die metaphysische Argumentation von Jonas nicht zu einer breiten Überzeugung führen kann und letztendlich auch nicht vonnöten ist. Hingegen sind die *lebensweltlichen* Gründe, die Jonas anführt, viel überzeugender und brauchbarer, da sie den Menschen die konkreten Gefährdungen ihres Handelns direkt vor Augen führen.

3.2.3.2 Problem der Ableitung eines Sollens aus einem Sein

Wie in dieser Arbeit in Kapitel 3.1.3 dargestellt wurde, gelangt Jonas zu der Pflicht der Verantwortung durch zwei Ableitungen: (a) die erste Ableitung ist die von den Zwecken zu den Werten und (b) die zweite Ableitung ist die von den Werten zu der unbedingten Pflicht der Verantwortung:[153]

Zu a: Dabei hat Jonas in dem ersten Schritt zu zeigen versucht, dass es in der gesamten Natur Zwecke und – vor allem – *Zwecke-an-sich* gibt. Diese Zwecke-an-sich hat er in der einfachen Unterscheidung zwischen lebendigen und nicht lebendigen Wesen, nämlich der „Selbstbejahung", gefunden. Aus dieser simplen Selbstbejahung hat er dann auf die Werthaftigkeit der Natur geschlossen. Wie im vorhergehenden Kapitel ausgeführt wurde, ist dieser erste Schritt nicht überzeugend.

Zu b: In dem zweiten Schritt leitet Jonas dann aus der wertdurchtränkten Natur die moralische Pflicht der Verantwortung der Menschen, für die Natur Schutz und Sorge zu tragen, ab. Es ist der Schritt vom *Sein* zum *Sollen*, der generell innerhalb der Philosophie als sehr problematisch angesehen[154] und „naturalistischer Fehlschluss" genannt wird.[155]

Die Bezeichnung „naturalistischer Fehlschluss" stammt von George E. Moore, der ihn zu Beginn des 20. Jahrhunderts prägte.[156] Die Idee, die

153 Vgl. Werner, Micha H. (1994), *Dimensionen der Verantwortung. Ein Werkstattbericht zur Zukunftsethik von Hans Jonas*, in: Böhler Hg. 1994a, S. 317.

154 Vgl. generell zur Sein-Sollen-Problematik Kutschera, Franz von (1973), *Einführung in die Logik der Normen, Werte und Entscheidungen*, Freiburg/München, S. 66ff; Schurz, Gerhard (1997), *The Is-Ought Problem. An Investigation in Philosophical Logic*, Dordrecht u. a.

155 Zur Verwendung des Ausdrucks „naturalistischer Fehlschluss" vgl. Schaber, Peter (2006), *Naturalistischer Fehlschluss*, in: Düwell u. a. Hg. 2006, S. 454.

156 Vgl. Moore, George E. (1970), *Prinzipia Ethica*, aus. d. Engl. übers. u. hrsg. von Burkhard Wisser, Stuttgart.

dahintersteckt, geht jedoch auf David Hume und sein Werk „A Treatise of Human Nature" aus den Jahren 1739–1740 zurück. Darin kritisiert Hume, dass in der Philosophie keine klare Unterscheidung zwischen dem *Sollen*, sprich den erforderten moralischen Zuständen, und dem *Sein*, das heißt der den Menschen umgebenen Welt, gemacht wird. Da es sich in Humes Augen hier jedoch um zwei voneinander unabhängige Phänomene handelt, fordert er dazu auf, eine klare Trennung zwischen „dem, was ist", und „dem, was sein soll", zu ziehen. So sagt Hume im dritten Buch von „A Treatise of Human Natur", in dem er die Besonderheiten der Moral herausarbeitet:

> „In jedem moralischen System, das mir bislang begegnet ist, habe ich stets festgestellt, dass der Autor eine gewisse Zeit in der üblichen Argumentationsweise fortschreitet, und darlegt, dass es einen Gott gibt, oder Beobachtungen über menschliche Angelegenheiten trifft; dann plötzlich stelle ich überrascht fest, dass anstatt der üblichen Satzverknüpfungen, nämlich ‚ist' und ‚ist nicht', ich nur auf solche Sätze stoße, welche mit ‚soll' oder ‚soll nicht' verbunden sind. Dies ändert sich auf nicht wahrnehmbare Weise – es ist aber, worauf es letztlich führt. Denn dieses ‚soll' oder ‚soll nicht' drückt eine neue Art der Verbindung oder der Behauptung aus. Das sollte genau bemerkt und erklärt werden, und zwar so, dass gleichzeitig ein Grund angegeben wird. Denn es scheint schlicht unverständlich, wie diese neue Art der Verbindung eine Ableitung aus anderen sein kann, da jene anderen vollständig davon verschieden beschaffen sind."[157]

Den zweiten Schritt vom wertdurchzogenen Sein zu der Pflicht der Verantwortung geht Jonas schließlich auf zweierlei Wegen:

Weg 1: Zunächst versucht er die Ableitung des *Sollens* aus dem *Sein* mithilfe seiner zugrundeliegenden ontologischen Naturphilosophie zu beschreiben und verständlich zu machen. Dabei spricht er von der besonderen Machtposition des Menschen innerhalb der Natur, die sich aus dem einzigartigen Wissen des Menschen im Gegensatz zu den anderen Naturwesen ergibt. Diese Macht sei, so Jonas, über den Menschen hinausgewachsen und zur Bedrohung für die gesamte Natur geworden. Aus diesem Grund – sowie aus den zusätzlichen Gründen der Fähigkeit zum Verantwortungsgefühl und der Verantwortungsübernahme – sei es schließlich erforderlich, dass die Macht in Verantwortung umschlägt. Das heißt, der Mensch soll fortan nicht mehr seine Macht gegen

---

157 Hume, David (1973), *Ein Traktat über die menschliche Natur (A Treatise of Human Nature)*, dt. mit Anm. und Reg. von Theodor Lips, mit einer Einf. neu hrsg. von Reinhard Brandt, Hamburg, Buch III, Teil I, Abschnitt I.

die Natur richten, sondern Verantwortung für die Bewahrung der Natur und letztlich sich selbst übernehmen. Dabei – und dies ist der kritische Punkt der Jonas'schen Ethik – sollen die Menschen die Verantwortung aber nicht aus sich selbst heraus entwickeln, sondern der Natur, in der die Verantwortung quasi gegenständlich vorliegt, entnehmen. Die Pflicht zur Verantwortung wird hier somit nicht mental oder kommunikativ ermittelt, sie soll vielmehr aus der Natur gehoben und aufgenommen werden.

Weg 2: Jonas selbst scheint sich der Problematik der Beziehung zwischen dem *Sein* und *Sollen* bewusst zu sein und möchte deswegen die Ableitung des Sollens aus dem Sein mit einem empirischen Beweis zusätzlich unterstützen. Diesen empirischen Beweis findet er in dem Bild des schreienden Säuglings. Jonas ist der festen Überzeugung, dass dieses Bild jeder Mensch kennt und dass sich der darin ausgedrückten Situation alle Menschen in gleicher Weise stellen würden: Jeder Mensch, so Jonas, würde unmittelbar dem schreienden Säugling zu Hilfe eilen, was er schließlich mit den Worten „Sieh hin und du weißt!" untermauert. Dieser empirische Beweis vermag jedoch nicht zu überzeugen. Man kann nicht davon ausgehen, dass sich wirklich alle Menschen in dieser Situation gleich verhalten würden. Jonas' Behauptung, dass sich alle Menschen in der gleichen Weise verhalten würden, ist nur als eine Annahme oder ein Gedankenzug zu werten, nicht als einleuchtender Beweis.

Resümierend lässt sich zu beiden dargestellten Wegen sagen, dass sie nicht überzeugen, was von vielen Kritikern innerhalb der Philosophie auch so gesehen wird.[158] Aus Sicht der neo-pragmatistischen Diskursethik können sie nicht als „gute und triftige" Argumente in einem Diskurs überzeugen. Des Weiteren muss man auf einen gravierenden Fehler hinweisen: Jonas sieht Verantwortung als etwas, das in der Natur vorliegt und von den Menschen „aufgehoben" werden muss. Der erste Anstoß der Verantwortungsübernahme liegt also nicht im Menschen, sondern in der Natur. Dem ist entgegenzuhalten, dass die Pflicht der Verantwortung etwas ist, was die Menschen nur *in sich selbst* entwickeln können. Und sie tun dies, wie in Kapitel 5 noch zu erklären sein wird, aufgrund von überzeugenden Gründen und ihrer im realen Diskurs ermittelten moralischen Urteilskraft.

158 Vgl. Kuhlmann 1994, S. 282; Wolf 1992, S. 222; Gronke 1994, S. 416; Schäfer 1993, S. 152ff; Werner 1994, S. 317.

3.3 Verteidigung des Jonas'schen Prinzips Verantwortung durch zwei Modifikationen

Nachdem im vorhergehenden Kapitel die Vorteile und Nachteile des Jonas'schen Ansatzes analysiert wurden, sollen im Folgenden die zwei Modifikationen seines Prinzips Verantwortung dargestellt werden, die im weiteren Verlauf der Arbeit vollzogen werden. Im Groben geht es dabei darum, Jonas' nicht überzeugendes metaphysisch-naturphilosophisches Begründungskonzept durch einen neuen Begründungsversuch auf der Basis einer diskursiven Ethik sukzessiv zu ersetzen. Dabei sollen die richtigen Kerngedanken seines Ansatzes, die bereits herausgearbeitet wurden, innerhalb dieses veränderten Begründungsansatzes neu entfaltet werden.

Die erste Modifikation (Kapitel 3.3.1) ist die kompliziertere und wichtigere der beiden. Dabei geht es um die Einbringung und Neubegründung des Prinzips Verantwortung innerhalb des Rahmens einer diskursiven Ethik. Dieses Vorhaben führt zunächst zu der transzendentalpragmatischen Diskursethik Apels. Die Ethik Apels weist jedoch entscheidende Fehler auf. Somit führt der Anspruch der ersten Modifikation letztendlich in Kapitel 5 zu der neo-pragmatistischen und diskursiven Ethik Wellmers. In dieser lassen sich die Kerngedanken von Jonas sehr gut einbringen und neu begründen.

Die zweite Modifikation (Kapitel 3.3.2) hängt mit der ersten zusammen und geht aus dieser logisch hervor. Dabei handelt es sich um die Erweiterung eines zweistelligen Verantwortungsbegriffs, so wie man ihn bei Jonas findet, zu einem dreistelligen Verantwortungsbegriff, so wie es eine Neubegründung des Prinzips Verantwortung innerhalb der Dimension des Diskurses erfordert.

3.3.1 Erste Modifikation: diskursive Erweiterung des Prinzips Verantwortung

Wie gezeigt wurde, ist Jonas' Begründungskonzept auf der Basis seiner metaphysisch-ontologischen Naturphilosophie nicht überzeugend. Damit einhergehend ist ein weiterer fundamentaler Kritikpunkt an Jonas' Begründungsansatz das Fehlen der *Dimension des Diskurses*: Jonas erklärt mit seinem Begründungskonzept, dass die Menschen am Grunde ihres Daseins in einer gemeinsamen sinndurchdrungenen Natur miteinander verknüpft seien. Dagegen ist jedoch zu sagen, dass die Menschen nicht durch einen solchen grundlegenden sinnhaften Naturstoff, sondern vielmehr durch den Stoff der Sprache, der Kommunikation, der Intersubjektivität und schließlich des Diskurses wesentlich miteinander verbunden sind.

Insofern ist es unverzichtbar, Jonas' Ethik *diskursiv* zu erweitern. Dies wird in zwei Schritten verdeutlicht: Zunächst wird dargestellt, dass Jonas die Bedeutung des Diskurses generell missachtet (Schritt 1). In einem weiteren Schritt wird gezeigt, dass eine heutige Ethik zwei wesentliche Voraussetzungen zu erfüllen hat und ihr dies nur durch eine diskursive Konzeption gelingen kann (Schritt 2).

Schritt 1: Bedeutung des Diskurses

Jonas verkennt in seiner Verantwortungsethik generell, dass der *Diskurs* ein Wesensmerkmal der Menschen ist und dass die Menschen durch das Medium des Diskurses immer schon und untrennbar mit den anderen Menschen in Verbindung stehen.[159] Hier sind nicht die bewusstseinsinternen „inneren Dialoge" mit sich selbst, sondern die realweltlichen Diskurse, in denen die Menschen in Interaktion miteinander treten, gemeint. Es sind die Diskurse, in denen Menschen miteinander in ihrer Sprache kommunizieren sowie Geltungsansprüche austauschen und die fest in der Lebenswelt der Menschen verankert sind.[160] Diese Tatsache bedeutet für die Menschen, dass sie auf den Diskurs angewiesen sind, da sie sich nur durch ihn entwickeln und entfalten können. Das heißt, dass der Diskurs das wesentliche Medium der Wahrheitssuche, der Selbstentwicklung und der Vernunftausbildung ist. Im Diskurs lernen die Menschen einerseits gemeinschaftlich und andererseits durch den wechselseitigen Austausch und die gegenseitige Auseinandersetzung miteinander.

Was die Moral angeht, so ist vor diesem Hintergrund ersichtlich, dass sie nicht, wie bei Jonas, in der Natur vorliegen kann, sondern aus dem Diskurs heraus entsteht und sich entwickelt. Demnach sind die verschiedenen Moralsysteme, die es in der menschlichen Geschichte gab, immer in erster Linie auf den intersubjektiven, kommunikativen und diskursiven Begründungszusammenhang zurückzuführen. Mit der

---

159 Vgl. Burckhart, Holger (1999), *Diskursethik, Diskursanthropologie, Diskurspädagogik. Reflexiv-normative Grundlegung kritischer Pädagogik*, Würzburg, S. 11.

160 Vgl. Burckhart, Holger (2000), *Diskurs: Sinnforum – Reflexionsform – Geltungsgrund*, in: Burckhart, Holger/Gronke, Horst/Brune, Jens Peter (Hg. 2000), *Die Idee des Diskurses. Interdisziplinäre Annäherungen* (Philosophisch-pädagogisches Form, Bd. 2), Markt Schwaben, S. 3f.

Aufklärung ist den Menschen dieser Zusammenhang begreiflich geworden: Seitdem wissen sie, dass Moral in nichts anderem als dem gemeinsamen Willen der vernünftigen Menschen fundiert sein kann.[161]

Demnach bedeutet für den Einzelnen das moralisch richtige Handeln die Frage nach den gemeinsamen Geltungsansprüchen und Interessen. Folglich muss er in all seinem moralisch richtigen Handeln den Konsens der Moraldiskurse für sich antizipieren. Vor diesem Hintergrund – der die wesentliche Verbundenheit der Menschen mit dem Diskurs erklärt – wird eine unbedingte Neuformulierung des Jonas'schen Prinzips Verantwortung in der Dimension des Diskurses begreiflich.

Die dargestellte grundlegende Verbundenheit zwischen Mensch, Diskurs und Verantwortung fasst Burckhart in folgende Worte:

> „Es ist im Kern die Idee einer intersubjektiven, universal-reziproken Zukunftsverantwortung des Menschen. Sie ist fundiert in einer Idee vom Menschen selbst, die diesen fasst als ein Wesen, dessen ausgezeichnete Kompetenz es ist, sich sich, anderen und anderem gegenüber reziprok-reflexiv zu verhalten und präsupponierend kontrafaktisch den A/anderen, das andere auch immer als gleichberechtigte Anspruchsteller zu antizipieren. Erst der Andere ermöglicht mir das ‚Me', er ist das ‚other' meiner eigenen Ansprüche, ja bereits der Möglichkeit, solche Ansprüche zu stellen. Als und insofern wir uns also als Wesen auffassen, die Sinn- und Geltungsansprüche erheben, und dies tun wir immer schon genau dann, wenn wir uns äußern, müssen Kosubjekte (und ihre Welten), ebenso wie uns selbst und unsere Welt immer schon voraussetzen, wie wir die Möglichkeit, dass wir uns auf sie beziehen – in Sprache, Bild, (sozialen) Texten etc. – antizipieren müssen. Die Reflexion auf diese grundlegende Beziehungsstrukturiertheit des Menschen erweist den Dialog als das Kernstück menschlichen Vollzugs, die Dialogizität als ausgezeichnetes Merkmal seiner Vernunft."[162]

Schritt 2: Zwei Voraussetzungen

Des Weiteren ist an Jonas zu kritisieren, dass er mit seiner Verantwortungstheorie zum einen (a) nicht an die Tradition der Aufklärung und des revolutionären Humanismus und zum anderen (b) nicht an die Kritik an der Ethik Kants anschließt. So wie Wellmer es in seinem Werk

161 Vgl. Wellmer 1986, S. 7.

162 Burckhart 2002, S. 47. An dieser Stelle ist anzumerken, dass Burckhart den Ansatz der transzendentalpragmatischen Diskursethik vertritt. Dennoch lässt sich sagen, dass die dargestellte Ansicht, dass der Diskurs ein Wesensmerkmal des Menschen ist, generell innerhalb der Diskursethik vertreten wird.

„Ethik und Dialog" sehr anschaulich darstellt, sind dies jedoch zwei Voraussetzungen, die eine heutige Ethik unbedingt erfüllen muss.[163]

Zu a: Durch die Aufklärung ist den Menschen zunächst klar geworden, dass sie vernunftbegabte Wesen sind, die einen gemeinsamen Willen haben können, und dass des Weiteren die Moral etwas ist, was in ebendiesem gemeinsamen Willen verwurzelt ist. Der revolutionäre Humanismus ist schließlich eine positive Reaktion auf diese Entdeckung der Aufklärung und der gleichzeitige Versuch, eine Ethik zu formulieren, die dem Grundsatz der Aufklärung – dass die Moral nämlich in nichts anderem als dem gemeinsamen Willen der Menschen begründet sei – gerecht wird. In dieser Angelegenheit stammt ein erster Versuch von Kant und ein zweiter Versuch, der wiederum als kritische Reaktion auf die Ethik Kants gesehen werden muss, von der allgemeinen Diskursethik.[164]

Zu b: Gemäß Kant lautet das oberste Moralprinzip bekanntlich „Handle nur nach derjenigen Maxime, durch die du zugleich wollen kannst, dass sie ein allgemeines Gesetz werde"[165] Hinter diesem Grundsatz stecken die Erkenntnis und der Anspruch der Aufklärung, dass das moralisch richtige Handeln ein solches ist, das sich nach dem allgemeinen Willen der Menschen richtet. Folglich ließe sich das kantische Moralprinzip auch mit den Worten „Handle immer nur dem allgemeinen Willen aller Menschen entsprechend" umformulieren.

Das Problematische an dieser Konzeption ist nun, dass Kant in der Aufstellung seines kategorischen Imperativs stillschweigend voraussetzt, dass die Menschen immer schon – ohne es zuvor untereinander kommunizieren zu müssen – wissen können, was denn alle Menschen als allgemeines moralisches Gesetz wollen können. Wie im vorhergehenden Kapitel schon angesprochen, „springt" Kant hier von dem „das, was ich wollen kann", zu den allgemeinen moralischen Normen, ohne zuvor zu erklären, wie der einzelne Mensch denn überhaupt wissen kann, was alle anderen als allgemeine moralische Gesetze wollen. Kant geht somit von einer immer schon bestehenden Identität meines „Wollen-Könnens" mit dem Willen aller anderen Menschen aus.[166]

163 Wellmer 1986, S. 7ff.

164 Wellmer 1986, S. 7ff.

165 Vgl. Fußnote 102 dieser Arbeit.

166 Vgl. Wellmer 1986, S. 20ff, 61.

Hinter dieser Identität steht Kants eigentümlicher Kognitivismus, der besagt, dass die Menschen aufgrund ihrer Vernunft in der Aufstellung ihrer Maxime gar nichts anderes wollen *können* als dasjenige, was alle als allgemeines moralisches Gesetz wollen. Gemäß Kant ist es somit auf die Besonderheit unserer Vernunft zurückzuführen, dass wir, sobald wir uns nach dem moralisch richtigen Handeln fragen, immer gleich wissen können, was denn der gemeinsame Wille aller Menschen ist. Kant sieht bezüglich der moralischen Normen eine Kongruenz zwischen „dem, was ich wollen kann", „dem, was allgemein gelten kann", und „dem, was wir Menschen überhaupt denken können".[167] Kant formuliert diesen Sachverhalt mit folgenden Worten:

> „Nun bleibt von einem Gesetze, wenn man alle Materie, d. i. jeden Gegenstand des Willens (als Bestimmungsgrund) davon absondert, nichts übrig, als die bloße Form einer allgemeinen Gesetzgebung. Also kann ein vernünftiges Wesen sich seine subjektiv-praktische Prinzipien, d. i. Maximen, entweder gar nicht zugleich als allgemeine Gesetze denken, oder es muß annehmen, daß die bloße Form derselben, nach der jene sich zur allgemeinen Gesetzgebung schicken, sie für sich allein zum praktischen Gesetze mache."[168]

Die Kritik der allgemeinen Diskursethik an Kant setzt nun an diesem Punkt des Problems der intersubjektiven Gültigkeit der moralischen Urteile an. Dabei wird – zusammenfassend gesagt – kritisiert, dass unsere moralischen Urteile nicht „einfach so" durch die handelnden Individuen gewusst werden können, sondern immer erst mit allen anderen Menschen diskursiv ermittelt werden müssen. Das heißt: Ein Mensch kann *das, was alle wollen,* nicht einfach wissen, sondern muss dies immer erst im Diskurs mit den anderen Menschen ausfindig machen.[169] In diesem Punkt der Anbindung an den Humanismus der Aufklärung und an die Kritik an Kant sind sich die Diskursethiker einig. Es folgen dann verschiedene Ausführungen der Diskursethik, auf welche Art und Weise das Problem der intersubjektiven und diskursiven Gültigkeit der moralischen Urteile gelöst werden soll.[170]

Um wieder den Bogen zu Jonas zu ziehen, so wird an diesen zwei genannten Stellen ersichtlich, dass Jonas die gesamte Diskussion um die

167 Vgl. Wellmer 1986, S. 38f.

168 Kant, Immanuel (1956c), *Kritik der praktischen Vernunft*, Werke in sechs Bänden, Bd. IV, hrsg. von W. Weischedel, Darmstadt, A 48–49; vgl. Wellmer 1986, S. 39.

169 Wellmer 1986, S. 19ff.

170 Vgl. Werner, Micha H. (2006a), *Diskursethik*, in: Düwell u. a. Hg. 2006, S. 140ff.

Resultate der Aufklärung einerseits und die Problematik um die intersubjektive Gültigkeit moralischer Urteile andererseits völlig ausblendet. Aus heutiger Sicht lässt sich somit sagen, dass Jonas mit seinem metaphysisch-naturphilosophischen Begründungskonzept den Anschluss an die verbreiteten philosophisch-humanistischen Strömungen verpasst hat und hinter die Errungenschaften der Aufklärung zurückfällt. Sein Begründungsprogramm ist folglich eher als ein Rückschritt denn als ein Fortschritt zu betrachten.

3.3.2 Zweite Modifikation: Verantwortung als dreistellige Relation

Fügt man, wie durch die erste Modifikation geschehen, den Verantwortungsbegriff in den Rahmen einer diskursiven Ethik ein und begründet ihn dort, so folgt daraus eine erforderliche weitere Modifikation, die den Begriff der Verantwortung an sich betrifft: Der Begriff der Verantwortung kann nicht mehr, wie es bei Jonas der Fall war, als zweistellige Relation gefasst werden, sondern muss nunmehr als eine dreistellige Relation begriffen und erweitert werden.

Die Erweiterung des Prinzips Verantwortung besteht dabei darin, dass dem Verantwortungssubjekt und dem Verantwortungsobjekt die Instanz des „*wovor* man verantwortlich ist" hinzugefügt werden muss. Diese ist in diesem Fall die Diskursgemeinschaft. Somit besteht der Begriff der Verantwortung aus insgesamt drei Polen: Ich (= *Subjekt der Verantwortungsbeziehung*) bin *vor* den anderen Diskursteilnehmern, mit denen ich in einem ständigen Austausch stehe und von denen ich permanent beobachtet, kontrolliert und unter moralischen Druck gesetzt werde (= *Instanz der sozialen Rechtfertigung, der sozialen Kontrolle und des sozialen Zwangs*), verantwortlich gegenüber den gemeinsamen globalen Problemen, welche die Ökonomie, Ökologie und soziale Gerechtigkeit betreffen (= *Objekt der Verantwortungsbeziehung*).[171]

Bei Jonas schließt das Verantwortungsprinzip hingegen nur eine zweistellige Relation ein, und zwar die nicht reziproke Bezugnahme des Verantwortungssubjekts auf das Verantwortungsobjekt. Diese sehr ver-

171 Burckhart bezeichnet diesen dritten Pol des Verantwortungsbegriffs als „moralisches Forum C". Burckharts Bestreben liegt darin, ein starkes Prinzip Verantwortung mit einer impliziten reziprok-dialogisch-diskursiven Struktur mittels der Methode der transzendentalpragmatischen Reflexion zu begründen. Er ruft zu einer Verantwortungsgesellschaft auf. Darin spielt das „Forum C" eine gewichtige Rolle. Vgl. dazu Burckhart 2005b, S. 54ff; ferner Burckhart 2002, S. 48.

einfachte Konzeption des Begriffs resultiert bei Jonas daraus, dass er die gesamte Dimension der kommunikativen und diskursiven Intersubjektivität ausschaltet. In diesem Zusammenhang verweist Böhler in seinem Text „In dubio contra projectum" auf die fehlerhafte Einseitigkeit des Jonas'schen Begriffs der Verantwortung:

> „Gegenüber einer Fixierung des Verantwortungsbegriffs auf den Gegenstand von Verantwortung, etwa Natur, wie sie sich als produktive Einseitigkeit in Jonas' *Das Prinzip Verantwortung* findet, ist es wichtig, das dialogisch auf mögliche Geltung bezogene Verhältnis des sich vor anderen Verantwortens zu berücksichtigen."[172]

Ein solcher geforderter dreipoliger Verantwortungsbegriff lässt sich, wie im Folgenden zu sehen sein wird, ansatzweise schon bei Apel erkennen, der den Begriff der Verantwortung in das Zentrum seiner diskursiven Ethik stellt. Er soll nochmals in Kapitel 5 dieser Arbeit expliziert werden, wenn auf der Basis der Wellmer'schen Ethik das Prinzip Verantwortung neu aufgestellt wird.

172 Böhler 1994b, S. 260.

4 Zwischenschritt: Kann das Prinzip Verantwortung durch die globale „Mit-Verantwortungsethik" Apels verteidigt werden?

Die Forderung der im vorhergehenden Kapitel aufgestellten zwei Modifikationen führt zunächst, in diesem Kapitel, zu der Verantwortungsethik Karl-Otto Apels. Apel hat den Versuch unternommen, das Prinzip Verantwortung im Rahmen seiner transzendentalpragmatischen Diskursethik neu zu formulieren. Dabei stellt er den Verantwortungsbegriff – den er in erster Linie als globale und kollektive „Mit-Verantwortung" definiert – ins Zentrum seiner transzendentalpragmatischen Diskursethik und entwickelt daraus seine als zweiteilige Architektonik angelegte „Mit-Verantwortungsethik".

Apels Versuch der Begründung des Prinzips Verantwortung auf der Basis einer diskursiven Ethik ist der bislang größte und umfangreichste dieser Art innerhalb der Philosophie. Mit diesem Unternehmen scheint Apel – auf den ersten Blick – die Forderung der im vorangegangenen Kapitel formulierten zwei Modifikationen zu erfüllen und somit die Mängel der Jonas'schen Verantwortungsethik zu beheben. Bei genauerem Hinsehen wird jedoch erkennbar, dass Apel in der Begründung seiner Verantwortungsethik entscheidende Fehler unterlaufen sind, die schließlich das gesamte verantwortungsethische Konzept als problematisch entlarven. Diese Mängel stehen, wie im vorliegenden Kapitel ersichtlich wird, in Zusammenhang mit bestimmten idealistischen Implikationen – wie Apels Konzept der *regulativen Idee der idealen Kommunikationsgemeinschaft* und der damit zusammenhängenden Konsensustheorie der Wahrheit sowie ferner mit seiner Theorie der transzendental-reflektorischen Letztbegründung.

Im Folgenden wird zunächst in Kapitel 4.1 Apels Theorie der Verantwortung in ihren wesentlichen Grundzügen dargestellt. Dabei rückt der zentrale – aber besonders kritisch zu bewertende – Baustein der *regulativen Idee der idealen Kommunikationsgemeinschaft* in den Mittelpunkt. Daraufhin wird in Kapitel 4.2 der Apel'sche Ansatz – vor dem Hintergrund der im vorherigen Kapitel 3.3 aufgestellten zwei Modifikationen – im Hinblick auf seine Vorteile und Nachteile analysiert. Was die Vorteile betrifft, wird sich zeigen, dass es Apel (a) gelungen ist, den Begriff der *kollektiven* und *globalen* Verantwortung in den Rahmen einer *diskursiven* Ethik zu stellen und dass er dadurch (b) das Prinzip Verantwortung als dreistellige Relation konzipiert hat. Mit Blick auf die Nachteile wird ersichtlich, dass Apel in der Begründungsfrage einen Schritt zu weit gegangen ist: Er bindet das Prinzip Verantwortung nicht an den *realen* lebensweltlichen Diskurs, sondern fälschlicherweise – und dies hängt mit seiner speziellen Konsensustheorie der Wahrheit zusammen – an den *idealen* Diskurs der *idealen Kommunikationsgemeinschaft*.

4.1 Darstellung der Mit-Verantwortungsethik von Karl-Otto Apel

Zunächst wird Apels Forderung einer neuen kollektiven und globalen Verantwortung im Zeitalter der Technik und Globalisierung erläutert (Kapitel 4.1.1). Darauf folgt eine kurze und überblicksartige Einführung in Apels grundlegenden Ansatz der transzendentalpragmatischen Diskursethik, der – gemäß Apel – das Potenzial der neu geforderten Verantwortungsethik in sich trägt (Kapitel 4.1.2). Anschließend erfolgt eine Darlegung der zentralen und fundamentalen Konzeption der *regulativen Idee der idealen Kommunikationsgemeinschaft*. In diesem Zusammenhang ist es erforderlich, Apels spezielle *Konsensustheorie der Wahrheit* sowie sein *Programm der transzendentalen Reflexion und Letztbegründung* genauer zu betrachten (Kapitel 4.1.3). In dem darauffolgenden Schritt wird die zweiteilige Architektonik der „Mit-Verantwortungsethik" – bestehend aus einem idealtheoretischen Teil A und einem lebensweltbezogenen und verantwortungsethischen Teil B – nachgezeichnet. Diese Konzeption geht aus den zwei vorhergehenden Darstellungen, das heißt den Grundzügen der transzendentalpragmatischen Diskursethik sowie der Basiskonzeption der regulativen Idee der idealen Kommunikationsgemeinschaft, hervor und baut auf diese auf (Kapitel 4.1.4).

4.1.1 Forderung einer neuen Ethik im Zeitalter von Technik und Globalisierung

Apel erklärt seine Motivation für die Suche nach einer neuen Ethik mit dem veränderten globalen Handeln der Menschen und der durch die Globalisierung hervorgerufenen problematischen Lage der Welt im Allgemeinen. Er fordert ungefähr zur selben Zeit wie Jonas, um das Jahr 1970, eine neue Form der kollektiven Ethik, die sich auf die – vor allem durch die rasanten Entwicklungen der Technologie bedingten – Probleme und Katastrophen im globalen Raum beziehen und ein weiteres unkontrolliertes Ausgreifen der globalen Notlagen auffangen und verhindern soll. Apel erkennt – analog zu Jonas –, dass die Menschheit erstmals in der Geschichte aufgrund der neuartigen globalen Auswirkungen des menschlichen Handelns mit einer gemeinsamen weltumspannenden Problematik konfrontiert ist. Aufgrund dessen sind die Menschen, so Apel, zu einer „planetaren Einheitszivilisation" zusammengewachsen und bedürfen somit dringend einer neuen „Makroethik", die für alle Menschen und Völker der Welt gleichermaßen verbindlich ist und in deren Zentrum die Forderung nach einem gemeinsamen, vorausschauenden, *verantwortlichen* Denken steht.[173]

> „Die wissenschaftlich-technische Zivilisation hat alle Völker, Rassen und Kulturen ohne Rücksicht auf ihre gruppenspezifischen kulturrelativen Moral-Traditionen mit einer gemeinsamen ethischen Problematik konfrontiert. Zum ersten Mal in der menschlichen Gattungsgeschichte sind die Menschen praktisch vor die Aufgabe gestellt, die solidarische Verantwortung für die Auswirkungen ihrer Handlungen im planetarischen Maßstab zu übernehmen."[174]

In diesem Punkt der Forderung und Problemstellung ist sich Apel mit Jonas einig. Was die *Ausarbeitung* und *Begründung* einer globalen und kollektiven Ethik angeht, so verfolgen beide jedoch unterschiedliche Wege: Während Jonas versucht, die neu geforderte Verantwortung auf der Basis seiner metaphysisch-ontologischen Naturphilosophie zu begründen, stellt Apel sie – wie im weiteren Verlauf dieses Kapitel ersichtlich wird – in das Zentrum seiner transzendentalpragmatischen Diskursethik, woraus er anschließend seinen aus einer zweiteiligen Architektonik bestehenden Ansatz einer „Mit-Verantwortungsethik" entfaltet.[175]

4.1.2 Apels grundlegender Ansatz der transzendentalpragmatischen Diskursethik

Apel entwickelt den grundlegenden Ansatz der transzendentalpragmatischen Diskursethik in erster Linie auf der Basis einer kritischen Aus-

173 Vgl. Apel, Karl-Otto (1999b), *Das Apriori der Kommunikationsgemeinschaft und die Grundlagen der Ethik*, in: Apel, Karl-Otto (1999a), *Transformation der Philosophie. Band 2. Das Apriori der Kommunikationsgemeinschaft*, 6. Aufl., Frankfurt a. M., S. 359f.

174 Apel 1999a, S. 361.

175 Vgl. Apel, Karl-Otto (2001c), *Primordiale Mitverantwortung. Zur transzendentalpragmatischen Begründung der Diskursethik als Verantwortungsethik*, in: Apel u. a. Hg. 2001a, S. 97ff.

einandersetzung mit der Ethik Kants.[176] Dabei möchte Apel auf der einen Seite in der Tradition der kantischen Ethik bleiben. Dies wird insbesondere an den Stellen, wo Apel über die klassische „Transzendentalphilosophie" und die „Prinzipienethik" spricht, deutlich.[177] Auf der anderen Seite ist es jedoch Apels Bestreben, die Ethik Kants an bestimmten Stellen zu modifizieren. Diesbezüglich greift er entscheidende Kritikpunkte an der kantischen Ethik auf und entwickelt sie, in Richtung auf seinen eigenen Ansatz der transzendentalpragmatischen Diskursethik, weiter. Dieses Programm der Umgestaltung und Erweiterung der Ethik Kants, dessen Resultat seine transzendentalpragmatische Diskursethik – und im weiteren Verlauf letztendlich seine zweistufige Architektonik der „Mit-Verantwortungsethik" – ist, bezeichnet Apel als „Transformation der Transzendentalphilosophie".[178]

Der Kerngedanke der diskursiven und transzendentalpragmatischen Transformation der Transzendentalphilosophie Kants ist dabei – grob skizziert – folgender: An die Stelle des an der Spitze der Ethik stehenden, rein monologischen und rein deontologischen Moralprinzips Kants tritt bei Apel ein Moralprinzip, das (a) ebenfalls ein Diskursprinzip ist und (b) zudem in sich in einen deontologischen Teil und einen teleologische Teil aufgespalten ist. Der deontologische Teil wird dabei durch die *Grundnorm der Gleichberechtigung* und der teleologische Teil durch die *Grundnorm der Mit-Verantwortung* repräsentiert.[179]

---

176 Generell dazu Apel, Karl-Otto (1978), *Transformation der Transzendentalphilosophie. Versuch einer retrospektiven Zwischenbilanz,* in: Mercier, André/Svilar, Maja (Hg. 1978), *Philosophes critiques d'eux mêmes. Philosophers on Their Own Work. Philosophische Selbstbetrachtungen,* Bd. 4, Bern u. a., S. 9ff.

177 Vgl. Apel, Karl-Otto (1993b), *Diskursethik vor der Problematik von Recht und Politik: Können die Rationalitätsdifferenzen zwischen Moralität, Recht und Politik selbst noch durch die Diskursethik normativ-rational gerechtfertigt werden?,* in: Apel, Karl-Otto/Kettner, Matthias (Hg. 1993a), *Zur Anwendung der Diskursethik in Politik, Recht und Wissenschaft,* 2. Aufl., Frankfurt a. M., S. 34ff; Apel, Karl-Otto (2002a), *3. Vorlesung: Anwendungsprobleme der Diskursethik,* in: Apel, Karl-Otto/Niquet, Marcel (2002), *Diskursethik und Diskursanthropologie. Aachener Vorlesungen,* Freiburg (Breisgau)/München, S. 89f; ferner: Werner 2006a, S. 140ff.

178 Vgl. z. B. Apel 2001c, S. 102; Apel 1999b, S. 411.

179 In dieser Arbeit wird davon ausgegangen, dass Apel von zwei Grundnormen spricht: der Gleichberechtigung und der Mit-Verantwortung. Apel nennt meist diese beiden. Es gibt jedoch einige Stellen in seinen Texten, wo er (unpräzise) von mehreren Grundnormen spricht (vgl. u. a. Apel, Karl-Otto (1998b), *Auflösung der Diskursethik? Zur Architektonik der Diskursdifferenzierung in Habermas' Faktizität und Geltung. Dritter, transzendentalpragmatisch orientierter*

Diese komplexe Ausweitung des kantischen Ansatzes durch Apel beruht dabei auf zwei wesentlichen Kritikpunkten an der Ethik Kants durch Apel, die in dessen Schriften an mehreren Stellen zum Vorschein kommen: Dies ist zunächst seine grundlegende Kritik an Kants rein *monologischem Solipsismus* (Kritikpunkt 1) und, damit zusammenhängend, seine Kritik an Kants ausnahmslosem *Rigorismus* in Bezug auf die Befolgung der deontologischen Normen (Kritikpunkt 2).

Kritikpunkt 1: Apels Kritik an Kants monologischem Solipsismus

Wie in Kapitel 3.3.1 angedeutet wurde, kritisiert Apel – im Kreise der Vertreter des allgemeinen diskursethischen Ansatzes – an Kants ethischem Ansatz die monologistische und solipsistische Formulierung des an der Spitze seiner Ethik stehenden Moralprinzips. Apels Kritik richtet sich hier insbesondere auf das Problem der *intersubjektiven Gültigkeit der moralischen Urteile*. Kant hatte – aus der Sicht der Diskursethik – nicht beachtet, dass die Menschen, was die Moralbegründung anbelangt, immer auch auf die Sprache und ferner die intersubjektive und vernünftige Kommunikation in der Diskursgemeinschaft angewiesen sind. Demzufolge unterwandert Kant die gesamte erkenntnistheoretische Dimension der Sprachlichkeit und der intersubjektiven Kommunikation und reduziert die Begründung der Moralnormen auf das solipsistische Bewusstsein.

Versuch, mit Habermas gegen Habermas zu denken, in: Apel, Karl-Otto (1998a), *Auseinandersetzungen in Erprobung des transzendentalpragmatischen Ansatzes*, Frankfurt a. M., S. 811; Apel 2001b, S. 72f). Demnach behaupten Kettner, Niquet und Braun, dass Apel drei Grundnormen benennt: Gleichberechtigung, Solidarität und Mit-Verantwortung. So sagt Kettner: „Apels Formulierungen des letztzubegründenden Moralprinzips bleiben vorsichtig undetailliert, benennen aber klar zumindest drei moralisch-normative Akzente des anvisierten ‚primordialen Moralprinzips' (PMP): Prinzipielle Gleichberechtigung aller möglichen Diskurspartner und prinzipielle Solidarität aller möglichen Diskurspartner, die sich in einer prinzipiellen Mitverantwortung für die Diskursivierung von praktischen Problemen manifestiert." Kettner, Matthias (2003), *Gewirth oder Apel? Alternative Letztbegründungsstrategien in der Ethik*, in: Böhler, Dietrich/Kettner, Matthias/Skirbekk, Gunnar (Hg. 2003), *Reflexion und Verantwortung. Auseinandersetzungen mit Karl-Otto Apel*, Frankfurt a. M., S. 304f. Zu den Interpretationen von Niquet und Braun vgl. Niquet, Marcel (2002), *Moralität und Befolgungsgültigkeit. Prolegomena zu einer realistischen Diskurstheorie der Moral*, Würzburg, S. 68; Braun, Edmund (2005), *Transzendentalpragmatik als normativ-semiotische Transformation der Transzendentalphilosophie*, in: Hennigfeld, Jochem/Jansohn, Heinz (Hg. 2005), *Philosophen der Gegenwart. Eine Einführung*, Darmstadt 2005, S. 176.

Apel zufolge sind die Menschen, wollen sie Moralnormen begründen, immer auf eine vernünftige, intersubjektive Einigung im Diskurs der Kommunikationsgemeinschaft angewiesen. Hinter dieser Annahme steht, wie sich in Kapitel 4.1.3.1 zeigen wird, Apels spezifische Konsenstheorie der Wahrheit, die besagt, dass nur der *infinite Konsens der idealen Kommunikationsgemeinschaft* – der wiederum durch spezielle moralische Grundnormen ausgezeichnet ist – zu „wahren" bzw. „richtigen" Erkenntnissen führen kann. Demnach sind die Menschen, wollen sie moralische Normen aufstellen, auf dieses prozedurale, formale Prinzip der vernünftigen Konsensbildung im Diskurs – das im Kern ebenfalls moralisch strukturiert ist – angewiesen.[180] Apel entwickelt somit infolge seiner Solipsismus-Kritik an Kant ein Moralprinzip, das gleichzeitig ein Diskursprinzip ist und das er selbst als „moralfundiertes Diskursprinzip" bezeichnet.[181] Dass Apel diese beiden Prinzipien in ein oberstes Prinzip zusammenführt, bedeutet, dass er nicht bloß danach fragt, wie der einzelne Mensch moralisch richtig handeln soll, sondern – spezifischer – wie die Menschen innerhalb von Diskursen moralisch richtig interagieren sollen.[182]

In diesem Zusammenhang spricht Apel von zwei moralischen, kategorischen Grundnormen der Diskursführung, welche die Menschen unbedingt einhalten müssen, wollen sie auf einer zweiten Stufe zu weiteren richtigen moralischen Urteilen innerhalb der Diskursgemeinschaft kommen. Diese moralischen, kategorischen Grundnormen sind zum einen (a) die Norm der Gleichberechtigung und zum anderen (b) die Norm der Mit-Verantwortung:[183]

Zu a: Die Grundnorm der Gleichberechtigung bringt zum Ausdruck, dass ausnahmslos alle Menschen mit dem gleichen Recht an dem Diskurs teilnehmen können und auch sollen. Sie impliziert, dass bei der Frage der Moral die Ansprüche aller Menschen im gleichen Maße anzuerkennen und in die Diskussion zu integrieren sind. Dabei gilt, auch

180 Zum Inhalt des prozeduralen Prinzips bei Apel vgl. v. a. Apel, Karl-Otto (1997), *Kann der postkantische Standpunkt der Moralität noch einmal in substantielle Sittlichkeit ‚aufgehoben' werden? Das geschichtsbezogene Anwendungsproblem der Diskursethik zwischen Utopie und Regression*, in: Apel, Karl-Otto (1997), *Diskurs und Verantwortung. Das Problem des Übergangs zur postkonventionellen Moral*, 3. Aufl., Frankfurt a. M., S. 119f.

181 Vgl. Apel 2001c, S. 71.

182 Vgl. zur genaueren Erläuterung des „Moralprinzips" innerhalb der Diskursethik Werner 2006a, S. 140f.

183 Vgl. Fußnote 179 dieser Arbeit.

die Ansprüche derjenigen Menschen zu berücksichtigen, die gegenwärtig nicht am Diskurs teilnehmen können. Die Grundnorm der Gleichberechtigung bezieht sich somit durchweg auf *alle* Menschen und *alle* Ansprüche, weshalb Apel auch von einem „strikten" Gleichberechtigungsprinzip spricht.[184] Er beschreibt es mit folgenden Worten:

> „Wer argumentiert, der anerkennt implizit alle möglichen *Ansprüche* aller Mitglieder der Kommunikationsgemeinschaft, die durch vernünftige Argumente gerechtfertigt werden können [...], und er verpflichtet sich zugleich, alle eigenen Ansprüche an Andere durch Argumente zu rechtfertigen. Darüber hinaus sind die Mitglieder der Kommunikationsgemeinschaft (und das heißt implizit: alle denkenden Wesen) m. E. auch verpflichtet, alle virtuellen Ansprüche aller virtuellen Mitglieder zu berücksichtigen [...]."[185]

Zu b: Die Norm der Mit-Verantwortung bedeutet, dass die Menschen allesamt dafür zu sorgen haben, dass gleichberechtigt strukturierte Diskurse in der Lebenswelt überhaupt stattfinden und tatsächlich auch geführt werden, um sämtliche in der Lebenswelt auftretende Probleme lösen zu können.[186] Somit verweist sie auf die Norm der Gleichberechtigung und erhebt die gleichberechtigte Struktur von Diskursen zum kollektiven Ziel, auf das sich das verantwortliche Handeln der Menschen zu fokussieren hat. Die Norm der Mit-Verantwortung impliziert eine eindeutige *Pflicht*, welche die Menschen dazu aufruft, gemeinschaftlich dafür zu sorgen, dass das Ziel der Errichtung von gleichberechtigt strukturierten Diskursen auch erreicht werden kann. Im Gegensatz zur Norm der Gleichberechtigung bezieht sich die Norm der Mit-Verantwortung auf die Lebenswelt und ruft dort zu einem konkreten, aktiven Verändern der Verhältnisse auf.[187]

Diese beiden grundlegenden moralischen Normen der Diskursführung werden von Apel nicht einfach ohne weiteres gesetzt, sondern er gewinnt sie durch eine – wiederum an Kant anknüpfende – *transzendentale Reflexion* auf die Bedingungen der Möglichkeit unserer vernünftigen Argumentation und somit konsensualen Erkenntnis im Diskurs.[188] An dieser Stelle der Methode der transzendentalen Reflexion auf die Bedingungen der Möglichkeiten unserer Erkenntnis zeigt sich, dass Apel

184 Vgl. Apel 2001c, S. 72.

185 Apel 1999b, S. 424f.

186 Vgl. Apel 1997, S. 116.

187 Vgl. Fußnote 179 dieser Arbeit.

188 Vgl. die Ausführungen in Kapitel 4.1.3.2 dieser Arbeit

sich nach wie vor in der Tradition der Transzendentalphilosophie Kants sieht, zugleich aber er entscheidende Modifikationen vornimmt.[189] So fragt er nicht mehr nur – wie es bei Kant der Fall war – nach den transzendentalen Bedingungen der Möglichkeit der menschlichen Erkenntnis, sondern – genauer – nach den transzendentalen Bedingungen der Möglichkeit der vernünftigen, intersubjektiven Argumentation im Diskurs, durch die, auf einer zweiten Stufe, unsere Erkenntnisse erst generiert werden können.

Kritikpunkt 2: Apels Kritik an Kants Rigorismus

Des Weiteren kritisiert Apel an Kant, dass dieser seinen prinzipienethischen Ansatz *rein deontologisch* ausgerichtet hat und folglich die Menschen zu einer strengen und ausnahmslosen – sprich „rigoristischen" – Einhaltung der deontologischen Moralnormen verpflichtet.[190] Dabei sind die deontologischen Moralnormen dadurch charakterisiert, dass der Fokus der Handlung nicht auf einer außerhalb der Handlung liegenden Konsequenz, sondern vielmehr in der Handlung selbst, und zwar der impliziten Pflicht, liegt. Gemäß Kants ausnahmsloser Strenge ist nun der Einhaltung der der deontologischen Norm innewohnenden Pflicht absoluter Vorrang vor möglichen Auswirkungen und Folgen der Handlung einzuräumen. Zu dem rigoristischen Charakter seines ethischen Ansatzes sagt Kant:

> „Es liegt aber der Sittenlehre überhaupt viel daran, keine moralische Mitteldinge, weder in Handlungen (adiaphora) noch in menschlichen Charakteren, so lange es möglich ist, einzuräumen: weil bei einer solchen Doppelsinnigkeit alle Maximen Gefahr laufen, ihre Bestimmtheit und Festigkeit einzubüßen. Man nennt gemeiniglich die, welche dieser strengen Denkart zugetan sind (mit einem Namen, der einen Tadel in sich fassen soll, in der Tat aber Lob ist): *Rigoristen* [...]."[191]

Was Apel an Kants rein deontologischer Prinzipienethik bemängelt, ist, dass sie keinen Raum für ein Handeln lässt, dass sich situationsbedingt *nicht* nach den deontologischen Normen richtet, aber dennoch als moralisch richtig gelten kann. Dabei kann es sich zum Beispiel um den Fall handeln, dass es in einer bestimmten, konkreten Situation eher gefährlich oder schädlich ist, ausnahmslos gemäß einer deontologischen

189 Vgl. Apel, Karl-Otto (2003), *Wahrheit als regulative Idee*, in: Böhler u. a. Hg. 2003, S. 174.

190 Vgl. Apel 1999b, S. 427; Apel 1997, S. 120, 134; Apel 1994, S. 390ff.

191 Kant, Immanuel (1956a), *Die Religion innerhalb der Grenzen der bloßen Vernunft*, Werke in sechs Bänden, Bd. IV, hrsg. von W. Weischedel, Darmstadt, BA 8, 9.

Norm – wie etwa „Du sollst nicht lügen" – zu handeln und vielmehr moralisch geboten sein kann, gegen die bestehende Moralnorm zu verstoßen, sprich wissentlich die Unwahrheit zu erzählen. Apel kritisiert an Kant das Ignorieren der Notwendigkeit eines moralisch richtigen Handelns, das eben auch nach seinen situationsbezogenen *Folgen* – und nicht bloß gemäß seinem situations*enthobenen* deontologischen Inhalt, sprich seiner impliziten Pflicht – bemessen wird.

Hier schließt Apel (vgl. Kapitel 2.2) an Max Weber an. Weber vollzieht in seiner Schrift „Politik und Beruf" eine scharfe Trennung zwischen der traditionellen deontologischen Gesinnungsethik und einer neu erforderlichen situations- und folgenbezogenen politischen Verantwortungsethik. An der traditionellen Gesinnungsethik bemängelt er, dass sie kein strategisches Handeln des Politikers zulasse und somit für ein Handeln unter realen Verhältnissen auf der Ebene der Lebenswelt unzumutbar und somit unbrauchbar sei. An diesen Punkt knüpft Apel an[192], indem er das moralfundierte Diskursprinzip nicht bloß aus der *Grundnorm der Gleichberechtigung*, sondern auch aus der *Grundnorm der Mit-Verantwortung* bestehend begreift: Dabei ist die Norm der Gleichberechtigung eine traditionelle, deontologische Norm, die gemäß der in ihr selbst liegenden Absicht bemessen wird. Die Norm der Mit-Verantwortung ist hingegen eine teleologische Norm, bei der es nicht so sehr auf die ursprüngliche Absicht als vielmehr auf die außerhalb der Handlung liegenden Folgen ankommt.[193]

Apel entfaltet somit, seiner Kritik an Kants Rigorismus folgend, sein diskursethisches Moralprinzip als ein doppelpoliges, in sich ambivalentes Prinzip, das zum einen aus einem traditionell deontologischen Teil – der Norm der Gleichberechtigung – und einem neuen, nicht deontologischen Teil – der Norm der Mit-Verantwortung – zusammengefügt ist. Apel versteht sich trotzdem immer noch in der Tradition der kantischen Prinzipienethik stehend, er bezeichnet seine Diskursethik jedoch nicht mehr als *reine* deontologische Prinzipienethik, so wie es die kantische ist.[194]

192 Vgl. Apel 2001c, S. 100; Apel 1999b, S. 427f.

193 Vgl. Fußnote 179 dieser Arbeit.

194 Deontologische Prinzipienethiken dürfen nach der Lehre der analytischen Metaethik keine teleologische Dimension enthalten. Dennoch geht Apel diesen Schritt. Vgl. dazu Apel, Karl-Otto, 3. *Vorlesung: Anwendungsprobleme der Diskursethik*, in: Apel 2002a, S. 89. Dieser Aspekt der Doppelpoligkeit des morali-

Zusammenfassung

Apels Transformation der Transzendentalphilosophie Kants besteht darin, dass Apel hier zunächst aufgrund seiner Solipsismuskritik an Kant das rein monologische Moralprinzip Kants in ein Moral-Diskursprinzip umwandelt. In einem zweiten Schritt bricht Apel dann, aufgrund seiner Rigorismus-Kritik an Kant, die traditionell deontologische Ausrichtung des Moralprinzips auf und erweitert es um eine verantwortungsethische Dimension. Das heißt, er hat der deontologischen Norm der Gleichberechtigung die teleologische Norm der Mit-Verantwortung an die Seite gestellt. Diese hier im Überblick nachgezeichnete Transformation der Ethik Kants in den diskursiven und transzendentalpragmatischen Ansatz Apels lässt sich bildlich folgendermaßen darstellen:

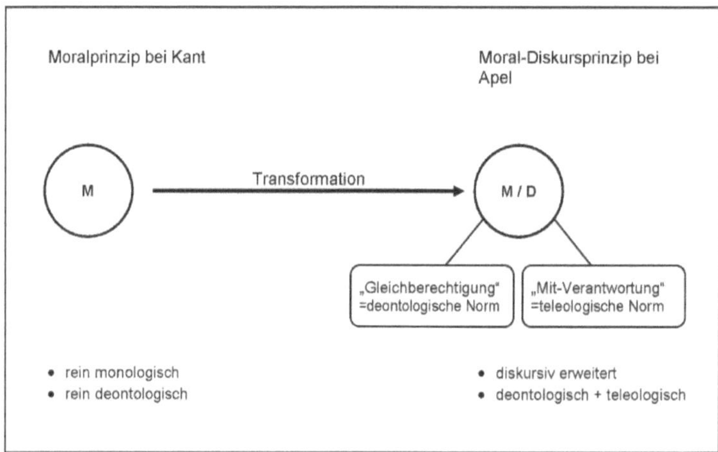

Abb. 5: Apels Transformation der Transzendentalphilosophie

Dabei hat Apel verschiedene andere philosophische Theorien mit in seinen Ansatz eingearbeitet. Hier sind vor allem die Ansätze von Peirce, die deutsche Hermeneutik, die Sprachpragmatik und, wie schon gezeigt wurde, der Ansatz Webers zu nennen. Im Folgenden wird vor allem der Einfluss von Peirce herausgestellt.[195]

schen Diskursprinzips wird in Kapitel 4.1.4 dieser Arbeit noch deutlicher herausgestellt.

195 Eine überblicksartige Darstellung der diversen Einflussquellen gibt Reese-Schäfer 1990, S. 8ff.

4.1.3 Apels Grundkonzept der regulativen Idee der idealen Kommunikationsgemeinschaft

Bevor die aus dem moralischen Diskursprinzip hervorgehende spezielle Architektonik der zweiteiligen „Mit-Verantwortungsethik", die aus einem idealtheoretischen Teil A und einem lebensweltbezogenen und verantwortungsethischen Teil B besteht, vorgestellt wird (vgl. Kapitel 4.1.4), gilt es, im Folgenden Apels *Konzept der regulativen Idee der idealen Kommunikationsgemeinschaft* nachzuzeichnen. Dieses Konzept kann als zentraler und charakteristischer Grundbaustein des gesamten Denkens und Ansatzes der transzendentalpragmatischen Diskursethik Apels gesehen werden, durch den auch die komplizierte Architektonik der Apel'schen Verantwortungsethik erst ihr wesentliches Fundament erhält. Zunächst wird es in Bezug auf Apels spezielle Konsensustheorie der Wahrheit (Kapitel 4.1.2.1) und darauffolgend in Verbindung mit seiner Theorie der transzendentalen Reflexion und Letztbegründung (Kapitel 4.1.2.2) in seinen Grundzügen erläutert.

4.1.3.1 Konsensustheorie der Wahrheit

Apel knüpft die Bedingungen der Möglichkeit von praktischer und somit moralischer – ferner auch theoretischer – Erkenntnis nicht mehr, wie es bei Kant der Fall war, an bewusstseinsinterne Vorgänge, sondern an die *regulative Idee* des *idealen Konsenses der idealen Kommunikationsgemeinschaft*. Hinter diesem Gedanken steht Apels eigentümliche Konsensustheorie der Wahrheit.

Apel ist in der Gründung seines wahrheitstheoretischen Ansatzes im Wesentlichen durch die Konsensustheorie der Wahrheit von Charles Sanders Peirce beeinflusst. Er bezeichnet Peirce' Weg, seine Wahrheitstheorie zu entwickeln, als „semiotische Transformation" der Transzendentalphilosophie Kants.[196] Apel selbst knüpft an dieser Stelle an Peirce' Ansatz an und transformiert ihn vor dem Hintergrund einer Vervollständigung der „Transformation der Transzendentalphilosophie Kants" weiter, was schließlich in seine eigene spezielle Konsensustheorie, in deren Mittelpunkt die regulative Idee des idealen Konsenses der idealen Kommunikationsgemeinschaft steht, mündet. Dementsprechend wird im Folgenden in einem ersten Schritt der Weg der Transformation der Transzendentalphilosophie von Kant zu Peirce (Schritt 1) und in einem zweiten Schritt die Fortsetzung dieses Weges von Peirce

196 Vgl. Apel 1999b, S. 164, 166; Apel 2003, S. 172.

zu Apel (Schritt 2) dargestellt. In einem letzten Punkt wird nochmals gesondert Apels Konzept der regulativen Idee der idealen Kommunikationsgemeinschaft beleuchtet (Schritt 3).

Schritt 1: Transformation der Transzendentalphilosophie – von Kant zu Peirce[197]

Laut Apel löst Peirce mit der Einführung seiner Konsensustheorie der Wahrheit ein allgemeines philosophisches Problem der nachkantischen Zeit, etwas, was der modernen Wissenschaftslogik nur unzureichend gelungen sei. Bei diesem Problem handelt es sich um die allgemeine Frage nach den Bedingungen der Möglichkeit und Gültigkeit von objektiver, wissenschaftlicher Erkenntnis und damit zusammenhängend den Versuch, das kantische Erkenntnissubjekt, das auf das solipsistische und psychologische Bewusstsein beschränkt ist, zu überwinden.[198]

Peirce löst dieses Problem durch die „semiotische Transformation der Transzendentalphilosophie", die insbesondere auf die Einführung seiner dreistelligen, dynamischen Zeichentheorie zurückzuführen ist. Dabei entwickelt Peirce einen Zeichenbegriff, der aus drei Korrelaten besteht: dem einfachrelationalen *Objekt*, dem zweifachrelationalen *Repräsentamen* und dem dreifachrelationalen *Interpretanten*.[199] Das Bedeuten-

197 Die folgende Darstellung des Peirce'schen Ansatzes beruht auf der Leseweise Apels. Helmut Pape kritisiert, dass Apels Peirce-Interpretation lediglich auf den philologisch nicht haltbaren „Collected Papers" beruht. Demnach sollte Apels Leseweise der Peirce'schen Philosophie kritisch betrachtet werden. Zu diesem Kritikpunkt sowie insgesamt dem Editionsproblem der Peirce'schen Schriften vgl. Pape, Helmut (1989), *Erfahrung und Wirklichkeit als Zeichenprozeß. Charles S. Peirces Entwurf einer Spekulativen Grammatik des Seins,* Frankfurt a. M., S. 90ff, 205ff; Peirce, Charles S (2000), *Semiotische Schriften. Band I. 1865–1903,* herausgegeben und übersetzt von Christian J. W. Kloesel und Helmut Pape, Frankfurt a. M., S. 76ff. Die genannte Problematik ist für die vorliegende Rekonstruktion des Apel'schen Ansatzes jedoch nicht von ausschlaggebender Bedeutung. Es sei jedoch am Rande bemerkt, dass Apel (eventuell unberechtigt) davon ausgeht, dass Peirce Positionen wie diejenige der Transformation der Transzendentalphilosophie oder der Konsenstheorie der Wahrheit vertreten habe.

198 Vgl. Apel, Karl-Otto (1999d), *Von Kant zu Peirce: Die semiotische Transformation der Transzendentalen Logik,* in: Apel 1999a, S. 157ff.

199 Vgl. Peirce, Charles S. (1931–1958), *Collected Papers,* Bd. 1–6 hrsg. von Hartshorne, Charles/Weiss, Paul, Bde. 7–8 hrsg. von Burks, Arthur W., Cambridge, Mass., 1.372, 2.228; Nöth, Winfried (2000), *Handbuch der Semiotik,* 2., vollständig neu bearb. und erw. Aufl., Stuttgart/Weimar, S. 62ff; generell zur Philosophie Peirce' vgl. Apel, Karl-Otto (1975), *Der Denkweg von Charles S. Peirce. Eine*

de und spezifisch Neue an diesem Zeichenbegriff – gegenüber dem traditionellen zweipoligen Zeichenbegriff, den man auch bei Kant findet – ist die *Interpretation* als drittes Korrelat des Zeichens. Die *Interpretation,* die Peirce auch die *Wirkung* des Zeichens nennt, ist die wesentliche Charakteristik des Zeichens und der eigentliche Ort der „Wahrheit".[200]

Mit dieser Zeichentheorie verschiebt Peirce den Wahrheitsbegriff von der traditionellen einfachen Übereinstimmungstheorie zu einer pragmatistischen Interpretationstheorie. Er verabschiedet die herkömmliche Vorstellung über „Wahrheit", die besagt, dass „Wahrheit" in der Übereinstimmung zwischen einer Aussage und einem Stück der Wirklichkeit zu finden sei. Stattdessen klärt er auf, dass sich „Wahrheit" nur noch in den sprachlich verfassten *Interpretationen* von den zuvor gemachten sprachlich verfassten *Repräsentamen* finden lässt. In dieser Weise reagiert Peirce auf die von Kant entdeckte Unüberbrückbarkeit der „zwei Welten", das heißt des unerkennbaren *Dinges-an-sich* und der Vorstellungen des Bewusstseins.[201]

Unter einer „Interpretation" versteht Peirce hier nun nicht eine einfache Deutung eines einzelnen Bewusstseins, sondern die Auslegung und Auffassung der Forschergemeinschaft. Dabei gilt, dass (a) eine Interpretation „wahr" ist, wenn ein *Konsens* der Forscher darüber besteht, und dass (b) diese Interpretation solange als „wahr" gilt, bis sie von den Forschern widerlegt worden ist. Dies bedeutet, dass sie „fallibel" ist.[202] Schließlich folgt daraus, dass eine Interpretation, über die ein *möglichst großer* Konsens der Forscher besteht, sich mit großer Wahrscheinlichkeit auf Dauer als nicht fallibel herausstellt und somit „wahr" ist.[203]

Diese kurze Darstellung zeigt, dass Peirce die Begriffe der Erkenntnis und der Wahrheit an die Interpretation und den Konsens der Forscher-

Einführung in den amerikanischen Pragmatismus, Frankfurt a. M.; Nagl, Ludwig (1992), *Charles Sanders Peirce,* Frankfurt a. M./New York.

200 Dementsprechend lautet die „pragmatische Maxime" bei Peirce: "Consider what effects, which might conceivably have practical bearings, we conceive the object of our conception to have. Then, our conception of these effects is the whole of our conception of the object." Peirce 1931–1958, 5.402. Zur näheren Erklärung vgl. Apel 1975, S. 106ff; Nagl 1992, S. 62ff; Apel, Karl-Otto (1998d), *Fallibilismus, Konsensustheorie der Wahrheit und Letztbegründung,* in: Apel 1998a, S. 108ff.

201 Vgl. Nagl 1992, S. 26ff; Apel 1999d, S. 175; Apel 2003, S. 173.

202 Vgl. Peirce 1931–1958, 5.250–253; Apel, Karl-Otto 1998d, S. 85ff.

203 Vgl. Peirce 1931–1958, 5.407.

gemeinschaft bindet. Demzufolge ist unter „Erkenntnis" der unendliche Interpretationsprozess der Forscher, in dem Interpretationen immer wieder auf ihre Stimmigkeit überprüft werden, zu verstehen. „Wahrheit" ist letztendlich diejenige Interpretation, die dem unendlichen Erkenntnis- und Überprüfungsprozess der Forscher dauerhaft standhalten kann und nicht mehr verworfen wird. Somit ist „Wahrheit" bei Peirce eine *regulative Idee* und identisch mit dem *infiniten Konsens der unendlichen Forschergemeinschaft.*[204]

Die semiotische Transformation der kantischen Transzendentalphilosophie durch Peirce bringt Apel nun mit folgenden Worten auf den Punkt:

> „Die ‚ultimate opinion' der ‚indefinite Communitiy of investigators' ist der ‚höchste Punkt' der Peirceschen Transformation der ‚transzendentalen Logik' Kants. In ihm konvergiert das semiotische Postulat einer überindividuellen *Einheit der Interpretation* und das forschungslogische Postulat einer *experimentellen Bewährung der Erfahrung in the long run.* Das quasi-transzendentale Subjekt dieser postulierten Einheit ist die unbegrenzte *Experimentier-Gemeinschaft,* die zugleich unbegrenzte *Interpretations-Gemeinschaft ist.*"[205]

Schritt 2: Transformation der Transzendentalphilosophie – von Peirce zu Apel

Apel setzt an dem Prozess der Transformation der Transzendentalphilosophie durch Peirce an zwei entscheidenden Stellen an, um dessen Ansatz zu modifizieren und folglich den Prozess der Transformation der Transzendentalphilosophie fortzusetzen, sodass er ihn schließlich in seine eigene grundlegende Konsensustheorie der Wahrheit – die wiederum seinem Ansatz der transzendentalpragmatischen Diskursethik zugrunde liegt – münden lässt. Diese zwei Kritikpunkte sind (a) Peirce' Beschränkung seiner Konsensustheorie der Wahrheit auf die Forschergemeinschaft und die theoretische Erkenntnis und (b) Peirce' Missachtung der moralischen Präsuppositionen einer jeden vernünftigen Argumentation, die das nicht weiter hintergehbare Apriori der Kommunikationsgemeinschaft ausmachen.

Zu a. Aufgrund seiner Kritik an Peirce' Begrenzung seiner Wahrheitstheorie auf den Kreis der Forscher und die theoretischen Wissensgebiete möchte Apel den Wahrheitsbegriff aus diesem verengten Horizont herauslösen und auf die gesamte Menschheit beziehen. Dabei soll sich

---

204 Vgl. Peirce 1931–1958, 5.311.

205 Apel, Karl-Otto 1999b, S. 173; vgl. Apel, 2003, S. 173.

seine Wahrheitstheorie auch nicht mehr nur auf theoretische Erkenntnisse beziehen, sondern auf alle weiteren Wissensgebiete – und hier vor allem die allgemeine Praxis und Moral – ausgedehnt werden. Daraus zieht Apel den Schluss, dass er den Begriff der „Wahrheit" – im weitesten Sinne auf alle möglichen verschiedenen theoretischen und praktischen Erkenntnisbereiche bezogen[206] – nicht bloß an den *infiniten Konsens des exklusiven Kreises der Forscher* bindet, sondern, darüberhinausgehend, an den *infiniten Konsens aller Mitglieder der gesamten unendlichen Kommunikationsgemeinschaft*.[207]

Zu b. Einen weiteren Mangel des Peirce'schen Ansatzes und damit zusammenhängend von dessen Transformation der Transzendentalphilosophie Kants sieht Apel in der Nichtbeachtung der *moralischen Verhaltensregeln*, die Apel zufolge jedoch eingehalten werden müssen, möchten die Menschen zu einer konsensualen Einigung und somit einer gemeinsamen Erkenntnis im Diskurs gelangen.[208] Gemäß Apel sind diese moralischen Verhaltensregeln die *Grundnormen der Argumentation*. Dabei handelt es sich (vgl. Kapitel 4.1.2) im Speziellen um die Grundnorm der Gleichberechtigung und die Grundnorm der Mit-Verantwortung. Sie sind in jede Art von vernünftiger Argumentation im Diskurs, in dem die Menschen ihre Geltungsansprüche hervorbringen und gemeinsam austauschen wollen, als Grundvoraussetzungen eingebettet.[209] Diese argumentativen Grundnormen gelten laut Apel nun nicht, weil er sie abgeleitet oder freigesetzt hat, sondern weil er sie mittels der Methode der transzendentalen Reflexion auf die Bedingungen der Möglichkeit unseres Argumentierens und somit unseres Erkennens *aufgedeckt* hat.[210] Aus diesem Grund spricht Apel auch von dem nicht weiter hintergehbaren *Apriori* der Argumentation und Kommunikationsgemeinschaft.[211] Dass Peirce diesen fundamentalen Aspekt der moralischen Bedingung für die Herbeiführung von Konsensen und somit

206 Zum Gebrauch des Begriffs der Wahrheit bei Apel vgl. Apel 2003, S. 178.

207 Vgl. Apel, Karl-Otto (1999c), *Szientismus oder transzendentale Hermeneutik? Zur Frage nach dem Subjekt der Zeicheninterpretation in der Semiotik des Pragmatismus*, in: Apel 1999a, S. 199ff, bes. 203 u. 217; Apel 1999b, S. 399, 424f; ausführlich dazu Apel 1998d, S. 107ff.

208 Vgl. Apel 2003, S. 175.

209 Vgl. Apel 1999b, S. 400.

210 Vgl. Kapitel 4.1.3.2 dieser Arbeit.

211 Vgl. Apel 1999b, S. 402, 424.

Erkenntnissen unterschlagen habe, bemängelt Apel schließlich als „szientistische Verkürzung" des Peirce'schen Ansatzes.[212]

Wie gesehen, erweitert Apel den wahrheitstheoretischen Ansatz Peirce' insofern, als er Erkenntnis und somit „Wahrheit" zum einen an den infiniten Konsens der unendlichen, alle Menschen umfassenden Kommunikationsgemeinschaft und zum anderen an die unbedingte Befolgung der moralischen Grundnormen unseres vernünftigen und konsenssuchenden Argumentierens im Diskurs bindet. Erst durch die Modifikation und Ausweitung des Peirce'schen Ansatzes in diesen beiden Punkten erkennt Apel das durch Peirce begonnene Projekt der Transformation der Transzendentalphilosophie Kants als vollendet an:

> „Der Ansatz (das heißt Apels Ansatz; AC) unterscheidet sich von der klassischen Transzendentalphilosophie Kants allerdings insofern, als er den ‚höchsten Punkt', mit Bezug auf den die transzendentale Reflexion anzusetzen ist, nicht in der ‚methodisch solipsistisch' angesetzten ‚Einheit des Gegenstandsbewußtseins und des Selbstbewußtseins' erblickt, sondern in der ‚intersubjektiven Einheit der Interpretation' qua Sinnverständnis und qua Wahrheitskonsens. Diese Einheit der Interpretation muß in der unbegrenzten Gemeinschaft der Argumentierenden, aufgrund der experimentellen und der Interaktions-Erfahrung, prinzipiell erreicht werden können, soll Argumentation überhaupt *Sinn* haben. Der Ansatz versteht sich insofern als *sinnkritische Transformation der Transzendentalphilosophie,* die von dem apriorischen Faktum der Argumentation als einem nicht zu hintergehenden quasi-kartesischen Ansatzpunkt ausgeht."[213]

Schritt 3: Die regulative Idee der idealen Kommunikationsgemeinschaft

Wie im vorhergehenden Abschnitt herausgestellt wurde, bindet Apel Erkenntnis und „Wahrheit" an den infiniten Konsens der gesamten unendlichen Kommunikationsgemeinschaft, bei dem es ferner darum geht, bestimmte moralische Grundnormen der Argumentation zu befolgen. Es handelt sich also um einen Konsens, der a) durch die Attribute der Allgemeinheit und der Unendlichkeit und b) durch die moralischen Normen der Gleichberechtigung und der Mit-Verantwortung definiert ist.

---

212 Vgl. Apel, Karl-Otto (1976), *Transformation der Philosophie,* in: Apel, Karl-Otto (1976), *Transformation der Philosophie. Band 1. Sprachanalytik, Semiotik, Hermeneutik,* Frankfurt a. M., S. 13.

213 Apel 1999b, S. 411.

Aufgrund dieser Bestimmung des Konsenses geht Apel nun in seinen wahrheitstheoretischen Ausführungen noch einen Schritt weiter, indem er klarstellt, dass sich ein solcher spezifischer Konsens nicht unter den vorzufindenden gegenwärtigen *realen* Kommunikationsbedingungen, sondern nur unter lebensweltenthobenen *idealen* Kommunikationsbedingungen bilden kann. Das heißt mit anderen Worten: Ein solcher Konsens lässt sich nicht in der gegenwärtigen *realen* Kommunikationsgemeinschaft, sondern nur in einer *idealen* Kommunikationsgemeinschaft erzeugen. Dies wiederum bedeutet, dass der genaue Ort der Wahrheit der infinite Konsens der *idealen,* unendlichen und alle Menschen umfassenden Kommunikationsgemeinschaft ist. Aufgrund dessen geht Apel davon aus, dass die Menschen, sobald sie argumentieren, nicht nur die moralischen Grundnormen der Gleichberechtigung und Mit-Verantwortung, sondern darüberhinausgehend immer auch die *Idee der idealen Kommunikationsgemeinschaft* voraussetzen. Bei dieser Idee handelt es sich schließlich, so definiert Apel es genauer, um eine „regulative Idee", die – vervollständigend zu den argumentativen Grundnormen – immer schon in den Präsuppositionen unseres vernünftigen Argumentierens vorausgesetzt ist. Dies heißt ferner, dass diese regulative Idee der idealen Kommunikationsgemeinschaft ebenfalls nicht einfach durch Apel gesetzt wurde, sondern sich vielmehr durch die transzendentale Reflexion auf die Bedingungen der Möglichkeit unseres vernünftigen Argumentierens *aufdecken* lässt.[214]

Dass es sich bei der Idee der idealen Kommunikationsgemeinschaft, die wir in den Präsuppositionen unseres Argumentierens immer schon voraussetzen, um eine *regulative Idee* handelt, heißt, dass wir diesen idealen gesellschaftlichen Zustand niemals in der Realität erreichen werden, uns ihm aber unendlich annähern können. Es heißt weiter, dass die Menschen, je mehr sie sich diesem kommunikativen und sozialen Idealzustand annähern, in ihren Urteilen über alle Wissensbereiche in der Welt immer besser werden. Dies lässt sich auch so ausdrücken: Je mehr sich die Menschen der idealen Kommunikationsgemeinschaft annähern, desto größer ist die Wahrscheinlichkeit, dass ihre konsensual ermittelten Urteile „wahr" bzw. – in Bezug auf Normen – „richtig" sind.

Was ist unter der idealen Kommunikationsgemeinschaft, die wir immer schon als regulative Idee in unserem vernünftigen Argumentieren im Diskurs voraussetzen, genauer zu verstehen? Apel begreift die ideale

214 Vgl. Apel 2001c, S. 101ff.

Kommunikationsgemeinschaft als eine Gesellschaft, in der zum einen die *Moral* und zum anderen die *sprachliche Verständigung* in idealer Weise durch alle Mitglieder verkörpert werden. Unter der idealen Verkörperung der Moral versteht Apel dabei die optimale Konsensfähigkeit innerhalb der gesamten Gesellschaft, die durch die einwandfreie Befolgung der beiden Grundnormen der Gleichberechtigung und der Mitverantwortung gegeben ist. Unter der optimalen sprachlichen Verständigung innerhalb der Gesamtgesellschaft begreift Apel schließlich die Möglichkeit des intersubjektiven, kommunikativen Austausches aller Menschen, der durch keine Barrieren des gegenseitigen Verstehens mehr behindert ist.[215] Damit ist gemeint, dass es keine kulturellen, entwicklungspsychologischen oder sonstigen Unterschiede mehr im gegenseitigen Begreifen von sprachlichem Sinn gibt.

Demgemäß tritt bei Apel innerhalb der idealen Kommunikationsgemeinschaft *das optimale sprachliche Sinnverstehen* als notwendiges Komplementärphänomen zur *idealen moralisch fundierten Konsensbildung* hinzu.[216] Dies ist so zu verstehen, dass eine Gesellschaft, die eine idealmoralische Kommunikationsgesellschaft sein will, die in Bezug auf die Bildung von diskursiven Konsensen optimal funktioniert, immer auch dafür sorgen muss, dass die intersubjektive sprachliche Verständigung von Sinn einwandfrei funktioniert. Man kann demnach sagen, dass das gegenseitige kommunikative Sinnverstehen eine Grundvoraussetzung für die nächste Stufe der gemeinsamen diskursiven Konsensbildung im Diskurs darstellt, obwohl – so muss an dieser Stelle eingewendet werden – für ein bewusstes oder intendiertes Aushandeln von neuen sprachlichen Regelungen im Diskurs wiederum die moralischen Grundregeln des vernünftigen Argumentierens als erste und unhintergehbare Präsuppositionen angenommen werden müssen. Daraus lässt sich folgern, dass Sinnverstehen und moralische Konsensbildung Hand in Hand gehen.[217] Wir setzen also, sobald wir vernünftig argumentieren wollen, nicht bloß die Befolgung der beiden moralischen Grundnormen durch alle Diskursteilnehmer, sondern immer auch eine barrierefreie Sinnverständigung zwischen den Diskursteilnehmern voraus. Oder anders gesagt: Wir setzen in unseren diskursiven Argumentationen nicht

215 Vgl. Apel 1999c, S. 217.

216 Vgl. Apel 1999c, S. 201; Apel 1999b, S. 401; Wellmer 1986, S. 88.

217 Allerdings ist zu beachten, dass in Apels Philosophie die moralischen Grundnormen die unhintergehbaren Präsuppositionen einer jeden Argumentation sind – das heißt auch dann, wenn man sich über den „Sinn“ verständigt.

bloß die regulative Idee der idealen Moralgesellschaft, sondern immer auch die regulative Idee der idealen Verständigungsgesellschaft voraus.

Das Gesagte zeigt, dass Apel Erkenntnis und „Wahrheit“ an den infiniten Konsens der idealen Kommunikationsgemeinschaft als einen objektiven Fixpunkt innerhalb der Dimension der Sprache und der intersubjektiven Kommunikation im Diskurs bindet. Bei diesem objektiven Ideal handelt es sich um eine rein sprachliche Prozedur oder Form, die für alle Menschen in gleicher Weise universal gültig ist und die zu erfüllen die Menschen *verpflichtet* sind, da darin eben der Schlüssel zu ihren diversen Erkenntnis- und Wissensbereichen liegt.[218]

Dass es sich gemäß Apel bei den Erkenntnis- und Wahrheitsbedingungen um ein rein formelles Prinzip handelt, heißt ferner, dass „Wahrheit“ bzw. „Richtigkeit“ nicht mehr an bestimmte *Inhalte*, sondern einzig an die sprachliche *Form* des infiniten Konsenses der idealen Kommunikationsgemeinschaft gebunden sind. Dabei ist es unwesentlich, aus welchen Gründen die jeweiligen Konsense ermittelt wurden. Durch diese Bestimmung der „Wahrheit“ vermeidet Apel – wie es auch schon bei Peirce der Fall war – die Probleme der traditionellen Korrespondenztheorie der Wahrheit, indem er den Wahrheitsbegriff in den Bereich der reinen Interpretations- und Rechtfertigungspraxis verlagert: Es handelt sich nur noch darum, *wie* etwas ausgesagt wird, und nicht mehr darum, *was* ausgesagt wird.

4.1.3.2 Transzendentale Reflexion und Letztbegründung

Ein weiterer wesentlicher Aspekt der Apel'schen Konzeption der regulativen Idee der idealen Kommunikationsgemeinschaft ist Apels Methode der *transzendentalen Reflexion* und das damit zusammenhängende Konzept der *Letztbegründung*. Wie schon gezeigt wurde (vgl. Kapitel 4.1.2), ist es für Apel bedeutsam, in der Tradition der Transzendentalphilosophie Kants zu bleiben, dabei jedoch entscheidende Gedanken des kantischen Ansatzes zu modifizieren, um letztlich daraus seinen eigenen Ansatz der transzendentalpragmatischen Diskurs- und Verantwortungsethik zu entwickeln. In diesem Sinne ist es Apels Anliegen, Kants Methode der „transzendentalen Reflexion“ zu übernehmen und

218 Vgl. Kapitel 4.1.4 dieser Arbeit; zur genaueren Erläuterung der Form und Prozedur Apel 1997, S. 120; Apel 2001b, S. 72.

in einer veränderten Weise innerhalb seines eigenen Ansatzes anzuwenden.[219]

Kant wandte die Methode der transzendentalen Reflexion an, um damit die Bedingungen der Möglichkeit und Gültigkeit der menschlichen Erkenntnis aufzudecken. Dabei hat Kant einzig auf das solipsistische, menschliche Bewusstsein reflektiert und dementsprechend die bewusstseinsinternen Vorgänge der Synthese von Erkenntnismaterial und Denkkategorien offengelegt.[220] Apel hingegen präzisiert die Methode der transzendentalen Reflexion und fragt – vor dem allgemeinen Hintergrund seiner Modifikation des kantischen Ansatzes in eine intersubjektive und diskursive Ethik – nicht mehr nach den Bedingungen der Möglichkeit der bewusstseinsinternen Erkenntnis, sondern vielmehr nach den Bedingungen der Möglichkeit des vernünftigen, intersubjektiven Argumentierens im Diskurs und der damit zusammenhängenden Möglichkeit der gemeinsamen Konsensbegründung. Das heißt mit anderen Worten, Apel reflektiert nicht mehr auf die Regel der Erkenntnis des einzelnen Bewusstseins, sondern auf die Regeln der Bildung eines gemeinsamen vernünftigen Konsenses im intersubjektiven Diskurs – durch den überhaupt erst Erkenntnis und Wahrheit gestiftet werden können.[221]

Diese neue Anwendung der Methode der transzendentalen Reflexion ist vor dem Hintergrund zu verstehen, dass Apel dem allgemeinen sprachphilosophischen und sprachpragmatischen Paradigmenwechsel innerhalb der Philosophie folgt und dementsprechend seine spezifische Konsensustheorie der Erkenntnis und Wahrheit begründet.[222] Diesem allgemeinen Paradigmenwechsel entsprechend kann der Mensch in seinem Denken und Erkennen nicht mehr hinter die Dimension der Sprache und des Diskurses zurückfallen oder aus ihr heraustreten. Er ist in ihr quasi gefangen und kann nur mit und in ihr zu Erkenntnissen gelangen. Somit kritisiert Apel in diesem Punkt, dass Kant die an die Sprache und die intersubjektive, diskursive Kommunikation gebundenen *Regeln der Erkenntnis*, in die der Mensch immer schon, sobald er argumentiert, eingebunden ist, unbeachtet lässt.[223]

---

219 Vgl. Apel, Karl-Otto 2001c, S. 102.

220 Vgl. Kant, Immanuel (1956d), *Kritik der reinen Vernunft*, Werke in sechs Bänden, Bd. II, hrsg. von W. Weischedel, Darmstadt.

221 Vgl. Apel 2001c, S. 102; Apel 1997, S. 112f; Apel 1999b, S. 410f.

222 Vgl. Kapitel 3.3.1 dieser Arbeit.

223 Vgl. Apel 2001c, S. 103.

Die Bedingungen der Möglichkeit der vernünftigen Argumentation, die Apel durch die transzendentale Reflexion aufdeckt, sind, wie aus den obigen Ausführungen hervorgeht, (a) die kategorischen moralischen Grundnormen der diskursinternen Argumentation bzw. das moralfundierte Diskursprinzip und (b) die darüberhinausgehende regulative Idee der idealen Kommunikationsgemeinschaft. Dieser Zusammenhang ist folgendermaßen zu verstehen:

Zu a: Sobald wir uns fragen, was die Bedingungen der Möglichkeit unseres vernünftigen Argumentierens im Diskurs sind, stoßen wir zum einen auf unsere vernünftige Einsicht in die Gültigkeit der kategorischen *Grundnorm der Gleichberechtigung*. Damit erkennen wir die Notwendigkeit an, dass alle Menschen in gleichwertiger Weise am Diskurs teilnehmen müssen, wollen wir zu „wahren" und „richtigen" Erkenntnissen gelangen. Zum anderen stoßen wir auf die Einsicht in die Gültigkeit der *Grundnorm der Mit-Verantwortung*, durch die uns einsichtig wird, dass alle Menschen im gleichen Maße dafür zu sorgen haben, dass die gleichberechtigten Diskurse in unserer Lebenswelt überhaupt stattfinden können. Mit der Einsicht in die Grundnorm der Mit-Verantwortung erkennen wir somit die in ihr implizierte kategorische Pflicht zur Realisierung vernünftiger Diskurse in der Lebenswelt an.[224]

Zu b: Hinter dieser Einsicht in die zwei moralischen Bedingungen der Möglichkeit des vernünftigen Argumentierens im Diskurs – bzw. in das moralfundierte Diskursprinzip – steht gemäß Apel die grundlegende Einsicht in die fundamentale Konsensustheorie der Wahrheit und die damit zusammenhängende *regulative Idee* der alle Menschen umfassenden *idealen Kommunikationsgemeinschaft*. Diese setzen wir Menschen, Apel zufolge, immer schon voraus, weil wir – als Vernunftwesen[225] – wissen, dass nur eine konsequent *ideale* Diskurssituation, in der eine durchgehend ideale Moralbefolgung und eine durchgehend ideale sprachliche Sinnverständigung Hand in Hand gehen, zu Erkenntnissen im praktischen und ferner auch theoretischen Bereich führen kann. Nimmt man zu dieser Einsicht die zuvor genannte Einsicht in die Norm der Mit-Verantwortung hinzu, so kommt man zu der folgerichtigen Einsicht, dass die Menschen unbedingt dazu verpflichtet sind, die regulative Idee der idealen Kommunikationsgemeinschaft approxima-

224 Vgl. Apel 1997, S. 116.

225 Vgl. Apel 2001c, S. 111; Kuhlmann, Wolfgang (2007), *Begründungsprobleme in der Diskursethik*, in: Kuhlmann, Wolfgang (2007), *Beiträge zur Diskursethik. Studien zur Transzendentalpragmatik*, Würzburg, S. 9, 20, 35.

tiv in der Lebenswelt zu realisieren. Das heißt ferner, dass diese kategorische Pflicht der approximativen Realisierung der idealen Diskurssituation sich ebenso als notwendige Bedingung der Möglichkeit unseres vernünftigen Argumentierens im Diskurs aufdecken lässt. An diesem Punkt der transzendentalen und kategorischen Pflicht der Mit-Verantwortung setzt dann auch, wie in Kapitel 4.1.4 zu sehen sein wird, die Entfaltung der Apel'schen zweiteiligen Architektonik der „Mit-Verantwortungsethik" an.

Den Prozess der Begründung durch *Aufdeckung* der moralischen Präsuppositionen unseres Argumentierens durch die transzendentale Reflexion bezeichnet Apel schließlich als „Letztbegründung". Dementsprechend begreift er die verschiedenen moralischen Voraussetzungen – das heißt die zwei Grundnormen sowie die regulative Idee der idealen Kommunikationsgemeinschaft und die dazugehörige kategorische Pflicht, diese in der Lebenswelt zu realisieren – als philosophisch „letztbegründet".[226]

Dass diese genannten moralischen Elemente Apel zufolge als *letztbegründet* gelten können, ergibt sich für ihn aus der Tatsache, dass sie *immer schon* in der performativen Ebene unseres Argumentierens vorhanden und somit in der Begründungsfrage nicht weiter hintergehbar sind. Sie gelten als letztbegründet, nicht weil man sie irgendwoher *abgeleitet* hat, sondern weil man sie als immer schon vorhandene Elemente auffinden und *aufdecken* kann.[227]

In der Möglichkeit der *Aufdeckung des immer schon Vorhandenen* sieht Apel nun den Schlüssel zu der Möglichkeit der philosophischen Letztbegründung, wodurch er sich von Kritikern einer solchen Möglichkeit, vor allem von Hans Albert und dessen Werk „Traktat über die kritische Vernunft"[228] aus dem Jahr 1968, bewusst absetzt. Apel greift Alberts Argumentation auf und versuchte sie mit seiner Methode der Letztbegründung durch *Aufdeckung des bereits Vorhandenen* zu widerlegen.[229] Albert geht hingegen davon aus, dass es unmöglich ist, nach einem letzten philosophischen Grund zu suchen, da ein solcher Versuch im-

226 Vgl. Apel 2001c, S. 103; Apel 1997, S. 110; Apel 2001b, S. 72f.

227 Vgl. Kuhlmann 2007, S. 13; zur Vertiefung des Letztbegründungsarguments Kuhlmann, Wolfgang (1985), *Reflexive Letztbegründung. Untersuchungen zur Transzendentalpragmatik*, Freiburg/München.

228 Vgl. Albert, Hans (1991), *Traktat über kritische Vernunft*, 5. verb. & erw. Auflage, Tübingen.

229 Vgl. Reese-Schäfer 1990, S. 46ff.

mer an einer von drei Möglichkeiten des sogenannten „Münchhausentrilemmas" scheitern würde: (1) Entweder man verwickelt sich in einen unendlichen Regress oder (2) man gerät in einen fehlerhaften logischen Zirkel – oder aber (3) man bricht den Begründungsweg ab. Nach Albert gibt es nur diese drei Möglichkeiten der philosophischen Begründung, und entsprechend begreift er die philosophische Letztbegründung als etwas Unmögliches. Apel kritisiert Albert nun dahingehend, dass dieser unter Letztbegründung lediglich die Deduktion innerhalb eines axiomatischen Systems versteht und völlig außer Acht lässt, dass er in dem Moment, in dem er seine Ansicht argumentativ unterbreitet, längst die nicht weiter hintergehbaren, letztbegründeten Präsuppositionen unseres vernünftigen Argumentierens in Gebrauch nimmt.

Aus dieser Gegenüberstellung wird ersichtlich, dass Apel den Fokus der Letztbegründung von dem, „was gesagt", zu dem, „wie es gesagt wird", lenkt. Gemäß Apel stecken die letztbegründeten moralischen Elemente nicht in dem Inhalt unserer Argumente, sondern vielmehr in der performativen Ebene unseres Argumentierens. Dort lassen sie sich als etwas immer schon Vorhandenes und nicht weiter Hintergehbares aufdecken. Apel fasst seine Kritik an Albert und seine Antwort auf die Frage nach der Möglichkeit einer philosophischen Letztbegründung in folgende Worte:

> „Es ist leicht einzusehen, daß dieses Argument in der Tat unser Vorhaben einer ‚Begründung der Ethik' zum Scheitern verurteilt, wenn man unter *Letztbegründung* in der Philosophie die Deduktion im Rahmen eines axiomatischen Systems verstehen müßte. Ist aber nicht gerade der Hinweis darauf, daß man die Logik in diesem Sinne *nicht* begründen kann, *da sie für alle Begründung immer schon vorausgesetzt wird,* der typische Ansatz einer ‚philosophischen Begründung' im Sinne *transzendentaler Reflexion* auf die *Bedingungen der Möglichkeit und Gültigkeit aller Argumentation*? Wenn wir im Kontext einer philosophischen Grundlagendiskussion feststellen, daß etwas deshalb prinzipiell nicht begründet werden kann, weil es die Bedingung der Möglichkeit aller Begründung ist, so haben wir nicht lediglich eine Aporie im Deduktionsverfahren festgestellt, sondern eine *Einsicht* im Sinne *transzendentaler Reflexion* gewonnen."[230]

Den Beweis für die Tatsache, dass es moralische Präsuppositionen unseres Argumentierens gibt, die nicht weiter hintergehbar und somit letztbegründet sind, sieht Apel in dem Phänomen des „performativen Selbstwiderspruchs". Damit ist gemeint, dass niemand die diskursiven

230 Apel 1999b, S. 405f.

moralischen Voraussetzungen bestreiten kann, ohne dabei in einen Widerspruch mit sich selbst zu geraten. Das heißt, dass man die moralischen Präsuppositionen nicht in demselben Moment, in dem man von ihnen Gebrauch macht, leugnen kann. Das Phänomen des performativen Selbstwiderspruchs ist somit Apels Hauptargument gegen die Verleugnung der Möglichkeit der philosophischen Letztbegründung.[231]

Apel ist das Programm der Letztbegründung außerordentlich wichtig, da er so Grundnormen und verantwortungsethische Grundpflichten aufstellen kann, die kategorisch und universalistisch gelten und ferner jedem Vorwurf des Relativismus standhalten können.[232] Dazu sagt Reese-Schäfer:

> „Das Bedürfnis nach dem Absoluten, dem Kategorischen ist vermutlich die tiefste Wurzel des Letztbegründungsanspruchs.“[233]

4.1.4 Die zweiteilige Architektonik der Apel'schen Mit-Verantwortungsethik

Im folgenden Teil dieser Arbeit soll Apels Theorie der zweiteiligen Architektonik der „Mit-Verantwortungsethik“ dargestellt werden. Diese ergibt sich zum einen aus dem in Kapitel 4.1.2 in Bezug auf den grundlegenden Ansatz der transzendentalpragmatischen Diskursethik dargestellten *moralfundierten Diskursprinzip* und zum anderen aus dem in Kapitel 4.1.3 geschildert Basiskonzept der *regulativen Idee der idealen Kommunikationsgemeinschaft.*

Die Entfaltung der Apel'schen Mit-Verantwortungsethik soll im Folgenden in vier Schritten nachgezeichnet werden. Die Darstellung konzentriert sich dabei auf den Aspekt des doppelpoligen Situationsaprioris (Kapitel 4.1.4.1), die Unterscheidung der Ebenen A und B (Kapitel 4.1.4.2), die verantwortungsethische Ausdifferenzierung des Teils B (Kapitel 4.1.4.3) und abschließend die institutionenbezogene Charakterisierung der Grundnorm der Mit-Verantwortung (Kapitel 4.1.4.4).

4.1.4.1 Das doppelpolige Situationsapriori

Als Ausgangspunkt der zweiteiligen Architektonik der Mit-Verantwortungsethik lässt sich das „doppelpolige Situationsapriori“, in welches

231 Apel 1997, S. 114; Apel 2001b, S. 76f; Apel 2001c, S. 103; Apel 1998c, S. 67.

232 Vgl. Reese-Schäfer 1990, S. 15ff.

233 Reese-Schäfer 1990, S. 50.

das moralfundierte Diskursprinzip eingebettet ist, ausfindig machen. Unter dem doppelpoligen Situationsapriori versteht Apel die Differenz zwischen der *idealen Kommunikationsgemeinschaft* und der *realen Kommunikationsgemeinschaft*, die wir neben den moralischen Präsuppositionen in jeder vernünftigen Argumentation immer schon voraussetzen. Dieser Zusammenhang ist folgendermaßen zu verstehen: Reflektieren wir auf die Bedingungen der Möglichkeit unseres vernünftigen Argumentierens im Diskurs, so decken wir – wie schon gezeigt – zum einen das moralfundierte Diskursprinzip, das aus den Grundnormen der Gleichberechtigung und der Mit-Verantwortungsethik besteht, und zum anderen die regulative Idee der idealen Kommunikationsgemeinschaft auf. Nun kommt aber noch eine weitere Einsicht in das Apriori unserer Argumentation hinzu: Wir erkennen, dass es eine *Differenz* zwischen der idealen Kommunikationsgemeinschaft, die wir als regulative Idee transzendental voraussetzen, und der realen Kommunikationsgemeinschaft, deren Mitglieder wir sind, gibt.

Diese in die Präsuppositionen unseres Argumentierens enthaltene einsehbare Differenz zwischen idealer und realer Kommunikationsgemeinschaft führt schließlich dazu, dass wir – sobald wir argumentieren – die ideale Kommunikationsgemeinschaft als unbedingt erstrebenswertes Ideal innerhalb der realen Kommunikationsgemeinschaft, in der wir uns gegenwärtig befinden, voraussetzen. Diesen Sachverhalt des doppelpoligen Situationsaprioris beschreibt Apel mit folgenden Worten:

> „Die Pointe unseres Apriori scheint mir vielmehr darin zu liegen, daß es das *Prinzip einer Dialektik* (diesseits) *von Idealismus und Materialismus* bezeichnet: Wer nämlich argumentiert, der setzt immer schon zwei Dinge gleichzeitig voraus: Erstens eine *reale Kommunikationsgemeinschaft*, deren Mitglied er selbst durch einen Sozialisationsprozeß geworden ist, und zweitens eine *ideale Kommunikationsgemeinschaft*, die prinzipiell imstande sein würde, den Sinn seiner Argumente adäquat zu verstehen und ihre Wahrheit definitiv zu beurteilen. Das Merkwürdige und Dialektische der Situation liegt aber darin, daß er gewissermaßen die ideale Gemeinschaft *in* der realen, nämlich als reale Möglichkeit der realen Gesellschaft, voraussetzt; obgleich er weiß, daß (in den meisten Fällen) die reale Gemeinschaft einschließlich seiner selbst weit davon entfernt ist, der idealen Kommunikationsgemeinschaft zu gleichen. Aber der Argumentation bleibt, aufgrund ihrer transzendentalen Struktur, keine andere Wahl, als dieser verzweifelten und hoffnungsvollen Situation ins Auge zu sehen."[234]

234 Apel 1999b, S. 429.

Für Apels Ziel der Entwicklung einer Mit-Verantwortungsethik bedeutet diese grundlegende Situation des doppelpoligen Situationsaprioris nun Folgendes: Soll die transzendentalpragmatische Diskursethik eine Mit-Verantwortungsethik für die Lebenswelt sein, so muss sie das doppelpolige Situationsapriori, in welches das moralfundierte Diskursprinzip eingelassen ist, berücksichtigen und in ihrer Architektonik verarbeiten. Das heißt, sie muss an beide Seiten des doppelpoligen Situationsaprioris anknüpfen: Sie muss sowohl die ideale Situation der Kommunikationsgemeinschaft in Betracht ziehen – was sie aber als Prinzipienethik in der kantischen Tradition bereits von vornherein tut – und sie muss, und hier kommt die neuartige Eigentümlichkeit von Apels Ansatz ins Spiel, *auch* den realen geschichtlichen Zustand, in dem sich die wirkliche Kommunikationsgemeinschaft gerade befindet, anerkennen und daran anschließen. Dementsprechend zeigt sich, dass Apel bestrebt ist, seinen ethischen Ansatz nicht nur rein deontologisch, sondern auch lebensweltlich und „geschichtsbezogen" zu konzipieren.[235]

Wie schließt die Apel'sche Mit-Verantwortungsethik nun an beiden Seiten des doppelpoligen Aprioris an? Dies wird in den nächsten zwei Punkten dieser Arbeit ausgeführt. Vorwegnehmend lässt sich an dieser Stelle jedoch sagen: An den Zustand der realen Kommunikationsgemeinschaft knüpft sie an, indem sie den realweltlichen, geschichtlichen Entwicklungszustand der Kommunikationsgemeinschaft als Ausgangspunkt nimmt. Dabei stellt sie – wie im Folgenden noch deutlicher herausgearbeitet wird – die Frage, wie die Menschen handeln sollen, wenn es in einer bestimmten lebensweltlichen Situation unverantwortbar scheint, ausschließlich gemäß deontologischen Normen zu handeln. Sie formuliert somit die Möglichkeit des konkreten, *strategischen Handelns*. Den idealen Zustand der Kommunikationsgemeinschaft integriert sie schließlich, indem sie ihn als allgemeine „regulative Idee" setzt, ein Zustand also, auf den jedes realweltliche, konkrete Handeln hinauslaufen soll: In allem Handeln soll es letztendlich darum gehen, die ideale Kommunikationsgemeinschaft in der realen Kommunikationsgemeinschaft sukzessiv und approximativ zu realisieren.

235 Vgl. Apel 1998b, S. 795. Im Hinblick auf den Begriff „geschichtlich" ist anzumerken, dass Apel von einer stufenweisen Entwicklung der Menschen und der Gesellschaft in Bezug auf ihre Kommunikationsfähigkeit ausgeht. Hier greift Apel auf die Entwicklungstheorie von Lawrence Kohlberg zurück. Vgl. für einen kurzen Überblick dazu Reese-Schäfer 1990, S. 23ff.

4.1.4.2 Teil A und Teil B

Aus dem moralisch fundierten Diskursprinzip sowie dem diesen zugrundeliegenden doppelpoligen Situationsapriori leitet Apel nun seine spezifische Architektonik der zweiteiligen Mit-Verantwortungsethik her. Sie muss den spezifischen Anforderungen gerecht werden, die sich zum einen aus dem moralisch fundierten Diskursprinzip und zum anderen aus dem doppelpoligen Situationsapriori, in welches das moralisch fundierte Diskursprinzip eingebettet ist, ergeben. Diese spezifischen Anforderungen lassen sich folgendermaßen formulieren: (a) Die Mit-Verantwortungsethik muss zuallererst die kollektive *Pflicht* aufstellen, dass die Menschen gemeinschaftlich die Verantwortung für die approximative und sukzessive Verbesserung der realen in eine ideale, *gleichberechtigt* strukturierte Kommunikationsgemeinschaft übernehmen. (b) Daraus folgt, dass sie konkrete Handlungsanweisungen dafür angeben muss, wie die Menschen auf der Ebene der Lebenswelt unter den realen, moralrestriktiven Umständen überhaupt handeln können und sollen, um eben dieses gemeinschaftliche Ziel der idealen Kommunikationsgemeinschaft erreichen zu können. An dieser Stelle muss sie somit, wie im Folgenden noch deutlich zu sehen sein wird, die Möglichkeit des *strategischen Handelns* formulieren.

Diese Anforderungen an die Architektonik der Mit-Verantwortungsethik ergeben sich folgerichtig aus der Kombination der Anforderungen des moralischen Diskursprinzips mit dem doppelpoligen Situationsapriori: (a) Die im moralfundierten Diskursprinzip implizierte Norm der Mit-Verantwortung impliziert die grundlegende *Pflicht*, dass die Menschen auf der Ebene der Lebenswelt gemeinschaftlich dafür zu sorgen haben, dass *gleichberechtigte* Diskurse zustande kommen und auch gelingen können. (b) Dies bedeutet – und hier kommt das Situationsapriori ins Spiel – dass die kommunikationsgemeinschaftliche Situation auf der Ebene der Lebenswelt verbessert werden muss, mit dem Ziel, die ideale Kommunikationsgemeinschaft innerhalb der realen Kommunikationsgemeinschaft zu realisieren.[236]

Schließlich lässt sich sagen, dass diese Anforderungen in der Grundnorm der Mit-Verantwortung letztbegründet sind. Hier liegt ihr tiefster Punkt. Das heißt: Die in der Grundnorm der Mit-Verantwortung implizierte Pflicht ist die *grundlegende Pflicht*, die sich auf die Lebenswelt bezieht und die nun – aufgrund des Situationsaprioris – spezielle Anforderungen an die Menschen und eine spezielle zweiteilige Architektonik

236 Vgl. Apel 1993b, S. 56f.

der transzendentalpragmatischen diskursethischen Mit-Verantwortungsethik stellt. Somit ist die folgende architektonische Entfaltung der Mit-Verantwortungsethik als eine direkte Konsequenz aus der grundlegenden Pflicht der Grundnorm der Mit-Verantwortung zu betrachten.

Apel entwickelt hier nun eine ethische Konstruktion, die in zwei Teile, die jedoch wieder miteinander verwoben sind, verzweigt ist: Zum einen unterscheidet er zwischen dem an der idealen Kommunikationsgemeinschaft orientierten Teil A und dem durch die lebensweltlichen Zustände der realen Kommunikationsgemeinschaft erforderten Teil B der Diskursethik:

Teil A der Diskursethik repräsentiert die Ethik der idealen Kommunikationsgemeinschaft. Apel unterteilt diesen Teil A nochmals in zwei Teile. Teil A1 besteht aus dem moralisch fundierten Diskursprinzip. Dieses ist, wie schon gezeigt wurde, zusammengesetzt aus der Norm der Gleichberechtigung und der Norm der Mit-Verantwortung, die sich beide durch eine transzendentalpragmatische Reflexion begründen lassen. Es impliziert folglich die Pflicht aller Menschen zur Solidarität und zur gemeinsamen Übernahme von Mit-Verantwortung für das Zustandekommen und Gelingen von gleichberechtigten Diskursen auf allen Ebenen der Lebenswelt. Dies bedeutet, dass es vor allem auch die Pflicht zu den praktischen materialen Diskursen enthält, um entsprechende Normen für die Ebene der Lebenswelt aufzustellen.[237] Auf der Ebene A2 befinden sich die geforderten praktischen Diskurse und die zugehörigen praktischen Normen.[238]

Die Aufstellung der Mit-Verantwortungsethik entspricht bis zu diesem Punkt lediglich der Ethik einer idealen Kommunikationsgemeinschaft. Würden die Menschen in einem solchen gesellschaftlichen Zustand leben, das heißt, gäbe es kein doppelpoliges Situationsapriori, sprich keine Differenz zwischen der realen und der idealen Kommunikationsgemeinschaft, so könnte die Ethik der Diskursethik in dieser Form – das heißt lediglich bestehend aus einem idealtheoretischen Teil A – stehen bleiben und wäre ausreichend. Da jedoch reale und ideale Kommunikationsgemeinschaft auseinanderfallen und Apel nach einer Diskursethik sucht, die ebenfalls eine lebensweltbezogene Mit-Verantwortungsethik

237 Vgl. Apel 2001b, S. 72.

238 Dies ist hier jedoch noch in einem handlungsentlasteten, rein idealisierten Sinne zu verstehen.

ist, muss die rein ideale Diskursethik an dieser Stelle noch wesentlich ergänzt werden – und zwar durch einen realitätsbezogenen Teil B.[239]

Teil B verkörpert die verantwortungsethische Dimension der transzendentalpragmatischen Diskursethik. In ihm geht es um die zentrale Frage: Wie sollen die Menschen auf der Ebene der Lebenswelt handeln, wenn ein Handeln nach rein deontologischen Normen aufgrund der strategischen Bedingungen und systemischen Sachzwänge unzumutbar und somit unverantwortlich erscheint?[240] Um dieser Problematik gerecht zu werden, gebietet Teil B der Diskursethik das *strategische Handeln*. Er erlaubt bzw. erklärt es für moralisch richtig, dass Menschen in bestimmten Situationen, in denen ein rein deontologisches Handeln unzumutbar wäre, nicht deontologisch, das heißt strategisch handeln können. Allerdings räumt Apel auf der Ebene B auch die Pflicht ein, dass dieses strategische Handeln immer im Hinblick auf das langfristige Ziel der Realisierung der idealen Kommunikationsgemeinschaft innerhalb der realen Kommunikationsgemeinschaft zu koordinieren sei.[241] Dies heißt, dass die Situation der idealen Kommunikationsgemeinschaft und somit Teil A der Diskursethik die „regulative Idee" des realweltlichen Handelns der Ebene B darstellt. In allem Handeln soll es also grundlegend immer auch darum gehen, die Verhältnisse einer idealen Kommunikationsgemeinschaft schrittweise und annähernd zu realisieren.[242]

Apel betont, dass es sich bei dieser Ergänzung lediglich um eine Ergänzung des Teils A und nicht der gesamten transzendentalpragmatischen Diskursethik handelt. Das heißt, dass Teil B *innerhalb* der Diskursethik aufgestellt und nicht von außen angebunden wird.[243] Die Konzeption von Teil A und Teil B ist demnach eher zu verstehen als eine Verzweigung, die sich *innerhalb* der Diskursethik abspielt. Apel spricht hier auch von der „Selbstdiremption" der Diskursethik.[244] Der Grund für diese Erklärung ist, dass Teil B immer schon in Teil A vorgesehen ist und sich dort transzendentalpragmatisch begründen lässt. Dies lässt sich folgendermaßen erklären: (1) Die Norm der Mit-Verantwortung verpflichtet die Menschen dazu, dafür zu sorgen, dass gleichberechtigt strukturierte Diskurse auf der Ebene der Lebenswelt stattfinden und

239 Vgl. Apel 1999b, S. 426f.

240 Vgl. Apel 2001b, S. 70; Apel 2001c, S. 98.

241 Vgl. Apel 2001b, S. 77f.

242 Vgl. Apel 2001c, S. 101; Apel 1993b, S. 36.

243 Vgl. Apel 2001b, S. 70, 73.

244 Vgl. Apel 1998b, S. 799.

auch stattfinden können. (2) Angesichts der Differenz zwischen realer und idealer Kommunikationsgesellschaft müssen die Menschen also auf der Ebene der Lebenswelt verantwortungsethisch handeln, um die realweltlichen Probleme zu beheben und dafür zu sorgen, dass vermehrt Verhältnisse geschaffen werden, die es ermöglichen, vernünftige und gleichberechtigt strukturierte Diskurse führen zu können. (3) Aus diesen Gründen ist eine Verantwortungsethik in der Form eines Teils B der Diskursethik, die auch die Möglichkeit strategischen Handelns zulässt, unabdingbar: Ihre Notwendigkeit lässt sich durch eine transzendentalpragmatische Reflexion auf die Bedingungen der Möglichkeiten unseres vernünftigen Argumentierens in Diskursen ermitteln. Vollzieht der Mensch also eine solche Reflexion, erkennt er, dass die realen Verhältnisse der Diskursmöglichkeiten unbedingt verbessert werden müssen und dass es für diesen Zweck unbedingt einer Verantwortungsethik bedarf, die auch das strategische Handeln zulässt.

Hier zeigt sich die spezielle Verwobenheit von Teil A und Teil B innerhalb der Diskursethik: Teil B ist in Teil A enthalten und dort transzendentalpragmatisch begründet; Teil A dient dem Handeln gemäß Teil B wiederum als Telos und regulative Idee.

4.1.4.3 Ausdifferenzierung des verantwortungsethischen Teils B

Teil B ist also – als Verkörperung der gesuchten und geforderten Ethik der Mit-Verantwortung – eine Ergänzung des idealitätsbezogenen Teils A. In diesem Teil B geht es um die Frage, wie die Menschen auf der Ebene der Lebenswelt unter moralrestriktiven Bedingungen handeln sollen, um das kollektive Ziel der Realisierung der idealen Kommunikationsgemeinschaft sukzessiv und approximativ erreichen zu können.

Um diese Frage zu beantworten, entwickelt Apel das – an Max Webers Konzeption der „Verantwortung des Politikers" orientierte – „Ergänzungsprinzip E". Dieses entspricht zunächst allein der Ebene B. Später erweitert Apel jedoch die Ebene B und spricht anstelle von dem „Ergänzungsprinzip E" von den Ebenen B1 und B2, wobei die Ebene B2 das ehemalige Ergänzungsprinzip E und die Ebene B1 eine weitere Ergänzung, nämlich die zur Entlastung von B2 dienende Rechtsinstitution, darstellt. Das heißt, die Verantwortungsethik der Ebene B verzweigt sich schließlich *in sich* in (a) die auf der Ebene B2 positionierte, personal bezogene „politische" Verantwortung im Sinne Max Webers und (b) die sich auf der Ebene B1 befindende Pflicht des Aufbaus eines Rechtsstaats zur Entlastung von B2. Im Folgenden soll zunächst das

Ergänzungsprinzip E (Schritt 1) und darauf folgend in knapper Weise die Ebene B1 der Pflicht des Rechtsstaats (Schritt 2) dargestellt werden.

Schritt 1: Das Ergänzungsprinzip E

Apel entwickelt das der Ebene B entsprechende „Ergänzungsprinzip E“ in Abgrenzung und Kombination zu dem „Universalisierungsprinzip U“. Das Universalisierungsprinzip U ist ein von Habermas entwickeltes formales Verfahrensprinzip zur Überprüfung von praktischen Normen, die in praktischen Diskursen ermittelt werden. Es lautet:

> „(U) Jede gültige Norm muss der Bedingung genügen, dass die Folgen und Nebenwirkungen, die sich aus ihrer *allgemeinen* Befolgung für die Befriedigung der Interessen *jedes* einzelnen voraussichtlich ergeben, von allen Betroffenen zwanglos akzeptiert werden können.“[245]

Apel übernimmt nun diese Formulierung des Universalisierungsprinzips U und erklärt es als ein auf der Ebene A der verantwortungsethischen Architektonik positioniertes ideales Prinzip – das sich direkt aus dem moralischen Diskursprinzip durch eine entsprechende Umformulierung folgern lässt – zur kritischen Einschätzung und Überprüfung der auf der Ebene A2 zu begründenden materialen, praktischen Normen. Im Gegensatz zu Habermas sieht Apel jedoch die Notwendigkeit, das Universalisierungsprinzip U durch ein verantwortungsethisches Handlungsprinzip der Ebene B – sprich das *Ergänzungsprinzip E* – zu vervollständigen. Dies soll im Folgenden in vier Schritten erklärt werden:

(1) Laut Apel ist das geschichtsabstraktive und an der idealen Kommunikationsgemeinschaft orientierte Universalisierungsprinzip U unzureichend und untauglich, um allein als verantwortungsethisches Handlungsprinzip auf der Ebene B gelten zu können. Dies liegt darin begründet, dass es lediglich von einem idealen Zustand der Kommunikationsgemeinschaft ausgeht und nicht den Umstand berücksichtigt, dass es aufgrund von lebensweltlichen realen Schwierigkeiten gar nicht immer möglich sein kann, den U-gemäßen Normen – das heißt Normen, bei denen man mit Sicherheit annehmen kann, dass ihnen *alle* Menschen zustimmen könnten – unbedingte Folge zu leisten. Es berücksichtigt also nicht die Tatsache, dass es unter den realen lebensweltlichen Zuständen oftmals verantwortlicher sein kann, sein Handeln nicht an den U-gemäßen Normen auszurichten. Apel sagt insgesamt zu diesem Umstand:

245 Habermas 1983, S. 103

> „Auf der Ebene des argumentativen Diskurses, der [...] in eigentümlicher Weise vom geschichtlich-irreversiblen Handeln des Menschen entlastet ist, kann die von Habermas vorgeschlagene Formel aufgrund ihrer Berücksichtigung der ‚Folgen und Nebenwirkungen der allgemeinen Befolgung von Normen' in der Tat als ideales Prinzip einer *Verantwortungsethik* gelten; nicht so dagegen auf der Ebene der geschichtsbezogenen Anwendung dieses Prinzips. Hier verwandelt sich die Vorstellung der umstandslosen Anwendung vielmehr in die typische Zumutung einer reinen ‚Gesinnungsethik' im Sinne von Max Weber."[246]

(2) Apel erklärt das ideale Prinzip U – und die darin kontrafaktisch vorausgesetzte ideale Kommunikationsgemeinschaft – vielmehr zu einer allgemeinen „regulative Idee", die für das Handeln gemäß dem Ergänzungsprinzip E richtungsbestimmend sein soll.[247] Dies erklärt Apel folgendermaßen:

> „Diese Formel scheint mir in der Tat eine adäquate Explikation des formalen Kriteriums zu sein, das wir auf der Ebene des handlungsentlasteten Diskurses als Grundnorm einer idealen Kommunikationsgemeinschaft implizit immer schon anerkannt haben müssen und das deshalb auch für die realen praktischen Diskurse, in denen situationsbezogene Normen zu begründen bzw. kritisch zu beurteilen sind, als regulative Idee der möglichen Konsensbildung maßgeblich sein sollte."[248]

Hieraus geht – analog der Verwobenheit der Ebenen A und B – die Verzahnung der Prinzipien U und E hervor: Das Prinzip U – und die darin kontrafaktisch vorausgesetzte ideale Kommunikationsgemeinschaft – stellt die regulative Idee für das realweltliche Handeln gemäß dem Prinzip E dar, und das Prinzip E ist wiederum als eine notwendige Ergänzung zu bzw. als eine „Konsequenz"[249] aus dem rein idealtheoretisch konzipierten Prinzip U zu verstehen.

(3) Was besagt nun das Ergänzungsprinzip E? Das Prinzip E gibt Handlungsanweisungen für die Lebenswelt, impliziert also die Möglichkeit des situationsbezogenen, strategischen Handelns unter moralrestrikti-

246 Apel 1997, S. 127.

247 Vgl. Apel 1997, S. 131; Apel 1993b, S. 36.

248 Apel 1997, S. 122.

249 Böhler präzisiert an dieser Stelle und spricht anstelle von „Ergänzung" von „Konsequenz"; vgl. Böhler, Dietrich (1993), *Diskursethik und Menschwürdegrundsatz zwischen Idealisierung und Erfolgsverantwortung,* in: Apel u. a. Hg. 1993a, S. 204. Vgl. ferner Gronke, Horst (1993), *Apel versus Habermas: Zur Architektonik der Diskursethik,* in: Dorschel, Andreas/Kettner, Matthias/Kuhlmann, Wolfgang/Niquet, Marcel (Hg. 1993), *Transzendentalpragmatik. Ein Symposion für Karl-Otto Apel,* Frankfurt a. M., S. 282f.

ven Bedingungen. Dies setzt Apel in dem Sinne um, indem er vorgibt, dass das in E gebotene *strategische* Handeln immer mit einem *moralischen* Handeln – als Kompensation für das von U abweichende strategische Handeln – gekoppelt werden soll. Das heißt zum Beispiel: (a) Im Falle eines Krieges kann es etwa gerechtfertigt sein, vom deontologischen Tötungsverbot abzusehen. Dies setzt jedoch voraus, dass dieses Handeln einem höher geordneten moralischen Ziel dient, wie zum Beispiel der Etablierung einer weltbürgerlichen Rechtsordnung. (b) In Bezug auf reale Verhandlungen und Gespräche, die von dem idealen Diskurs der idealen Kommunikationsgemeinschaft unterschieden werden müssen, bedeutet dies, dass hier *strategische Zweckrationalität* und *konsensual-kommunikative Rationalität* miteinander verbunden werden müssen. Beispielsweise können in einer Verhandlung die Gesprächspartner ihre jeweiligen Interessen durchsetzen, wobei sie sich der Überredung oder auch der Lüge bedienen können. Ein solches a-moralisches Diskursverhalten kann jedoch wieder moralisch gerechtfertigt werden, wenn die Verhandlung an sich in einen äußeren Rahmen mit fairen und gerechten Spielregeln gestellt und insgesamt das Ziel der Verbesserung der Zustände in der Welt verfolgt wird.[250]

Das Handlungsprinzip gemäß E ist also immer ein „moralisch-strategisches". Dabei soll folgende Regel gelten: So wenig strategisches Handeln wie nötig und so viel moralisches Handeln wie möglich.[251] Diese Regel erklärt sich dadurch, dass das moralisch-strategische Handeln der Ebene B nicht ziellos oder in Bezug auf beliebige Ziele verlaufen, sondern immer auf die regulative Idee der idealen Kommunikationsgemeinschaft der Ebene A gerichtet sein soll. Speziell bezogen auf das auf der Ebene A positionierte Universalisierungsprinzip U – in dem die ideale Kommunikationsgemeinschaft jedoch kontrafaktisch vorausgesetzt ist – bedeutet dies: Im moralisch-strategischen Handeln soll es immer langfristig darum gehen, die *Hindernisse* dauerhaft zu entfernen, die einem einwandfreien Befolgen des Universalisierungsprinzips U und einem einwandfreien Handeln entsprechend der U-gemäßen Normen auf der Ebene der Lebenswelt im Weg stehen.[252] Demgemäß versteht Apel unter dem Begriff der „kontrafaktischen Konsensfähigkeit", dass es in allem moralisch-strategischen Handeln darum gehen soll, nicht dem Konsens der Mitglieder der realen Kommunikationsgemein-

250 Vgl. Apel 2001b, S. 75.

251 Vgl. Apel 1993b, S. 36.

252 Vgl. Apel 1997, S. 145, 147; ferner Gronke 1993, S. 288ff.

schaft, sondern dem kontrafaktisch unterstellbaren Konsens der Mitglieder der kontrafaktisch unterstellbaren idealen Kommunikationsgemeinschaft zu folgen – wobei natürlich erforderlich ist, dass der verantwortlich Handelnde sich in eine solche Situation hineinversetzen kann.[253]

Gemäß dieser regulativen Idee der Verwirklichung von U bzw. der idealen Kommunikationsgemeinschaft spricht Apel von *zwei Langzeitstrategien,* unter welche die verantwortlich Handelnden all ihr moralisch-strategisches Handeln unterordnen sollen: Zum einen ist dies die Handlungsstrategie des *Bewahrens* der Kommunikationsgemeinschaft und zum anderen die Handlungsstrategie des *Veränderns* der Kommunikationsgemeinschaft bzw. die Strategie der Verbesserung und Emanzipation der Gesellschaft und die Strategie des Überlebens der Gesellschaft.[254] Die zweite Handlungsstrategie bedeutet die Beseitigung aller Hindernisse zur einwandfreien Befolgung von U und den U-gültigen Normen.[255] Dies impliziert ebenfalls die Etablierung der Norm der Gerechtigkeit und der Norm der Mit-Verantwortung in allen Institutionen und sonstigen Bereichen der Gesellschaft und somit schließlich das Ziel der Aufhebung von gesellschaftlichen Klassen und der Beseitigung aller Asymmetrien des interpersonalen Diskurses.[256] Die erste Handlungsstrategie stellt die notwendige Bedingung für die Handlungsstrategie des Veränderns dar. Sie steht für die Bewahrung der Menschheit. Damit meint Apel, dass die Menschen angesichts der bedrohenden Entwicklungen der Technik auf ihr eigenes Überleben achten und zu jeder Zeit sicherstellen sollen, dass sie nicht selbst Opfer ihrer außer Kontrolle geratenen technologischen Handlungen werden. Auch bedeutet die erste Handlungsstrategie eine Einschränkung der zweiten Strategie: Die Beseitigung der Hindernisse für die einwandfreie Ausübung von U und den U-gültigen Normen darf nicht abrupt und auf Kosten der Menschen gehen. Dieser Prozess muss behutsam und sukzessiv ablaufen, da es immer auch darum gehen muss, die Menschheit zu bewahren.[257]

---

253 Vgl. Apel 1993b, S. 35f, ferner 46.

254 Vgl. Apel 1999b, S. 431f.

255 Vgl. Apel 1997, S. 148.

256 Vgl. Apel 1999b, S. 432; dazu auch Werner, Micha H. (2001), *Die Verantwortungsethik Karl-Otto Apels. Würdigung und Diskussion,* in: Apel u. a. Hg. 2001a, S. 128.

257 Vgl. Apel 1997, S. 148f.

(4) Zusammenfassend lässt sich zu dem der Ebene B entsprechenden „Ergänzungsprinzip E" sagen: Apel hat ein lebenswelttaugliches moralisches Handlungsprinzip der situationsbezogenen Vermittlung von *moralischem* und *strategischem* Handeln – bzw. auf den Diskurs bezogen: von *konsensual-kommunikativer* und *strategischer* Handlungsrationalität – entwickelt. Dieses stellt er unterhalb zweier übergeordneter Langzeitstrategien auf: dem *Bewahren* und dem *Verändern* der Kommunikationsgemeinschaft. In diesen zwei Langzeitstrategien geht es schließlich prinzipiell immer um die Idee der sukzessiven Realisierung der regulativen Idee der idealen Kommunikationsgemeinschaft und des darin implizierten Universalisierungsprinzips U. Das heißt, es geht im gesamten Handeln auf der Ebene B immer um die grundlegende Pflicht der Mitwirkung an der Veränderung der realweltlichen Lebensverhältnisse mit dem Ziel, Verhältnisse zu schaffen, die ein Universalisierungsprinzip U immer mehr möglich und die Notwendigkeit eines Ergänzungsprinzips E immer stärker überflüssig machen.[258]

Schritt 2: Ebene B1 – die Pflicht des Rechtsstaats

Apel erweitert die Ebene B später durch die Pflicht zur Etablierung der Rechtsinstitution. Diese neu aufgestellte Pflicht soll auf der Ebene B der Pflicht zum moralisch-strategischen Handeln des politisch Verantwortlichen vorgeschaltet werden. Dies vollzieht Apel, indem er die Ebene B zweiteilt, die neue Pflicht zum Aufbau der Rechtsinstitution auf die neue Teilebene B1 stellt und die Pflicht zum moralisch-strategischen Handeln bzw. das Ergänzungsprinzip E in die neue Teilebene B2 übergehen lässt.[259]

Apel integriert das Recht in die Architektonik seiner Verantwortungsethik, weil die Rechtsnormen die Menschen von den unsicheren Entscheidungen über das moralisch richtige Handeln auf der Ebene der Lebenswelt entlasten sollen. Das heißt: Man muss nicht immerfort über das moralisch richtige Handel nachdenken, sondern kann einfach den Rechtsnormen folgen.[260] Der Grund, warum die Rechtsnomen diese wichtige Funktion übernehmen können, ist ihr *Zwangscharakter* und die *Sanktionsgewalt des Staats*, die hinter ihnen steht.[261] Sie beruhen zwar auch, wie die moralischen Normen, auf Anerkennung, aber eben auch

258 Vgl. Apel 1998b, S. 802.

259 Vgl. Apel 1993b, S. 60.

260 Vgl. Apel 1993b, S. 58; Apel 2001b, S. 89.

261 Vgl. Apel 2001b, S. 39.

auf Zwang, was sich letztlich wiederum als vorteilhaft für das moralische Handeln erweist: Das Recht kann, durch diese eigentümliche Charakteristik, für die Moral wie ein stützendes und festigendes Korsett wirken. Die Menschen werden dadurch von einem ständigen Nachdenken und Entscheiden über die moralische Richtigkeit ihres Handelns entlastet. Auch ermöglicht das Recht den Menschen überhaupt erst, *ohne Risiko* moralisch richtig miteinander zu handeln, da alle Beteiligten den Rechtsgesetzen und der Sanktionsgewalt des Staates in gleicher Weise unterworfen sind.[262]

Aufgrund dieser unterstützenden Hilfsfunktion ist das Recht dem moralisch-strategischen Handeln vorangestellt. Das Recht nimmt somit eine Vermittlungsrolle zwischen der primordialen Diskursethik des Teils A und der Politik des Teils B2 ein: Es verhilft den politisch und verantwortlich Handelnden dazu, die Lebenswelt gemäß dem Ideal der idealen Kommunikationsgemeinschaft umzugestalten und die moralischen Errungenschaften zu festigen. Zu dieser neu integrierten Bedeutung und Rolle des Rechts innerhalb der Architektonik der Mit-Verantwortungsethik sagt Apel:

> „Die Einführung *des Begründungsteils B der Diskursethik,* die für mich bisher mit dem Weberschen Problem einer politischen Verantwortungsethik assoziiert war, erweist sich in Wahrheit schon bei der normativen Rechtfertigung der Zwangsgewalt rechtlicher Normen als notwendig – und dies ungeachtet, ja gerade wegen der Tatsache, daß die Etablierung der *Sanktionsgewalt des Rechtstaats* genau die weltgeschichtlich wirksamste Errungenschaft im Sinne einer potentiellen Erübrigung bzw. Einschränkung der *politischen Gewaltkontergewalt* darstellt."[263]

4.1.4.4 *Institutionenbezogene Bestimmung der Norm der Mit-Verantwortung*

In einem weiteren Schritt des Ausbaus der Architektonik der diskursethischen und transzendentalpragmatischen Mit-Verantwortungsethik führt Apel eine weitere Veränderung durch. Er integriert den Aspekt der Bedeutung der *Institutionen* für das Handeln auf der Ebene B und kommt dadurch schließlich zu einer neuen und genaueren Differenzierung des Verantwortungsbegriffs: Er macht eine klare Unterscheidung zwischen dem Begriff der „Mit-Verantwortung" *oberhalb* aller Instituti-

262 Vgl. Apel 2001b, S. 58.

263 Apel 2001b, S. 57. Eine anschauliche Zusammenfassung zu diesem Aspekt gibt Gronke 1993, S. 292ff.

onen und dem Begriff der individuell zurechenbaren Verantwortung *innerhalb* der einzelnen Institutionen.

Dieser Veränderungsschritt der verantwortungsethischen Architektonik ist grundlegend von Apels Erkenntnis geleitet, dass das „normale" Handeln auf der Ebene der Lebenswelt immer schon durch Institutionen vermittelt ist.[264] Demgemäß bestimmt er drei Ebenen des Verhältnisses der Menschen zu den Institutionen, die von der transzendentalpragmatischen Diskurs- und Verantwortungsethik ins Auge gefasst werden müssen:[265]

(1) Die erste und unterste Ebene ist die Ebene unterhalb der Institutionen. Hier handeln die Menschen in ihrem privaten Bereich, zum Beispiel in Bezug auf Freunde oder den Partner. Man kann hier von einer „Moral der Intimgruppe" sprechen.

(2) Die zweite Ebene ist die Ebene der Institutionen selbst. Hier befinden sich die handelnden Menschen innerhalb der Regeln und Grenzen der einzelnen Institutionen. Dementsprechend sind ihrem Handeln auch bestimmte Verpflichtungen und Beschränkungen auferlegt. Dadurch werden die Handlungsmöglichkeiten in Abhängigkeit von der jeweiligen Institution klar definiert.

(3) Die dritte Ebene ist schließlich die Ebene oberhalb der bestehenden Institutionen. Auf dieser Ebene gibt es für die Menschen die Möglichkeit, sich zu einer Diskursgemeinschaft zusammenzuschließen und die Institutionen von oben herab gemeinsam zu beobachten, zu beurteilen und schließlich auch zu regulieren und zu verändern.[266] Diese dritte und oberste Ebene ist die für die transzendentalpragmatische Diskursethik entscheidende und wichtigste Ebene. Hier hat sie ihren Platz und versucht sie zu wirken. Gemäß dem Situationsapriori unterscheidet Apel auf dieser Ebene zwischen der *kontrafaktischen, idealen Kommunikationsgemeinschaft* und der *realen Kommunikationsgemeinschaft*:

(a) Die kontrafaktische, ideale Kommunikationsgemeinschaft der dritten Ebene wäre die global wirkende und mediengetragene Weltöffent-

---

264 Vgl. Apel 1998b, S. 803f.

265 Vgl. im Folgenden Apel, Karl-Otto (2000), *First Things First, Der Begriff primordialer Mit-Verantwortung. Zur Begründung einer planetaren Makroethik*, in: Kettner, Matthias (Hg. 2000) *Angewandte Ethik als Politikum*, Frankfurt a. M., S. 46ff.

266 Vgl. Apel 2001b, S. 87.

lichkeit, in der jeder Mensch mit seinem ausgereiften Wissen[267] partizipiert. Apel bezeichnet diese ideale Kommunikationsgemeinschaft als die *ideale Metainstitution*, die über allen anderen Institutionen steht und wirkt.[268]

(b) In der Realität lässt sich ein solcher idealer Zustand jedoch nicht finden. Hier nimmt die reale Kommunikationsgemeinschaft eher die Form der „Quasi-Institution" der „1000 Gespräche und Konferenzen" über Menschheitsfragen an. Diese Quasi-Institution steht zwischen den einzelnen Institutionen der Lebenswelt und der idealen kontrafaktischen Metainstitution der alle Menschen umfassenden Weltöffentlichkeit. Mit dieser Quasi-Institution meint Apel Diskussionen und Beiträge von professionellen Vertretern verschiedener Nationen, Fachrichtungen und Kompetenzen – wie Künstler, Wissenschaftler, Politiker, Unternehmer etc. –, die sich mit den Problemen der Menschheit befassen und den Anspruch haben, die Zustände in der Welt zu verändern und zu verbessern. Diese Quasi-Institution ist zwar bei Weitem nicht mit der Metainstitution der räsonierenden Weltöffentlichkeit zu vergleichen, kann jedoch schon, so Apel, sehr machtvoll in Bezug auf die Veränderung von Institutionen sein.[269]

Gemäß der transzendentalpragmatischen Diskursethik nehmen die Menschen an der idealen und der realen Kommunikationsgemeinschaft teil.[270] Demnach impliziert sie die Pflicht, die reale Kommunikationsgemeinschaft so gut es geht der idealen, kontrafaktischen, mediengetragenen Weltöffentlichkeit anzunähern, an der jeder Mensch vernünftig partizipiert. Dies bedeutet letztlich, dass sämtliche Institutionen diesem Ziel gemäß sukzessiv verändert und angepasst werden müssen.

Diesen drei geschilderten Ebenen der Beziehung der Menschen zu den Institutionen ordnet Apel schließlich verschiedene Verantwortungsbegriffe zu. Von einem bestimmten Verantwortungsbegriff auf der ersten Ebene spricht Apel nicht. Jedoch ordnet er der zweiten Ebene die „individuell zurechenbare Verantwortung" und der dritten Ebene die „Mit-Verantwortung" zu. Beide Verantwortungsbegriffe trennt Apel scharf voneinander und macht darüber hinaus deutlich, dass die transzendentalpragmatische Diskursethik auf der dritten Ebene verortet ist.

267 Apel versteht darunter das „postkonventionelle Wissen" im Sinne der Entwicklungstheorie Kohlbergs. Vgl. dazu Reese-Schäfer 1990, S. 28.

268 Vgl. Apel 2001b, S. 70.

269 Vgl. Apel 2001b, S. 86; Apel 1998b, S. 812.

270 Vgl. Kapitel 4.1.4.1 dieser Arbeit.

Damit ist sie nicht eine Ethik des konkreten institutionsgebundenen Verantwortungshandelns, sondern eine universalgültige Ethik der überinstitutionellen globalen *Mit*-Verantwortung.[271] Die beiden Verantwortungsbegriffe werden wie folgt unterschieden:

(a) Die individuell zurechenbare Verantwortung entspricht der traditionellen, rein institutionenbezogenen Konzeption von Verantwortung, wie sie in der Philosophie bislang oft vertreten wurde. Ein Beispiel bietet hier die Definition des Verantwortungsbegriffs von Arnold Gehlen, auf den Apel verweist: „Das Wort Verantwortung hat nur da einen deutlichen Sinn, wo jemand die Folgen seines Handelns abgerechnet bekommt, und das weiß, so der Politiker am Erfolg, der Fabrikant am Markt, der Beamte an der Kritik der Vorgesetzten, der Arbeiter an der Kontrolle der Leistung usw."[272] Unter Verantwortung versteht man hier die individuelle Verantwortung in Bezug auf die Folgen des eigenen Handelns *innerhalb* von verschiedenen Institutionen. Der Verantwortungsbegriff ist auf die Grenzen der jeweiligen Institutionen reduziert und das Verantwortungshandeln somit innerhalb dieser Grenzen eingeschränkt. Dies bedeutet, dass das Verantwortungshandeln durch die Regeln und Strukturen der bestimmten Institutionen eindeutig und individuell definiert ist und somit auch von Institution zu Institution verschieden ausfallen kann. So ist zum Beispiel das Verantwortungshandeln eines Vaters innerhalb einer Familie anders beschaffen als die eines Arbeiters innerhalb eines Unternehmens oder eines Chefs innerhalb einer politischen Organisation. Die Begründung dieser Verantwortung erfolgt also über individuelle Zuteilung innerhalb der jeweiligen Institution und fällt somit von Fall zu Fall unterschiedlich aus. Der Verantwortungsbegriff ist hier *empirisch* begründbar.[273]

Dieser traditionelle Begriff der individuell zurechenbaren Verantwortung war früher vielleicht ausreichend, kann jedoch, so Apel, inzwischen nicht mehr genügen. Die heutige Zeit, die von einer rasant wachsenden Globalisierung geprägt ist, fordert eine zusätzliche neue Verantwortung, nämlich eine kollektive Verantwortung bzw. „Mit-Verantwortung".

(b) Aus diesem Grund führt Apel auf der Ebene *oberhalb* der Institutionen den Begriff der Mit-Verantwortung ein. Dieser Begriff impliziert,

271 Vgl. Apel 2001b, S. 87.

272 Gehlen, Arnold (1973), *Moral und Hypermoral. Eine pluralistische Ethik*, 3. Aufl., Frankfurt a. M., S. 151; vgl. Apel 1998b, S. 808.

273 Vgl. Apel 1998b, S. 807ff; Apel 2000, S. 24ff.

dass es sich um eine Verantwortung handelt, die *alle* Menschen der Erde gleichermaßen betrifft und die sich auf die Folgen kollektiver Handlungen bezieht. Demnach befindet sich dieser Begriff auch oberhalb aller Institutionen und ist nicht von bestimmten institutionellen Strukturen oder Regeln abhängig. Die Mit-Verantwortung verpflichtet die Menschen dazu, gemeinsam dafür Sorge zu tragen, dass die gemeinsamen globalen Probleme auch gemeinschaftlich gelöst werden können, was bedeutet, dass die Menschen dazu aufgerufen werden, gemeinschaftlich Diskurse zu ermöglichen und zu führen, um dadurch zu Lösungen für die globalen Probleme zu gelangen. Die Mit-Verantwortung impliziert also das in dieser Arbeit bereits oft genannte Postulat, die ideale Kommunikationsgemeinschaft innerhalb der realen Kommunikationsgemeinschaft zu realisieren und dabei alle Hindernisse aus dem Weg zu räumen, die dieser Entwicklung im Wege stehen könnten. Dies bedeutet vor allem, dass die Institutionen der Lebenswelt dem Ziel der Realisierung der idealen Kommunikationsgemeinschaft gemäß kontrolliert und verändert werden müssen. Die Mit-Verantwortung bedeutet somit die für alle Menschen gleiche Pflicht, die Institutionen permanent im Auge zu haben, zu beurteilen und gegebenenfalls umzustrukturieren oder auch abzuschaffen.[274]

Die Begründung der Mit-Verantwortung erfolgt – anders als die individuell zurechenbare Verantwortung – nicht durch Zuteilung innerhalb von Institutionen und damit empirisch, sondern transzendentalpragmatisch, das heißt durch eine transzendentale Reflexion auf die Bedingungen der Möglichkeit unseres vernünftigen Argumentierens im Diskurs.[275] So macht Apel deutlich, dass die Mit-Verantwortung gegenüber der individuell zurechenbaren Verantwortung von einer unumstößlichen Stabilität ist: Sie lässt sich als kategorische Grundnorm unseres vernünftigen Argumentierens niemals leugnen oder verändern.

4.2 Vorteile und Nachteile der Apel'schen Mit-Verantwortungsethik

Nachdem das Apel'sche Prinzip der Mit-Verantwortung in seinen Grundzügen dargestellt worden ist, geht es im Folgenden darum, es hinsichtlich seiner Vor- und Nachteile zu analysieren. Was die Vorteile angeht, wird sich zeigen, dass es Apel bis zu einem bestimmten Grad

274 Apel 2000, S. 48ff; Apel 2001b, S. 82ff.

275 Apel 2001c, S. 105.

gelungen ist, an die in Kapitel 3.3 geforderten zwei Modifikationen anzuschließen: Zum einen hat Apel die grundsätzliche Notwendigkeit einer *diskursiven* Ausrichtung der Ethik erkannt und folglich das in dieser Arbeit gesuchte Prinzip einer globalen und kollektiven Verantwortung in das Zentrum einer solchen Ethik gestellt (Kapitel 4.2.1). Zum anderen hat Apel das Prinzip Verantwortung aufgrund seiner Integration in den Rahmen einer diskursiven Ethik als eine dreistellige Relation konzipiert (Kapitel 4.2.2). Als Nachteil des Apel'schen Ansatzes wird sich herausstellen, dass er in der Frage der Begründung seines Prinzips Mit-Verantwortung einen problematischen Weg eingeschlagen hat: Apel bringt dieses Prinzip fälschlicherweise in direkten Zusammenhang mit seiner Konzeption der *regulativen Idee der idealen Kommunikationsgemeinschaft* und der damit zusammenhängenden Konsensustheorie der Wahrheit und sieht es infolgedessen als *letztbegründet* an (Kapitel 4.2.3).

4.2.1 Vorteil 1: Mit-Verantwortung als Teil einer diskursiven Ethik

Als erster Vorteil des Apel'schen Ansatzes ist zu sehen, dass er (a) zunächst die Notwendigkeit der Begründung des in der Einleitung gesuchten Prinzips einer kollektiven und globalen Verantwortung sieht und (b) schließlich dies geforderte Prinzip – gemäß der in Kapitel 3.3 geforderten Modifikation 1 – in das Zentrum einer diskursiven Ethik stellt.

Zu a: Zunächst einmal ist zu betrachten, dass Apels Forderung eines Prinzips Mit-Verantwortung dem in der Einleitung gesuchten Begriff einer globalen und kollektiven Pflicht der Verantwortung entspricht: Er bezieht (1) das Charakteristikum der geforderten *Kollektivität* mit dem Begriff der „Mit-Verantwortung" an zentraler Stelle ein. Damit ruft Apel die Menschen zu einer *gemeinsamen* Pflicht in Bezug auf die dauerhafte Bewältigung der durch die Technik und Globalisierung neu aufgetretenen, weltweiten Probleme auf. Des Weiteren berücksichtigt Apel (2) das gesuchte Charakteristikum der *Globalität* mittels des Aspekts der Institutionen, der das menschliche Handeln im Wesentlichen definiert, und der damit zusammenhängenden Gegenüberstellung von der einfachen „institutionellen Verantwortung" und der neu geforderten „überinstitutionellen Mit-Verantwortung". Demnach ist das gesuchte Prinzip der Mit-Verantwortung *oberhalb* aller in der Welt zu findenden Institutionen zu verorten, wo es seine spezifische Funktion zu erfüllen hat: Die Menschen sollen in der Form der „1000 Gespräche und Konferenzen" die diversen Institutionen kontrollieren und – im Hinblick auf eine verbesserte allgemeine Diskurssituation – verändern.

Schließlich spricht Apel (3) hinsichtlich seines Prinzips der globalen Mit-Verantwortung von einer impliziten, nicht reziprok verlaufenden *moralischen Pflicht*. Demnach fallen bei ihm – ebenso wie bei Jonas – Verantwortung und moralische Pflicht in eins, wodurch sich Apel ebenfalls von diversen Kritikern unterscheidet.[276]

Zu b. Des Weiteren ist es als eine Stärke des Apel'schen Ansatzes zu betrachten, dass er das geforderte Prinzip der globalen und kollektiven Verantwortung in das Zentrum einer diskursiven Ethik stellt. Dabei hat Apel, im Gegensatz zu Jonas, die grundlegende Notwendigkeit erfasst, dass eine Ethik in der Tradition der Aufklärung sowie in der Zeit nach der Ethik Kants immer intersubjektiv, kommunikativ und diskursiv konzipiert sein muss. Tatsächlich hat er seinen Ansatz der transzendentalpragmatischen Diskursethik wesentlich aufgrund seiner Kritik am Solipsismus der kantischen Ethik entwickelt.[277] In diesem Rahmen hat er, wie dargestellt, das monologische Moralprinzip in ein „moralfundiertes Diskursprinzip" umgewandelt. Mit dieser Ausrichtung seiner Ethik folgt Apel dem allgemeinen Paradigmenwechsel innerhalb der Philosophie, den Jonas ignoriert – von der Bewusstseinsphilosophie zur Sprachphilosophie und Sprachpragmatik. Die Tatsache, dass Apel das Prinzip Verantwortung in das Zentrum seiner diskursiv konzipierten Ethik eingebunden hat, ist somit zunächst als ein Vorteil seines Ansatzes anzusehen. Dass diese Konzeption auf den zweiten Blick doch nicht haltbar ist, wird in Kapitel 4.4.3 deutlich.

4.2.2 Vorteil 2: Mit-Verantwortung als dreistellige Relation

Ein weiterer Vorteil des Apel'schen Ansatzes ist die Konzeption des Prinzips Mit-Verantwortung nicht mehr– wie generell in der Tradition des Verantwortungsbegriffs und auch bei Jonas– als eine zweistellige, sondern als eine dreistellige Relation. Diese Veränderung ist als eine Konsequenz aus der Tatsache zu sehen, dass Apel mit der Aufstellung seines moralfundierten Diskursprinzips den Übergang von der traditionell monologischen zu einer intersubjektiven, kommunikativen und diskursiven Ethik vollzogen und folglich das Prinzip Verantwortung in das Zentrum dieser Ethik gestellt hat. Demnach bedeutet die Übernahme von Verantwortung nicht mehr bloß, dass ein Verantwortungssubjekt die Verantwortung für ein Verantwortungsobjekt übernimmt,

276 Vgl. Kapitel 2.2 dieser Arbeit.

277 Vgl. Kapitel 4.1.2 dieser Arbeit.

sondern auch, dass das Verantwortungssubjekt sich immer auch *vor* der Diskursgemeinschaft hinsichtlich seiner Verantwortungsübernahme zu verantworten hat. Bezogen auf das Apel'sche Prinzip der globalen Mit-Verantwortung heißt dies: Die Menschen sind in der Übernahme ihrer überinstitutionellen Mit-Verantwortung gegenüber den neuen globalen Problemen immer auch *vor* der gesamten Weltgesellschaft – die sie wiederum selbst ausmachen – verantwortlich. Diese dritte Verantwortungsinstanz des „wovor", durch welche die Menschen permanent beobachtet, kontrolliert und schließlich unter sozialen Druck gesetzt werden – und die sie letztendlich wiederum selbst ausmachen –, bezeichnet Apel auch als „Metainstitution der räsonierenden und mediengetragenen Weltöffentlichkeit".[278]

Den genannten Sachverhalt erklärt Apel nun, indem er aufzeigt, dass jemand, der innerhalb der „Quasi-Institution der 1000 Gespräche und Konferenzen" Argumente vorbringen möchte, stets im Hinblick auf *zwei Seiten* verantwortungsbezogen moralisch verpflichtet ist: Zunächst tritt er als Vertreter einer bestimmten Institution auf, sodass er den dieser Institution eigenen Sachzwängen unterliegt. Des Weiteren tritt er aber immer auch als Mitglied der *Metainstitution der räsonierenden und mediengetragenen Weltöffentlichkeit* auf, der er sich nicht entziehen kann und die ihn letztlich zu einem globalen, mit-verantwortlichen Handeln im Hinblick auf eine allgemeine Verbesserung der Welt zwingt. Apel fasst dies in folgende Worte:

> „Die Tiefenstruktur der ‚tausend Gespräche und Konferenzen' ist dadurch charakterisiert, dass in ihr einerseits das Problem der ‚Sachzwänge' wiederkehrt, vor das sich die individuell zurechenbare Verantwortung jedes Vertreters von institutionsbezogenen Amts oder Berufspflichten gestellt sieht. Andererseits sind die Delegierten der ‚tausend Konferenzen' erfreulicherweise auch den quasi-Sachzwängen der globalen Metainstitution der räsonierenden Weltöffentlichkeit und, durch sie vermittelt, den Prinzipienzwängen des primordialen Diskurses der Menschheit unterworfen. Das zeigt sich, wie gesagt, schon daran, dass die Veranstalter und Delegierten der ‚tausend Konferenzen' sich heute durchweg vor den Medien zu den prozeduralen Prinzipien, den darin implizierten Grundnormen der Diskursethik bekennen müssen und zu dem universalistischen Diskursziel der Konsensbildung im Interesse aller Betroffenen."[279]

278 Vgl. Apel 2001b, S. 70, 87.

279 Apel 2001b, S. 87.

4.2.3 Nachteil: Apels transzendentalpragmatisches Begründungskonzept

Das Problematische an Apels Ansatz ist jedoch die Begründungsweise des Prinzips Verantwortung: Er bindet das Prinzip Mit-Verantwortung nicht an den *realen* Diskurs der Lebenswelt, sondern an den *idealen* Diskurs der idealen Kommunikationsgemeinschaft, was grundlegend mit seiner spezifischen Konsensustheorie der Wahrheit zusammenhängt (Kapitel 4.2.3.1). Damit einhergehend begreift Apel das Prinzip der Mit-Verantwortung als eine kategorische Grundnorm unseres Argumentierens und sieht es somit als *letztbegründet* an, was, wie hier gezeigt wird, nicht nachvollziehbar ist (Kapitel 4.2.3.2).

Die folgende Kritik an Apel lehnt sich an Wellmer an. Wellmer kritisiert Apel in genau dem hier ebenfalls bemängelten Punkt der Konzeption einer regulativen Idee der idealen Kommunikationsgemeinschaft und der damit zusammenhängenden Konsensustheorie der Wahrheit sowie der Theorie der Letztbegründung. Wellmer entfaltet dann – wie in Kapitel 5.1.2 noch zu erläutern sein wird – auf der Basis dieser Kritik seinen eigenen Ansatz einer diskursiven und pragmatistischen Ethik.

4.2.3.1 Das Problem der regulativen Idee der idealen Kommunikationsgemeinschaft

Wie schon herausgestellt wurde, besagt das Apel'sche Prinzip der globalen Mit-Verantwortung nicht nur die generelle Verbesserung der weltlichen Lage und das allgemeine Beheben der neuen globalen Probleme, sondern, darüberhinausgehend, die für alle Menschen verpflichtende sukzessive und approximative Realisierung der regulativen Idee der idealen Kommunikationsgemeinschaft. Dass Apel dies behauptet, hängt mit seiner grundlegenden Konsensustheorie der Wahrheit zusammen. An ihr sind drei Punkte zu kritisieren:

Kritikpunkt 1: Zunächst ist nicht einzusehen, dass die Menschen dazu verpflichtet sein sollen, die regulative Idee der idealen Kommunikationsgemeinschaft in all ihrem Handeln zu verwirklichen, da die Bestimmung einer *objektiven und universalistischen Gültigkeit* einer solchen Idee nicht möglich ist. Dies ist folgendermaßen zu verstehen: Wie aus Apels Ausführungen zu entnehmen ist, bestimmt er die regulative Idee der idealen Kommunikationsgemeinschaft als eine universalgültige Prozedur – eine Form der Erkenntnisgewinnung und „Wahrheit", die für alle Menschen in gleicher Weise gültig und verpflichtend sein soll. Diese verbindliche Universalgültigkeit leitet er aus der transzendentalpragmatischen Begründbarkeit der regulativen Idee der idealen Kommunikationsgemeinschaft ab. Das heißt: Jeder Mensch deckt diese regulative Idee unmittelbar auf, sobald er auf die Bedingungen der Möglichkeit seines Argumentierens reflektiert.

Wellmer erklärt den Sachverhalt der universalistischen Gültigkeit der regulativen Idee der idealen Kommunikationsgemeinschaft bei Apel folgendermaßen: Die regulative Idee der idealen Kommunikationsgemeinschaft ist eine universalgültige Prozedur und Form, die einer *allgemeinen Vernünftigkeit* der Menschen entspricht. Dabei lässt sie sich als ein Prinzip beschreiben, das (a) aus einem „universellen Kern der Vernünftigkeit vernünftiger Wesen" entspringt und (b) schließlich wiederum als eine moralische Pflicht auf alle Menschen als alle vernünftigen Wesen in gleicher Weise Bezug nimmt.[280]

Das für Apel Entscheidende an der Bestimmung der universalistischen Gültigkeit der regulativen Idee der idealen Kommunikationsgemeinschaft hängt mit seiner speziellen Konsensustheorie der Wahrheit zusammen. Dadurch nämlich, dass er „Erkenntnis" und „Wahrheit" an einen objektiven Fixpunkt innerhalb der Dimension der Sprache und der intersubjektiven Kommunikation bindet, wirkt er dem Problem des Wahrheitsrelativismus entgegen. Er sichert somit die Möglichkeit einer absoluten Erkenntnis und „Wahrheit", indem er einen absoluten Punkt wählt, der sich – gemäß Apel – transzendentalpragmatisch letztbegründen lässt.

Wie Wellmer nun in dem Aufsatz „Der Streit um die Wahrheit. Pragmatismus ohne regulative Ideen" treffend erklärt, ist das Problem an Apels Bestimmung der regulativen Idee der idealen Kommunikationsgemeinschaft als einer objektiven und universalgültigen Form, dass man, um dies beurteilen zu können, einen „metaphysischen" Standpunkt einnehmen müsste, den aber kein Mensch einnehmen kann. Wellmer macht vielmehr deutlich – wie im nächsten Kapitel noch eingehender erklärt werden soll –, dass die Menschen in ihrer Erkenntnis und Argumentation immer in einer „Ich-Perspektive" verhaftet sind, aus der sie nicht heraustreten können.[281] Dabei erklärt er anhand des Phänomens der Perspektivenunterschiede, dass „Wahrheit" nur etwas sein kann, was „für mich", aber nicht unbedingt auch für andere objektive und universale Gültigkeit haben kann.[282] Infolgedessen ist es für

280 Vgl. Wellmer 1986, S. 8.

281 Vgl. Wellmer 1986, S. 158.

282 Vgl. Wellmer 1986, S. 156.

keinen Menschen möglich, aus seiner „Ich-Perspektive" herauszutreten, um „von oben" ein objektiv gültiges und universalistisches Kriterium der Wahrheit festzulegen.

Wellmer wirft Apel demnach vor, immer noch in der Metaphysik verhaftet zu bleiben und weiterhin mit der Korrespondenztheorie der Wahrheit bzw. dem „metaphysischen Realismus" zu operieren.[283] Zwar habe er den objektiven Fixpunkt der absoluten Erkenntnis und „Wahrheit" in die Dimension der Sprache und intersubjektiven Kommunikation verlegt, aber dabei übersehen, dass er zusätzlich noch in einer „Ich-Perspektive" verhaftet ist, aus der er nicht heraustreten kann. Somit charakterisiert Wellmer den objektiven Fixpunkt der Wahrheit bei Apel als „Gottesstandpunkt":

> „Hier scheint nun in der Tat die Idee einer *absoluten* Wahrheit mit der Einsicht in den internen Zusammenhang zwischen Wahrheit und Rechtfertigung versöhnt zu sein: Während der Wahrheitsbegriff des metaphysischen Realismus diesen Zusammenhang durchschneidet und damit im Grunde die Fiktion eines ‚Gottesstandpunktes' außerhalb unserer Rechtfertigungspraxis impliziert, könnte man Apels Position als den Versuch bezeichnen, etwas einem solchen Gottesstandpunktes Analoges als regulative Idee in unsere Rechtfertigungspraktiken einzuschreiben."[284]

Kritikpunkt 2: Ein weiterer problematischer Aspekt von Apels verantwortungsbezogener und verpflichtender Konzeption der regulativen Idee der idealen Kommunikationsgemeinschaft betrifft die Beschaffenheit dieser Konzeption an sich. Apel geht davon aus, dass diese Idee aus zwei Komponenten zusammengesetzt ist: Zum einen spricht er von der regulativen Idee der idealen *Moral*gesellschaft und zum anderen von der regulativen Idee der idealen *Verständigungs*gesellschaft. Besonders in Bezug auf die ideale Verständigungsgesellschaft ist nicht nachvollziehbar, warum wir eine solche – vor allem als ein Prinzip unserer Vernünftigkeit – immer schon voraussetzen sollen. Wie im Folgenden mit Wellmer ersichtlich wird, ergibt die Konzeption der regulativen Idee der idealen Kommunikationsgemeinschaft in diesem Punkt keinen Sinn und stellt sich ferner als unnötig heraus. Aufgrund dessen kann das Prinzip Verantwortung nicht in der Pflicht der Realisierung dieser Idee bestehen.

---

283 Vgl. Wellmer 1986, S. 152.

284 Wellmer, Albrecht, *Der Streit um die Wahrheit. Pragmatismus ohne regulative Ideen*, in: Böhler u. a. Hg. 2003, S. 152.

Apel setzt bei der regulativen Idee der idealen Verständigungsgesellschaft eine Gesellschaft voraus, in der alle Barrieren des einwandfreien Sinnverstehens aufgehoben sind. Das heißt, dass Apel von einer Gesellschaft ausgeht, in der alle Menschen nur noch eine einzige optimale und „letzte" Sprache sprechen. Dies wäre die Situation einer absoluten Transparenz des gegenseitigen Verstehens der Menschen untereinander, in der Fragen über philosophische und praktische Wahrheiten oder Probleme des gegenseitigen Sinnverstehens nicht mehr aufkommen würden.[285] Des Weiteren geht Apel dabei von einem gesellschaftlichen Zustand aus, in dem die „Pluralität der Zeichenbenutzer" aufgehoben ist. Dies hätte jedoch zur Folge, dass die Gesellschaft nur noch als ein einziges „transzendentales Subjekt" zu verstehen ist, das immer mit sich selbst optimal verständigt ist, stets in der „Wahrheit" liegt.[286]

Der Fehler, den Apel an dieser Stelle begeht, ist, dass er das Vorbild der szientistischen Erkenntnis der Forschergemeinschaft auf die gesamte Menschheit und die alle Themenbereiche umfassende Kommunikationsgemeinschaft überträgt.[287] Während das Ideal einer einzigen, optimalen Sprache zwar in Bezug auf die theoretischen Wissenschaften, wie zum Beispiel die theoretische Physik, funktionieren mag, gilt dies jedoch nicht für die gesamte Menschheit und all ihre Wissensgebiete. Eine ideale Sprache wäre hier gleichzeitig auch der Stillstand der Sprache und somit auch der Stillstand unseres gesamten Denkens. Dies verdeutlicht Wellmer anhand unseres philosophischen Denkens und der philosophischen Wahrheiten. Dabei macht er verständlich, dass es das Charakteristische des philosophischen Wissens ist, dass dieses immer wieder erneut entdeckt, angeeignet und formuliert werden muss. Das Philosophieren ist als ein produktiver Prozess von aneinandergereihten Interpretationen zu verstehen, der niemals aufhört. Würde er aufhören, so Wellmer, wäre die Philosophie am Ende, da sie dadurch ihre wesentliche Charakteristik verloren hätte:

> „Entscheidend ist, daß jede philosophische Wahrheit, einmal ausgesprochen, schon verloren wäre ohne die unabschließbare Mühe einer immer wieder erneuten Aneignung und Übersetzung. Die Bewahrung philosophischer Wahrheiten ist ein produktiver Prozeß. Selbst wenn die *ganze* Wahrheit der Philosophie in einem einzigen Text versammelt wäre, so könnten wir sie doch nur aufbewahren, indem wir diesen Text mit unendlichen Kommentaren versähen; als bloßer Behälter der Wahrheit wä-

285 Vgl. Wellmer 1986, S. 90f.

286 Vgl. Wellmer 1986, S. 91.

287 Vgl. Wellmer 1986, S. 90, 98f.

> re dieser Text in dem Augenblick tot, in dem wir aufhörten, ihn neu zu schreiben."[288]

Nun kann man aus der Sicht Apel sagen, bei dieser Idee der idealen Sprach- und Verständigungsgesellschaft handle es sich lediglich um eine *regulative Idee*, es werde also gar nicht behauptet, dass die Menschen diesen Zustand der totalen Transparenz ihres gegenseitigen Sinnverstehens jemals erreichen werden. Aber dennoch ist nicht nachvollziehbar, warum die Menschen ein Ideal anstreben sollen, welches das Ende der sprachlichen und gedanklichen Entwicklung und Dynamik bedeutet. Damit zusammenhängend ist noch weniger einsehbar, warum ein solches Prinzip dann dem Kern unserer Vernünftigkeit entspringen soll: Unsere Vernunft kann nicht auf der einen Seite die Fähigkeit unseres Denkens bedeuten und uns auf der anderen Seite zu der Beendigung dieser Fähigkeit verpflichten. Die regulative Idee der idealen Kommunikationsgemeinschaft ist somit in sich paradoxal, weil sie uns auf etwas verpflichtet, was das Ende unseres Denkens und Seins bedeuten würde. Wellmer beschreibt dies folgendermaßen:

> „Die Idee einer idealen Kommunikationsgemeinschaft bleibt selbst dann paradoxal, wenn sie nur als regulative Idee verstanden wird, der in der Welt nie etwas Wirkliches entsprechen kann; denn es gehört zum Sinn dieser Idee, daß sie uns darauf verpflichtet, auf ihre Realisierung hinzuarbeiten. Das Paradoxe daran ist, daß wir darauf verpflichtet wären, die Realisierung eines Ideals anzustreben, dessen Realisierung das Ende der menschlichen Geschichte wäre. Das Ziel ist das Ende, ideale Kommunikation wäre der Tod der Kommunikation."[289]

Diese Argumentation lässt die regulative Idee der idealen Kommunikationsgemeinschaft als sinnlos und als der Alltagspraxis wenig nutzbringend erscheinen. Es macht keinen Sinn, anzunehmen, dass das Prinzip der Verantwortung die Realisierung dieses Ideals bedeuten soll.

Kritikpunkt 3: Schließlich ist es nicht nachvollziehbar, dass die Menschen zu der Realisierung der *Form* und *Prozedur* der idealen Kommunikationsgemeinschaft verpflichtet sein sollen, da „Wahrheit" eben nicht aufgrund einer reinen Form, sondern nur aufgrund von überzeugenden *inhaltlichen Gründen* bestimmt werden kann.

Wie aus der Darstellung der Apel'schen Wahrheitstheorie ersichtlich wurde, bindet Apel Erkenntnis und „Wahrheit" einzig an die ideale

288 Wellmer 1986, S. 98.

289 Wellmer 2003, S. 153f.

Kommunikationsgemeinschaft als eine *Form* der idealen Argumentation, wobei er den Aspekt der *Inhalte* der Argumentation, sprich der *Gründe*, außer Acht lässt. Diese Konzeption ist, wie in dieser Arbeit gezeigt wurde, auf Apels Konsensustheorie der Wahrheit und sein Bestreben, „Wahrheit" an einen objektiven Fixpunkt innerhalb der Dimension der Sprache und intersubjektiven Kommunikation zu binden, zurückzuführen. Nur auf diese Weise gelingt es Apel, Erkenntnis und „Wahrheit" als absolute Phänomene zu bestimmen, wodurch er sie gegen den Vorwurf des Relativismus abzuschirmen versucht.

Apels Konzeption ist, wie im Kapitel 5.1.2 noch genauer gezeigt wird, in zwei Punkten verfehlt: (1.) Zum einen beachtet er nicht, dass „Wahrheit" niemals an einem objektiven Fixpunkt festgemacht ist, sondern immer nur aus der „Ich-Perspektive" gelten kann. (2) Zum anderen übersieht Apel, dass für die Festlegung von „Wahrheit" nicht eine bestimmte objektive sprachliche Form, sondern allein überzeugende Gründe ausschlaggebend sind. Dies bedeutet, dass ein Sachverhalt „wahr" ist, wenn ich dies aufgrund von überzeugenden Gründen so meine. Er ist nicht unbedingt „wahr", wenn sich alle darüber einig sind, dass er „wahr" ist. Der Aspekt des Konsenses trägt in diesem Fall nichts dazu bei, dass etwas als „wahr" gilt. Ein Sachverhalt kann also immer nur „für mich" aufgrund von bestimmten Gründen „wahr" sein. Aus dem Gesagten folgt somit für die Bestimmung von Konsensen: Ein Konsens gilt dann als „wahr", wenn die Teilnehmer ihn aufgrund von individuellen guten Gründen als solchen ansehen. Die Bestimmung der Wahrheit hängt dabei nicht von der Einhaltung einer bestimmten objektiven universalgültigen Form ab. Zu diesem Zusammenhang sagt Wellmer:

> „Wenn aber nicht einmal die unter Bedingungen der idealen Sprechsituation faktisch erzielten Konsense ‚wahr' sein müssen, dann gilt um so mehr, daß diese Bedingungen weder Wahrheit noch Konsens garantieren. Was Wahrheit sei, das kann man nicht durch Rekurs auf die formale Struktur einer idealen Verständigungs- und Diskurssituation und die unter solchen Bedingungen erzielten Konsense zureichend erläutern."[290]

4.2.3.2 *Das Problem der Letztbegründung*

Ein weiterer problematischer Aspekt an Apels Prinzip der globalen Mit-Verantwortung liegt in seinem Bestreben der Letztbegründung. Apel geht davon aus, dass die Norm der Mit-Verantwortung – neben

290 Wellmer 1986, S. 214

der Norm der Gleichberechtigung – als Grundnorm unseres Argumentierens nicht weiter hintergehbar und somit letztbegründet ist. Aus der Norm der Mit-Verantwortung leitet Apel schließlich, wie bereits demonstriert wurde, die zweiteilige Architektonik der Mit-Verantwortungsethik ab, in der es um das strategisch-moralische Handlungsprinzip geht, und betrachtet diese ebenso als letztbegründet. Apel behauptet, dass man die moralischen Präsuppositionen aufdecken kann, indem man mittels der Methode der transzendentalen Reflexion die Bedingungen der Möglichkeit unseres Argumentierens hinterfragt. Den Beweis für die Letztbegründung sieht er in dem „performativen Selbstwiderspruch", in den man sich verstrickt, sobald man die moralischen Präsuppositionen leugnet.

An dieser Stelle ist nun einzuwenden, dass nicht einzusehen ist, inwiefern es sich bei den Präsuppositionen unseres Argumentierens um universalgültige, moralische Grundnormen handeln soll. Es ist nicht zu bestreiten, dass wir, sobald wir argumentieren, bestimmte Situationen oder Bedingungen im Hinblick auf den realen Diskurs voraussetzen. Diese Voraussetzungen sind jedoch, so Wellmer, als einfache „konstitutive Regeln" oder „Rationalitäts-Verpflichtungen" unserer praktischen Diskursführung zu verstehen.[291] Wir müssen sie einhalten, wenn wir gemeinsam einen vernünftigen Diskurs führen wollen. Aus diesen Tatsachen lässt sich jedoch nicht schließen, dass es sich bei diesen Regeln um objektiv gültige, universalistische Moralnormen handelt, wie Wellmer deutlich macht:

> „Ich bestreite nicht, daß moralische Verpflichtungen gleichsam die Praxis des Argumentierens durchdringen. Dies ließe sich aber dadurch erklären, daß eine Maxime der Dialogverweigerung nicht verallgemeinerbar ist. Fraglich ist aber, ob diejenigen Argumentationsnormen, die wir nicht ohne performativen Widerspruch bestreiten können, Verpflichtungen moralischer Art bezeichnen. Anders ausgedrückt: Fraglich ist, ob das ‚müssen' der Argumentationsnormen sich sinnvoll als ein *moralisches* ‚müssen' verstehen läßt […]. Wenn aber die Argumentationsnormen nichts darüber sagen, ob ich dem anderen, dem ich als Argumentationspartner gleiche Rederechte zugestehen muß, auch noch die *Ausübung* dieser Rechte gleichsam im nächsten Augenblick gestatten werde, dann läßt sich das ‚müssen' der Argumentationsnormen schwerlich als ein moralisch gehaltvolles ‚müssen' interpretieren. Es scheint sich hier vielmehr um ein ‚müssen' zu handeln, wie es mit *konstitutiven* Regeln ver-

291 Vgl. Wellmer 1986, S. 108.

> bunden ist: dieses ‚müssen' kann ich als Argumentierender deshalb nicht bestreiten, weil es für die Praxis des Argumentierens konstitutiv ist."[292]

Apel geht an dieser Stelle zu weit, wenn er behauptet, dass alle Menschen, sobald sie diskutieren, in gleicher Weise bestimmte universalistische Moralnormen beanspruchen.[293] Wellmer ist zuzustimmen, wenn er behauptet, dass hier einfache Aspekte des Argumentierens zu „Idealen der Wirklichkeit hypostasiert" werden.[294] Auch nimmt Apel für sich einen Standpunkt „oberhalb" seiner Ich-Perspektive in Anspruch, wenn er die einfachen Voraussetzungen des Argumentierens als objektiv gültige Grundnormen bestimmt. Wie im nächsten Kapitel deutlich wird, lässt sich ein solcher Standpunkt nicht vertreten, und eine Bestimmung von Grundnormen kann immer nur individuell, aus der „Ich-Perspektive", erfolgen.

Apel ging es in der Bestimmung der universalistischen Grundnormen vor allem darum, gegen den Relativismus anzukämpfen. Dass er dieses Problem falsch angeht und das Relativismusproblem ganz anders zu lösen ist, soll im Folgenden mit Wellmer gezeigt werden.

292 Wellmer 1986, S. 107.

293 Vgl. Wellmer 1986, S. 104.

294 Wellmer 1986, S. 112.

5 Lösungsweg: Versuch einer Begründung des Prinzips Verantwortung auf der Basis der diskursiven und pragmatistischen Ethik Wellmers

Im Folgenden wird als Lösung der zentralen Problemstellung dieser Arbeit die diskursive und pragmatistische Ethik von Albrecht Wellmer herangezogen. Dabei werden die richtigen Kerngedanken des Jonas'schen Prinzips Verantwortung, die in Kapitel 3.2 aus dem metaphysischen Begründungszusammenhang bei Jonas herausgelöst wurden, in den Rahmen der Ethik Wellmers eingearbeitet. In diesem Zuge lassen sich die zwei in Kapitel 3.3 geforderten Modifikationen vollständig durchführen. Wellmer selbst behandelt die Thematik der Verantwortung nicht explizit. Es lassen sich jedoch Anknüpfungspunkte innerhalb der Wellmer'schen Ethik ausmachen, an die sich das Prinzip Verantwortung anschließen lässt, sodass es in die diskursive und pragmatistische Ethik Wellmers integriert werden kann.

Indem das Prinzip Verantwortung in die Wellmer'sche Ethik eingebracht wird, wird erreicht, dass das Prinzip Verantwortung – gemäß der ersten der geforderten Modifikationen – im Rahmen einer *diskursiven* Ethik neu begründet werden kann, ohne dabei die im vorhergehenden Kapitel aufgezeigten Fehler Apels zu begehen. Apel begründet zwar eine diskursive Verantwortungsethik, bindet das Prinzip Verantwortung jedoch an idealistische Implikationen wie die regulative Idee der idealen Kommunikationsgemeinschaft und die Letztbegründung, was auf seine grundlegende, spezielle Konsensustheorie der Wahrheit zurückzuführen ist. In seinem Aufsatz „Der Streit um die Wahrheit. Pragmatismus ohne regulative Ideen" sowie seinem Werk „Ethik und Dialog" kritisiert Wellmer Apel nun in genau diesen Punkten und entwickelt, auf der Basis dieser Kritik, eine diskursive Ethik, die auf der einen Seite auf die idealistischen Implikationen und die Konsensustheorie der Wahrheit verzichtet und auf der anderen Seite dem Anspruch einer universalistischen und kognitiven Ethik genügen kann.

Des Weiteren zeigt sich in diesem Kapitel – in Bezug auf die zweite der geforderten Modifikationen –, dass das Prinzip Verantwortung, sobald man es in die diskursive Ethik Wellmers eingliedert, von einem zweistelligen auf einen dreistelligen Begriff erweitert werden muss. Diese Erweiterung wurde ansatzweise schon bei Apel sichtbar (vgl. Kapitel 4.2.2). Sie soll in diesem Kapitel nochmals verdeutlicht werden.

Der genannten Problematik und Zielsetzung entsprechend, ist dieses Kapitel in drei Abschnitte unterteilt:

Zunächst wird in Kapitel 5.1 Wellmers Ansatz in seinen Grundzügen dargestellt. Dabei soll hervorgehoben werden, inwiefern Wellmer Apels Ethik kritisiert und infolgedessen eine nicht idealisierte Form einer universalistischen und kognitivistischen Diskursethik begründet. Es zeigt sich, dass eine solche Begründung nur gelingen kann, weil Wellmers grundlegender Neo-Pragmatismus eine *Umkehr des Denkens* hervorruft: Traditionelle Konzepte wie „Wahrheit" und „Begründung" lassen sich vor dem Hintergrund seines neo-pragmatistischen Denkens neu und überzeugend interpretieren und somit erfolgreich für eine diskursive Ethik anwenden. Auch lässt sich auf diese Weise das von Apel gefürchtete Problem des Relativismus mit anderen Augen sehen, wodurch es sich schließlich auflöst.

In Kapitel 5.2 sollen, in Vorbereitung auf Kapitel 5.3, die Vorteile des Wellmer'schen Ansatzes in Bezug auf das in dieser Arbeit gesuchte Prinzip Verantwortung und die damit zusammenhängenden Nachteile von Jonas und Apel explizit zusammengefasst werden.

Schließlich gliedert Kapitel 5.3 die richtigen Kerngedanken des Jonas'schen Prinzips Verantwortung in den Rahmen der Wellmer'schen Ethik ein und begründet sie dort neu. Dabei wird das Prinzip Verantwortung dort an die Ethik Wellmers angeschlossen, wo dieser von „positiven Normen" spricht. In diesem Zusammenhang werden zunächst die Schritte nachgezeichnet, die zurückzulegen sind, um eine positive Norm zu begründen. Daraufhin wird der analoge Weg für die Begründung des Prinzips Verantwortung gegangen.

5.1 Wellmers Ansatz einer diskursiven und pragmatistischen Ethik

Im Folgenden wird zunächst in einer allgemeinen und überblicksartigen Weise Wellmers Ansatz einer diskursiven und neo-pragmatistischen Ethik dargestellt.[295] Dabei bleibt der Begriff der Verantwortung

---

295 Wellmers Ansatz einer neo-pragmatistischen Diskursethik weist an mehreren Stellen Parallelen zu Gunnar Skirbekks Theorie der „Praxeologie der Moderne" auf. Skirbekk vertritt eine melioristische und pluralistische Version der Diskurstheorie. Aus einer „praxeologischen" Perspektive entwickelt er den Begriff einer „diskursiven Vernunft". Dabei sucht er nach einer Vermittlung zwischen Universalität und Kontextualität. Analog zu Wellmer kritisiert er

zunächst unberücksichtigt. Erst in den weiteren Punkten des Kapitels geht es dann um den Versuch, das Prinzip Verantwortung in den Rahmen der Wellmer'schen Ethik einzuführen.

Die Darstellung des ethischen Ansatzes von Wellmer geschieht in drei Schritten. Zunächst wird Wellmers elementares neo-pragmatistisches Denken vorgestellt (Kapitel 5.1.1). In einem zweiten Schritt wird auf Wellmers Auseinandersetzung mit Apels Ansatz der transzendentalpragmatischen Diskursethik eingegangen. Wellmer kritisiert hier - wie in Kapitel 4.2.3 gezeigt - Apels Ansatz der regulativen Idee der idealen Kommunikationsgemeinschaft und die damit zusammenhängenden Theorien der „Wahrheit" und der „Letztbegründung". Schließlich formuliert Wellmer auf der Basis dieser Kritik seine eigenen Konzeptionen von „Wahrheit" und „Begründung" (Kapitel 5.1.2). Daraufhin wird in einem dritten Schritt vor dem Hintergrund der Kritik Wellmers an Apel nachgezeichnet, wie Wellmer in seinem Werk „Ethik und Dialog" seinen eigenen Ansatz einer diskursiven und pragmatistischen Ethik - der eben nicht auf das Apel'sche Konzept der regulativen Idee der idealen Kommunikationsgemeinschaft angewiesen ist - entwickelt (Kapitel 5.1.3).

5.1.1 Wellmers elementares „neo-pragmatistisches" Denken

Um Wellmers Ansatz des Neo-Pragmatismus verstehen zu können, wird zunächst in drei Schritten dargestellt, wo Wellmer innerhalb des Pragmatismus bzw. Neo-Pragmatismus steht und wie er sich dabei von Apel abgrenzt (Kapitel 5.1.1.1). Sodann wird erklärt, inwiefern Wellmers neo-pragmatistisches Denken als eine „Umkehr des Denkens" verstanden werden kann (Kapitel 5.1.1.2).

5.1.1.1 Pragmatismus ohne regulative Ideen

Schritt 1: Wellmer gehört zum Neo-Pragmatismus

Wellmers Ansatz lässt sich der philosophischen Richtung des Neo-Pragmatismus zuordnen, der insbesondere durch den amerikanischen Philosophen Richard Rorty, aber auch durch Hilary Putnam und den Rorty-Schüler Robert Brandom geprägt wurde. Der Neo-Pragmatismus

---

die Ansätze von Apel und Habermas aufgrund ihrer Idealisierungen. Vgl. Skirbekk, Gunnar (2002), *Praxeologie der Moderne. Universalität und Kontextualität der diskursiven Vernunft*, übersetzt von Günter Seib, Weilerswist, S. 183ff.

ist in Abkehr von dem Pragmatismus von Peirce zu sehen und mit den pragmatistischen Positionen von William James und John Dewey in Beziehung zu setzen, von denen sich Peirce bewusst – nicht zuletzt durch die neue Bezeichnung seines Ansatzes als „Pragmatizismus" – abzugrenzen versuchte. Der Pragmatismus von James und Dewey erfährt durch den Neo-Pragmatismus eine Wiederbelebung, sodass von der „Renaissance des Pragmatismus" gesprochen werden kann.[296]

Trotz vielfältiger interner Unterscheidungen ist der Neo-Pragmatismus allgemein geprägt durch eine „erneute Sinnkritik an der Metaphysik". Dabei richtet sich das Programm des Neo-Pragmatismus gezielt gegen die Transzendentalphilosophie: Während Peirce diese nur zu transformieren versucht, gehen die Neo-Pragmatisten daran, sie ganz zu verwerfen.[297] Somit lässt sich das Programm des Neo-Pragmatismus insgesamt unter den von Rorty geprägten Begriff der „De-Transcendentalization" bringen.[298] In Bezug auf die strikte Ablehnung der Transzendentalphilosophie ist auch eine Diskrepanz zwischen Wellmers Ansatz und Apels Ansatz der transzendentalpragmatischen Diskursethik zu verzeichnen. Apel steht eher in der Tradition des „Pragmatizismus" von Peirce, während Wellmer sowie die anderen Neo-Pragmatisten eher in der Tradition des Pragmatismus von Dewey und James zu sehen sind.

---

296 Vgl. die verschiedenen Aufsätze in Sandbothe, Mike (Hg. 2000), *Die Renaissance des Pragmatismus. Aktuelle Verflechtungen zwischen analytischer und kontinentaler Philosophie*, Weilerswist; Apel 2003, S. 173f.

297 Zur Problematik der Leseweise der Peirce'schen Philosophie vgl. Fußnote 197.

298 Vgl. Rorty, Richard (1978), *Epistemological Behaviorism and the De-Transcendentalization of Analytic Philosophy*, in: Neue Hefte für Philosophie, 14 (1978), S. 115ff; Apel 2003, S. 174; zum Verständnis und zur Kritik des Begriffs „De-Transcendentalization" Apel, Karl-Otto (2002b), *Transzendentale Intersubjektivität und das Defizit einer Reflexionstheorie in der Philosophie der Gegenwart*, in: Burckhart, Holger/Gronke, Horst (Hg. 2002), *Philosophieren aus dem Diskurs*, Würzburg, S. 71ff. An dieser Stelle ist ebenfalls zu erwähnen, dass Jürgen Habermas jüngst das Programm einer „Detranszendentalisierung" verfolgt. Dabei ist sein Bestreben, eine Diskurstheorie ohne Metaphysik zu begründen. Vgl. dazu: Habermas, Jürgen (2001), *Kommunikatives Handeln und detranszendentalisierte Vernunft*, Stuttgart; Habermas, Jürgen (2004), *Wege der Detranszendentalisierung. Von Kant zu Hegel und zurück*, in: Habermas, Jürgen (2004), *Wahrheit und Rechtfertigung. Philosophische Aufsätze. Erweiterte Ausgabe*, 2. Aufl., Frankfurt a. M., S. 186ff.

Schritt 2: Wellmer und Apel

Die Diskrepanz zwischen den Ansätzen von Wellmer und Apel innerhalb des Pragmatismus lässt sich so charakterisieren, dass der eine das Konzept der *regulativen Ideen* als zentralen Baustein seines Ansatzes versteht und der andere dieses Konzept ablehnt. So kann man sagen, dass Apel einen „Pragmatismus *mit* regulativen Ideen" und Wellmer einen „Pragmatismus *ohne* regulative Ideen" vertritt. Dabei wird um den Sinn und Zweck der Bedeutung von *regulativen Ideen* für die Philosophie und insgesamt für das Leben und die Moral der Menschen heftig gestritten.[299]

In Apels Ansatz der transzendentalpragmatischen Diskursethik spielt die „regulative Idee des idealen Konsenses der idealen Kommunikationsgemeinschaft" eine fundamentale Rolle (vgl. Kapitel 4.1.3). Sie stellt einen zentralen Baustein seiner grundlegenden erkenntnistheoretischen Auffassung, sprich seiner speziellen „Konsensustheorie der Wahrheit", sowie ferner seiner gesamten ethischen Architektonik dar. Dabei geht Apel davon aus, dass die Menschen in all ihrem Argumentieren immer den idealen Konsens der idealen Kommunikationsgemeinschaft antizipieren, da dieser den Ort der absoluten Erkenntnis und Wahrheit darstellt. Aufgrund dessen entwirft er eine Ethik, in der es vorrangig darum geht, die „regulative Idee des idealen Konsenses der idealen Kommunikationsgemeinschaft" approximativ zu realisieren.

Wellmer bestreitet nun, wie im Folgenden noch zu sehen sein wird, die Bedeutung und damit auch den Nutzen solcher regulativen Ideen für die Erklärung der menschlichen Erkenntnis theoretischer und praktischer Wahrheiten sowie für das Funktionieren des menschlichen Zusammenlebens überhaupt. Er übt an dieser Stelle scharfe Kritik an Apel und entwickelt schließlich, auf der Basis dieser Kritik, eigene Konzeptionen von „Wahrheit" und „Begründung" sowie schließlich eine diskursive Ethik, die ohne universalgültige Idealisierungen – wie diejenige der „regulativen Idee der idealen Kommunikationsgemeinschaft" – auskommt und dennoch als universalistisch und kognitivistisch bezeichnet werden kann.

299 In diesem Zusammenhang gab es im Jahr 1995 eine Konferenz über „Pragmatismus ohne regulative Ideen?" am Kulturwissenschaftlichen Institut in Essen anlässlich Apels 75. Geburtstags. Vgl. dazu Wellmer 2003, S. 143, Fußnote 1.

Schritt 3: Genaue Positionierung Wellmers

Man kann Wellmers Ansatz auf eine Mittelposition zwischen dem radikal neo-pragmatistischen Ansatz von Rorty und dem transzendentalpragmatischen Ansatz von Apel verorten. Während Rorty jede Art von Idealisierung vehement verneint, lässt Wellmer eine „harmlose" Form der Idealisierung zu.[300] Diese ist auf die „Ich-Perspektive" der Argumentierenden beschränkt und nicht in einer objektiven intersubjektiven Gültigkeitssphäre, wie es bei Apel der Fall ist, zu finden. Das bedeutet: Eine Idealisierung, wie zum Beispiel ein idealer Konsens, setzt ein Argumentierender, der mit seiner Ansicht andere Menschen überzeugen möchte, immer für sich voraus und integriert sie in sein Denken und Sprechen. Daraus lässt sich aber gemäß Wellmer nicht folgern, dass es ein generelles, für alle Menschen gleich gültiges, objektives Ideal eines „idealen Konsenses" gibt, das es von allen Menschen zu verwirklichen gilt, um zu theoretischen und praktischen Wahrheiten sowie der Möglichkeit eines friedvollen Zusammenlebens zu kommen. Durch die Form der harmlosen, argumentationsinternen Idealisierung rettet Wellmer – im Gegensatz zu Rorty – vor allem den Begriff der „Wahrheit" (vgl. unten Kapitel 5.1.2.1).

5.1.1.2 „Umkehr des Denkens"

Um Wellmers neo-pragmatistisches Denken verstehen und nachvollziehen zu können, muss man eine „Umkehr des Denkens" vornehmen. Der Ausdruck „Umkehr des Denkens" soll in diese Arbeit eingeführt werden, um Wellmers „neuartige" Denkweise besser erklären zu können. In deren Rahmen ist es erforderlich, sich von traditionellen, gewohnten Denkmustern zu verabschieden, um verstehen zu können, dass Wellmer in seinem neo-pragmatistischen Denken richtig liegt und man mit ihm den Weg der Begründung einer universalistischen und kognitivistischen Ethik, die nicht auf idealistische Implikationen angewiesen ist, gehen kann.

Was ist unter „Umkehr des Denkens" zu verstehen? Um den Kern der Denkart Wellmers fassen zu können, muss man zuerst begreifen, dass es ihm zufolge keine absoluten Wahrheiten, keine Letztbegründung und keine absoluten Fixpunkte wie etwa die regulative Idee der idealen Kommunikationsgemeinschaft geben kann. Eine Moralbegründung kann immer nur „von unten" erfolgen. Diese Begründungsart „von un-

300 Wellmer 2003, S. 154; Rorty, Richard (1987), *Der Spiegel der Natur: Eine Kritik der Philosophie*, übersetzt von Michael Gebauer, Frankfurt a. M., S. 215ff.

ten" lässt sich mit folgenden Worten zusammenfassen: Die Begründung der Moral setzt nicht, wie beispielsweise bei Apel, auf einer speziellen philosophischen Prinzipien- und Begründungsebene an, sondern auf der Ebene der Lebenswelt, des realen Diskurses und der interagierenden Individuen. Ein moralisches Urteil gilt dann nicht in einem *objektiven* Gültigkeitsraum, sondern immer nur *subjektiv*, für die einzelnen Individuen selbst, und zwar aufgrund von *für sich* vernünftigen und überzeugenden Gründen. Diese vernünftigen und überzeugenden Gründe erfassen die Individuen schließlich – so wird im Folgenden noch zu zeigen sein – mithilfe ihrer eigenen *moralischen Urteilskraft*, die sie wiederum nur gemeinsam und intersubjektiv im *realen Diskurs* der Lebenswelt, in kollektiven Lernprozessen, ausbilden können.[301]

Diese realweltlich-diskursive und pluralistische Begründungsart der Moral „von unten" verleitet auf den ersten Blick dazu, den Vorwurf des *Relativismus* zu erheben. Dieser Vorwurf erweist sich jedoch als unangebracht und überflüssig: Es kommt bei der Begründung der Moral nicht darauf an, diese an einem absoluten Fixpunkt wie der regulativen Idee der idealen Kommunikationsgemeinschaft zu befestigen. Im Gegenteil ist von Bedeutung, eine Moral in der Gesellschaft konkret zu realisieren und tatsächlich zu leben. Dabei ist erforderlich, dass die Menschen sich in ihrer *moralischen Urteilskraft* ausbilden und für eine *vernünftige Diskurskultur* sorgen. Denn nur auf diese Art und Weise kann gewährleistet werden, dass sich im realen Diskurs ein festes Netz von gemeinsamen moralischen Überzeugungen herauskristallisiert, das immer wieder diskursiv geprüft, revidiert und von Generation zu Generation weitergetragen werden kann.

Versteht man die Entwicklung der Moral aus dieser Perspektive, so erkennt man, dass es sich bei den moralischen Erkenntnissen nicht um absolute Wahrheiten handeln kann, sondern um Urteile, die ihrem Wesen nach fallibel sind und immer wieder gemeinschaftlich im realen Diskurs überprüft und den Gegebenheiten angepasst werden müssen.

Wie kann man vor diesem Hintergrund dann aber von „nicht relativistischen" Moralnormen sprechen? Mit Wellmer ist nicht davon auszugehen, dass es absolute Wahrheiten gibt. Die einzige Möglichkeit, eine moralische Norm vor dem Vorwurf des Relativismus zu schützen, sieht folgendermaßen aus: Erkennen immer mehr Subjekte eine moralische Norm mithilfe ihrer im realen Diskurs intersubjektiv ausgebildeten moralischen Urteilskraft und aufgrund von überzeugenden Gründen *für*

301 Ausführlicher dazu Kapitel 5.1.2.2 dieser Arbeit.

sich an und tragen diese Subjekte ihre moralische Überzeugung von Generation zu Generation weiter, so ist dies die einzige Möglichkeit, eine moralische Norm fest in einer Gesellschaft zu verankern und einem Normen-Relativismus wirksam entgegenzuarbeiten.

Fragt man nach einem Ort der Sicherheit für die Moral, so ist Wellmers Antwort, dass dieser nur in einer gut funktionierenden Diskurskultur, an der Menschen mit einer ausgebildeten moralischen Urteilskraft partizipieren, liegen kann. Das heißt, das Problem des Relativismus lässt sich nicht lösen, indem man „von oben" absolute Maßstäbe aufstellt, sondern indem man „von unten" in die Gesellschaft hineingeht und die Menschen zu einer Ausbildung ihrer moralischen Urteilskraft und einer Teilnahme an den realen Diskursen aufruft. Nur auf diese Art und Weise kann ein „sicheres" Fundament entstehen, auf dem die Menschen erfolgreich und dauerhaft ihre gemeinsamen moralischen Bedürfnisse austauschen und aushandeln können.[302]

Schließlich macht Wellmer deutlich, dass sich der Vorwurf des Relativismus „ganz von selbst" auflöst, wenn man die Beziehung zwischen Relativismus und Absolutismus neu überdenkt: Das Problem des Relativismus könne nur aufkommen, wenn man zuvor einen „Absolutismus" vorausgesetzt hat. Aus diesem Grund solle die gesamte Dimension von Relativismus und Absolutismus „ausradiert", also aufgegeben werden. Dies ist Wellmer zufolge kein Problem, da es für die Begründung einer Moral auf andere Aspekte ankommt als auf die Anbindung der Moral an absolute Ideale:

> „Eine ‚letzte' Bewährung philosophischer Einsichten kann es ebensowenig geben wie eine ‚letzte' Fundierung philosophischer Wahrheiten. Dies hat mit Relativismus nicht das geringste zu tun. Das Problem des Relativismus wird vielmehr nur durch die Blickrichtung erzeugt, aus der die Philosophie des Absoluten die Probleme der Wahrheitsgeltung gewahrt. Es käme darauf an, die Blickrichtung zu ändern, um das Problem des Relativismus zum Verschwinden zu bringen [...]. Und zwar liegt die Vermutung nahe, daß das Problem des Relativismus bloß der beständige Schatten eines Absolutismus ist, der die Wahrheit in einem Archimedischen Punkt verankern möchte, der außerhalb unserer tatsächlichen Diskurse liegt. Der Relativismus wäre die Erinnerung daran, daß es einen solchen Archimedischen Punkt nicht geben kann. Wenn es aber stimmt, daß wir keines solchen Archimedischen Punktes *bedürfen*, um an der

302 Siehe v. a. Kapitel 5.1.3.4 dieser Arbeit. Parallel hierzu vgl. den Ansatz von Skirbekk 2002, S. 211f.

> Idee der Wahrheit festzuhalten, dann könnten wir mit dem Absolutismus zugleich auch dessen Schatten, den Relativismus, verabschieden."[303]

Wie im weiteren Verlauf dieser Arbeit noch deutlich wird, ist vor diesem Hintergrund nicht mehr sinnvoll, von objektiv gültigen, absoluten Idealen – wie der regulativen Idee der idealen Kommunikationsgemeinschaft – zu sprechen, an die das, was „wahr" und „richtig" sein soll, befestigt zu sein hat.

5.1.2 Wellmers grundlegende Kritik an Apels Konzeption der regulativen Idee der idealen Kommunikationsgemeinschaft

Wellmer entwickelt seinen Ansatz einer diskursiven und pragmatistischen Ethik hauptsächlich aufgrund seiner Kritik an Apels Konzeption der regulativen Idee der idealen Kommunikationsgemeinschaft. Dabei richtet sich diese Kritik zum einen auf die diesem Konzept zugrundeliegende spezielle Konsensustheorie der Wahrheit und zum anderen auf die damit zusammenhängende Theorie der Letztbegründung (vgl. Kapitel 4.2.3). Hinsichtlich beider Kritikpunkte entwickelt Wellmer eigene Begriffe von „Wahrheit" und „Begründung" und baut darauf seine Theorie einer diskursiven und pragmatistischen Ethik auf, die vollständig der idealistischen Implikationen von Apels Ansatz entsagen kann. Im Folgenden wird daher Wellmers grundlegende Kritik an Apels Konzeption der regulativen Idee der idealen Kommunikationsgemeinschaft ausgeführt. Dabei soll an die in Kapitel 4.2.3 bereits dargelegte Kritik Wellmers an Apel angeschlossen und dargestellt werden, was Wellmer, in bewusster Abgrenzung zu Apel, unter „Wahrheit" (Kapitel 5.1.2.1) und „Begründung" (Kapitel 5.1.2.2) versteht.

Die folgende Darlegung dient als Vorbereitung für die anschließende Illustration der Wellmer'schen Ethik in Kapitel 5.1.3. Die Begriffe „Wahrheit" und „Begründung" werden hier zunächst ganz allgemein, das heißt sowohl in Bezug auf die praktischen als auch auf die theoretischen Erkenntnisbereiche, betrachtet. Ferner eignet sich diese Darstellung, um Wellmers neo-pragmatistisches Denken klarer veranschaulichen zu können.[304]

303 Wellmer 1986, S. 100.

304 Als Vorlage für dieses Kapitel wurde in erster Linie Wellmers Aufsatz „Der Streit um Wahrheit. Pragmatismus ohne regulative Ideen" aus dem Jahr 2003

5.1.2.1 *Wellmers Kritik an Apels Konsensustheorie der Wahrheit und sein Begriff der Wahrheit*

Apel schließt wie gesehen in der Formulierung seiner Wahrheitstheorie im Wesentlichen an die Konsensustheorie der Wahrheit von Peirce an. Dabei erweitert Apel den Ansatz von Peirce insofern, als er „Wahrheit" nicht mehr nur an den Konsens des exklusiven Kreises der Forscher, sondern an den moralisch fundierten Konsens der alle Menschen umfassenden Kommunikationsgemeinschaft bindet. Demgemäß definiert Apel „Wahrheit" als den „infiniten Konsens der idealen Kommunikationsgemeinschaft".

Die Darstellung der Apel'schen Konsensustheorie zeigte ferner, dass Apel Erkenntnis und „Wahrheit" nicht mehr, wie es bei der Korrespondenztheorie der Wahrheit der Fall war, an *Inhalte*, sondern ausschließlich an eine rein sprachliche Prozedur und *Form* bindet. Diese Form des „infiniten Konsenses der idealen Kommunikationsgemeinschaft" bestimmt Apel schließlich als *universalgültige* Form, die sich durch eine transzendentale Reflexion auf die Bedingungen unseres vernünftigen Argumentierens aufdecken lässt und somit für alle Menschen in gleicher Weise gültig ist. Damit bindet Apel „Wahrheit" an einen objektiven Fixpunkt innerhalb der Dimension der Sprache, wodurch er versucht, der Gefahr des Relativismus entgegenzuwirken.

Wellmer kritisiert Apels Konsensustheorie der Wahrheit in mehreren Aspekten und erklärt sie infolgedessen als insgesamt unhaltbar. Wie gezeigt wurde, lassen sich drei wesentliche Einwände erkennen: (1) Zunächst kritisiert Wellmer, dass Apel bei der Bestimmung der regulativen Idee der idealen Kommunikationsgemeinschaft als einer universalgültigen Prozedur und Form der Wahrheitserkenntnis einen „metaphysischen" Standpunkt einnimmt. Wellmer zufolge ist es jedoch keinem Menschen möglich, einen solchen „Gottesstandpunkt" einzunehmen, da jeder Mensch in seinem Erkennen und Argumentieren nicht nur in der Dimension der Sprachlichkeit und intersubjektiven Kommunikation, sondern immer auch in einer „Ich-Perspektive", aus der er nicht heraustreten kann, verhaftet ist. (2) Des Weiteren richtet sich Wellmers Kritik an Apels Konzeption der regulativen Idee der idealen Kommunikationsgemeinschaft an sich. Dabei macht Wellmer deutlich, dass die in der Idee der idealen Kommunikationsgemeinschaft enthaltene Idee einer optimalen und letzten Sprache keinen Sinn ergibt, da

herangezogen. (Die Vorlage für das folgende Kapitel 5.1.3 ist dann „Ethik und Dialog" aus dem Jahr 1986.)

ein solcher Zustand das Ende des menschlichen Denkens und somit auch der Menschheit an sich bedeuten würde. Demgemäß ist nicht einzusehen, warum die Menschen etwas approximativ anstreben sollen, was das Ende ihrer wesentlichen Charakteristik bedeuten würde. (3) Schließlich bemängelt Wellmer an Apels Wahrheitsbegriff, dass dieser „Wahrheit" lediglich an eine äußere, ideale Form und nicht an Inhalte und Gründe bindet. Wellmer zufolge trägt der Aspekt des rein formalen, idealen Konsenses jedoch nichts dazu bei, ob etwas als „wahr" gilt oder nicht. „Wahrheit" sei vielmehr, wie im Folgenden zu sehen sein wird, an *überzeugende Gründe* gebunden.

Aufgrund seiner Kritik an Apels Ansatz konzipiert Wellmer einen Wahrheitsbegriff, der im Folgenden in drei Schritten dargestellt wird:

Schritt 1: Wahrheit und Rechtfertigung

In seinem Aufsatz „Der Streit um Wahrheit. Pragmatismus ohne regulative Ideen" erklärt Wellmer seinen Wahrheitsbegriff, indem er die Begriffe „Wahrheit" und „Rechtfertigung" einander gegenüberstellt und ersteren dabei zunächst als einen bestimmten Wert innerhalb unserer Rechtfertigungspraxis definiert. Mit dieser ersten groben Definition schließt Wellmer an eine verbreitete Ansicht innerhalb der Philosophie an – zu der auch Apel und die gesamte Diskursethik zählen –, die sich von der traditionellen Korrespondenztheorie der Wahrheit abgrenzen möchte. „Wahrheit" wird nicht mehr in der Übereinstimmung zwischen den Gegenständen unserer Realität und unseren Aussagen über diese Gegenstände gesucht, sondern ausschließlich in unserer Praxis des Rechtfertigens. Das bedeutet, der Begriff der Wahrheit wird von dem Zwischenbereich des Wirklichen und Sprachlichen in den rein sprachlichen Bereich unserer Rechtfertigungspraxis verlegt.[305]

Vor diesem Hintergrund kritisiert Wellmer nun Apel. Dieser zeichnet „Wahrheit" gegenüber „Rechtfertigung" dadurch aus, dass er „Wahrheit" als den „infiniten Konsens der idealen Kommunikationsgemeinschaft" definiert. Auf diese Weise bestimmt er den Wahrheitsbegriff als einen *absoluten* Wert, der an einem universalgültigen und objektiven Fixpunkt innerhalb unserer *Rechtfertigungs*praxis festgemacht ist.[306]

Diese Definition Apels erklärt Wellmer als unhaltbar. „Wahrheit" kann kein absoluter Wert sein, der an einem objektiven Punkt „über uns" fi-

305 Vgl. Wellmer 2003, S. 146ff.

306 Vgl. Wellmer 2003, S. 152.

xiert ist.[307] Vielmehr ist „Wahrheit" eine behauptende und überzeugende Stellungnahme in einem sozialen Raum verschiedener Ich-Perspektiven. „Wahrheit" stellt einen Wert dar, der „für mich" gilt. Es handelt sich um eine Bestimmung, die ich meinen Behauptungen oder auch den Behauptungen anderer zuschreiben kann. Eine solche Zuschreibung erfolgt dabei immer dann, wenn ich denke, dass eine Behauptung *gerechtfertigt* – was so viel heißt wie richtig begründet – ist. Wahrheit und Rechtfertigung sind somit persönliche Ansichten, die ein kommunizierender und interagierender Mensch gegenüber anderen kommunizierenden und interagierenden Menschen hervorbringt und insofern in den sozialen Raum des Diskurses wirft.[308]

Das Charakteristische an Wellmers Wahrheitsbegriff ist der darin implizierte Perspektivenunterschied. Dabei unterscheidet Wellmer zwischen der Perspektive eines Sprechers auf sich selbst und der Perspektive dieses Sprechers auf andere Sprecher. Mit dieser Differenzierung macht Wellmer deutlich, dass ein Unterschied besteht zwischen dem, was ich „für wahr" halte, und dem, was andere „für wahr" halten. Das heißt: Eine bestimmte Behauptung, die ich erhebe, ist in meinen Augen gerechtfertigt und somit *für mich* „wahr". Diese Tatsache bedeutet aber nicht, dass dieselbe Behauptung auch in den Augen anderer Menschen gerechtfertigt und somit „wahr" ist. Rechtfertigung und Wahrheit sind somit immer an die jeweilige „Ich-Perspektive" der Sprecher gebunden und führen in einem Diskurs zu einer Perspektivendifferenz zwischen dem „etwas für gerechtfertigt und somit wahr halten" und dem „etwas für nicht gerechtfertigt und somit nicht wahr halten".[309]

Wellmer verdeutlicht diesen Perspektivenunterschied, indem er die besondere Rolle des Wahrheitsbegriffs innerhalb unserer Rechtfertigungspraxis herausstellt. Das Rechtfertigen oder Behaupten ist nach Wellmer im Allgemeinen und „von außen" betrachtet immer mit einem Personen- und Zeitindex versehen, während ein „von innen" betrachteter Wahrheitsanspruch immer mit dem Anspruch auf Absolutheit und universelle Gültigkeit einhergeht. Dies bedeutet in Bezug auf den genannten Perspektivenunterschied: Ein Sprecher, der eine für ihn als „wahr" gerechtfertigte Behauptung in den Diskurs wirft, geht aus seiner Perspektive immer davon aus, dass seine Behauptung der „Wahrheit" entspricht und somit absolut und universell gültig ist. Für diesen Sprecher

307 Vgl. Kapitel 4.2.3.1 dieser Arbeit.

308 Vgl. Wellmer 2003, S. 155.

309 Vgl. Wellmer 2003, S. 156.

besteht eine Identität zwischen seiner in seinen Augen gerechtfertigten Behauptung und der „Wahrheit". Für einen anderen Sprecher kann dieses Verhältnis jedoch ganz anders ausfallen: Überzeugen ihn nicht die Gründe, die der erste Sprecher hervorbringt, so kann er die Behauptung des ersten Sprechers als *nicht gerechtfertigt* und somit *nicht wahr* identifizieren. In seinen Augen ist die Behauptung des ersten Sprechers eine flüchtige, personen- und zeitgebundene Aussage. Das heißt: Ein und dieselbe Behauptung kann für den einen Sprecher – aus der Innenperspektive heraus – universell gültig sein und eine „Wahrheit" darstellen, während sie für einen anderen Sprecher – aus der Außenperspektive gesehen – lediglich personen- und zeitpunktgebunden ist und eine einfache, bedeutungslose Behauptung und unter Umständen verfehlte „Wahrheit" darstellt.[310] „Wahrheit" ist damit ein absoluter und universeller Wert, der in dieser Form aber immer nur in der Innenperspektive eines Sprechers gilt.

Wellmer folgend liegt der Wahrheitsbegriff nun in dieser Perspektivendifferenz der verschiedenen Sprecher. Er ist entsprechend auch nur aus dieser Differenz heraus zu verstehen. Damit verdeutlicht Wellmer, dass Wahrheit kein absoluter Wert – der schließlich oberhalb dieser Differenz liegen müsste – sein kann. Aufgrund dessen kritisiert er Apels Wahrheitstheorie als „metaphysisch", weil Apel eben genau diese für den Wahrheitsbegriff entscheidende Perspektivendifferenz ignoriert:

> „Der Fehler aller derartigen Überlegungen liegt darin, daß sie mit dem konstitutiven Unterschied zwischen der Perspektive der ersten Person *auf sich* und *auf andere Sprecher* nicht Ernst machen und statt dessen eine ‚Meta-Perspektive' einzunehmen versuchen; das ist genau dasjenige, was ich ‚metaphysisch' genannt habe. In Wirklichkeit wird jede Erläuterung des Wahrheitsbegriffs fehlgehen, die mehr will, als diesen Perspektivenunterschied begrifflich auszuarbeiten, so wie er sich für jeden einzelnen Sprecher darstellt."[311]

Schritt 2: Überzeugende Gründe

Ein weiterer wesentlicher Bestandteil der Wellmer'schen Theorie der Wahrheit ist der Aspekt der *überzeugenden Gründe*. Wie Wellmer veranschaulicht, sind es immer die persönlich überzeugenden Gründe, die das Individuum unmittelbar dazu verleiten, einen Sachverhalt als „ge-

310 Vgl. Wellmer 2003, 161ff.

311 Wellmer 2003, S. 157.

rechtfertigt" und somit „wahr" zu identifizieren.[312] Somit lässt sich der interne Zusammenhang zwischen „Wahrheit" und „Rechtfertigung" wie folgt beschreiben: Eine Behauptung, die ich aufgrund von für mich einsichtigen Gründen für „gerechtfertigt" halte, halte ich auch für „wahr". Das heißt also, dass „Wahrheit" und „Rechtfertigung" im Wesentlichen durch den Aspekt der überzeugenden Gründe intern miteinander verbunden und definiert sind.[313]

Bei diesem Aspekt der überzeugenden Gründe ist jedoch auch wieder der bereits genannte Perspektivenunterschied zu bedenken: Gründe, die für mich überzeugend sind und mich dazu verleiten, eine Behauptung für gerechtfertigt und somit „wahr" zu bestimmen, müssen nicht auch in den Augen anderer einleuchtend und richtig sein. Somit halten wir Menschen verschiedene Behauptungen aufgrund von verschiedenen Gründen für wahr. Anders heißt dies auch, dass zwei Menschen ein und dieselbe Behauptung für „wahr" halten können, jedoch aufgrund jeweils verschiedener Begründungen. Folglich sind die überzeugenden Gründe – genauso wie die Ansichten von „Rechtfertigung" und „Wahrheit" – immer etwas Subjektives und bleiben an die „Ich-Perspektive" des jeweiligen Sprechers gebunden.[314]

Des Weiteren gilt für Wellmers Wahrheitsbegriff, dass er im Wesen fallibel und revidierbar ist. Das heißt, wenn ich einen bestimmten Sachverhalt heute aufgrund von bestimmten Gründen für „wahr" halte, kann es sein, dass ich denselben Sachverhalt zu einem späteren Zeitpunkt aufgrund von anderen Gründen als „nicht gerechtfertigt" und „nicht wahr" identifiziere. Dass die Menschen zu verschiedenen Zeitpunkten verschiedene Behauptungen für „wahr" halten, kann zum Beispiel an ihren unterschiedlichen Erfahrungen mit der Umwelt liegen oder an den überzeugenden Gegenargumenten anderer Menschen.[315] Dieser Aspekt zeigt noch einmal deutlicher, dass „Wahrheit" immer in Bezug zu individuellen und konkreten Überzeugungen und Gründen gedacht werden muss und niemals etwas Absolutes, so wie es bei Apel der Fall war, sein kann – obwohl Letzteres den jeweiligen Sprechern in den Momenten, in denen sie ihre Behauptungen in den Diskurs werfen, aus ihrer Innenperspektive so erscheint.

312 Wellmer spricht diesbezüglich auch von dem „zwingenden" Charakter gut begründeter Aussagen; vgl. Wellmer 2003, S. 157f.

313 Vgl. Wellmer 1986, S. 209f.

314 Vgl. Wellmer 1986, S. 157, 159.

315 Vgl. Wellmer 1986, S. 158.

An dieser Stelle wird augenfällig, dass Wellmer der reinen Konsensustheorie der Wahrheit, die von Apel und der allgemeinen Diskursethik vertreten wird, widerspricht. Denn hier zeigt sich besonders deutlich, dass Wellmer „Wahrheit" nicht mehr nur an die reine Form des vernünftigen Konsenses, sondern in erster Linie an die für den einzelnen Menschen einsichtige und nachvollziehbare Begründung bindet – wobei der Aspekt des vernünftigen Konsenses durchaus einer der überzeugenden Gründe darstellen kann. Das heißt, dass die Gründe, die mich zu der Bestimmung einer Behauptung als „wahr" bewegen, verschiedenartig und vermischt sein können: Zum einen können sie sich auf die Übereinstimmung der Behauptung mit der Wirklichkeit beziehen, was sowohl für den theoretischen als auch den praktisch-moralischen Erkenntnisbereich gilt. Zum anderen können mich aber auch rein sprachliche Aspekte, wie eben das Vorhandensein eines verbreiteten Konsenses, zu der Überzeugung verleiten, dass eine Aussage als „wahr" anzusehen ist.

Aus dem Gesagten wird deutlich, dass Wellmer die reine Konsensustheorie der Wahrheit wieder auflockert und mit der traditionellen Korrespondenztheorie der Wahrheit in Bezug auf theoretische Erkenntnisse sowie mit der Kohärenztheorie der Wahrheit in Bezug auf praktische Erkenntnisse vermischt. Dies ist ihm jedoch nur möglich, weil er den Wahrheitsbegriff nicht mehr auf eine objektive, überindividuelle Ebene stellt, sondern ihn an die „Ich-Perspektive" der einzelnen Sprecher bindet. Zu der Vermischung der verschiedenen Wahrheitsbegriffe in unserer Begründungspraxis sagt Wellmer:

> „Bei normativen Geltungsfragen (im Sinne der Gerechtigkeit und der moralischen Richtigkeit) verhalten sich die Aspekte des Konsenses und der – pragmatischen – Kohärenz, wie es scheint, etwa ebenso wie bei empirischen Geltungsfragen die Aspekte der Korrespondenz und des Konsenses. Aber auch normativer und theoretischer Diskurs sind voneinander nicht unabhängig. Daß ein Konsensbegriff der Wahrheit nicht ausreicht, liegt also letztlich daran, daß er den ‚Korrespondenzaspekt' der Wahrheit nicht mit umfaßt."[316]

Schritt 3: Transsubjektiver Wahrheitsraum

Aus dem oben Gesagten geht hervor, dass Wellmer zufolge „Wahrheit" nicht die Zuschreibung einer bloßen Eigenschaft bedeutet, sondern eine auf die „Ich-Perspektive" der jeweiligen Sprecher bezogene Stellung-

316 Wellmer 1986, S. 211.

nahme in einem Diskurs darstellt. Daraus folgt, dass ein weiteres Charakteristikum der „Wahrheit" die „Transsubjektivität" ist.

Unter der Eigenschaft der Transsubjektivität ist zu verstehen, dass „Wahrheit" zwar immer etwas ist, das nur in der jeweiligen „Ich-Perspektive" der Sprecher gültig ist, aber dennoch in einem anderen Sinne auch über die „Ich-Perspektive" der Sprecher hinausgeht. Wahrheit ist damit im Wesentlichen *streitig*: Indem wir einen Wahrheitsanspruch für eine bestimmte Behauptung erheben, suchen wir immer auch die diskursive Auseinandersetzung mit anderen Menschen, wobei das Ziel darin besteht, die anderen von unserer Behauptung zu überzeugen. Da dieser Anspruch von verschiedenen Sprechern in einem Diskurs ausgeht, kann man sagen, dass sich für die Teilnehmer eines Diskurses – aufgrund des oben beschriebenen Perspektivenunterschiedes – ein „transsubjektiver Wahrheitsraum" eröffnet, in dem gemeinsam um das, was „wahr" ist, gestritten wird.

Der Ort der Wahrheit ist somit zum einen die jeweilige „Ich-Perspektive" der Sprecher, aber, darüber hinausgehend, auch der „transsubjektive Wahrheitsraum", in dem wir um die Wahrheit streiten. Das bedeutet fernen, dass es sich bei dem Phänomen des Streites auch um einen gemeinsamen, endlosen Erkenntnis- und Lernprozess handelt[317]: Indem wir wechselseitig versuchen, die jeweils anderen von unseren Behauptungen – aufgrund bestimmter Gründe – zu überzeugen, lernen wir auch voneinander und kommen schließlich zu Erkenntnissen, zu denen wir ohne die diskursive Auseinandersetzung nicht gekommen wären.

Dieser Lernprozess lässt sich dabei in einen individuellen und einen kollektiven Lernprozess unterteilen: Den individuellen Lernprozess vollzieht jedes Subjekt für sich aufgrund seiner Erfahrungen und seines Austausches mit seinen Mitmenschen im Diskurs. Hier lernt es sein Vermögen der Beurteilung und Begründung auszubilden. Den kollektiven Lernprozess erfahren die Individuen schließlich gemeinsam, wodurch sie gemeinsame Überzeugungen generieren, die wiederum eine Grundlage für weitere Auseinandersetzungen bilden können.[318] Dabei ist an dieser Stelle jedoch wieder einzuschränken, dass es sich bei den gemeinsamen Überzeugungen nicht um absolute Wahrheiten handeln kann, sondern lediglich um „Wahrheiten", die *für die* einzelnen Individuen aufgrund von *für sie* individuell überzeugenden Gründen gelten können.

317 Vgl. Wellmer 1986, S. 159.

318 Vgl. Wellmer 1986, S. 126.

Indem Wellmer die „Wahrheit" nun in dem „transsubjektiven Wahrheitsraum" verortet und als etwas definiert, was im Wesentlichen *streitig* ist, macht er deutlich, dass Apels These von einem „letzten Konsens" keinen Sinn ergibt. Vielmehr ist der Streit um die Wahrheit ein *endloser* Streit, in dem wir nicht einen bestimmten letzten Konsens anstreben, sondern erzielte Konsense immer wieder neu hinterfragen und die „Wahrheit" immer wieder aufs Neue suchen:

> „[D]ie Wahrheit, als perspektiven*übergreifend*, ist zugleich wesentlich *umstritten*. Daß die Wahrheit transsubjektiv ist, bedeutet zugleich, daß die Wahrheit strittig ist. Der Streit um die Wahrheit ist das Element, in dem die Wahrheit ihr Sein hat, ein Sein, das uns immer wieder nötigt, die Wahrheit neu zu entdecken, eine Stellung im Wahrheitsraum zu beziehen, Gründe zu geben und zu akzeptieren. Nur auf dem Hintergrund eines kooperativen Streits um die Wahrheit sind gemeinsam als begründet anerkannte Überzeugungen möglich. In diesem Zusammenhang macht die Idee eines letzten, eines ultimativen Konsenses keinen Sinn: denn es wäre die Idee einer Stillstellung des Streits, in dem die Wahrheit ihr Sein hat, es wäre die Idee eines Endes der Wahrheit."[319]

Zusammenfassung

Wie die Darstellung gezeigt hat, formuliert Wellmer einen Wahrheitsbegriff, wobei „Wahrheit" nicht als ein universalgültiger Wert an einem objektiven Fixpunkt festgemacht ist, sondern sich vielmehr innerhalb unserer Rechtfertigungspraxis und der damit einhergehenden Perspektivendifferenz der Sprecher finden lässt. Wellmer klärt auf, dass „Wahrheit" immer nur aus der „Ich-Perspektive" der jeweiligen Sprecher, und zwar aufgrund von individuell überzeugenden Gründen, zu verstehen ist.

Die Möglichkeit des Apel'schen Begriffs der absoluten Wahrheit wird damit bestritten. Wellmer verneint den Wahrheitsbegriff jedoch nicht vollständig, wie Rorty dies tut. Gemäß Rorty ist der Wahrheitsbegriff unbedeutend, da es in all unserem Denken ausschließlich auf Rechtfertigungen ankomme. Er geht von einer notwendigen *Deflation* des Wahrheitsbegriffs aus.[320] An dieser Stelle schreitet Wellmer ein, indem er die

319 Wellmer 2003, S. 159f.

320 Vgl. zu Rortys deflationärem und neo-pragmatistischem Wahrheitsbegriff Rorty 1987; Rorty, Richard (2000), *Wahrheit und Fortschritt*, Frankfurt a. M.; Rorty, Richard (1991), *Pragmatism, Davidson and Truth*, in: Rorty, Richard (1991), *Objectivity, relativism, and truth: Philosophical papers. Volume I*, Cambridge, S. 126ff; Williams, Michael (2003), *Rorty on Knowledge and Truth*, in:

Bedeutung des Wahrheitsbegriffs für unsere Rechtfertigungspraxis unterstreicht und einen „harmlosen" Wahrheitsbegriff, der seinen Ort in der Ich-Perspektive der Sprecher sowie in einem transsubjektiven, streitigen Wahrheitsraum hat, zulässt.[321]

Die Darstellung des Wahrheitsbegriffs bei Wellmer wirft nun die Frage auf, ob Wellmer einen *relativistischen* Wahrheitsbegriff vertritt – das heißt ein Verständnis von „Wahrheit", bei dem ihr kein universalgültiger Wert zugesprochen, sondern sie immer nur in einer Relation zu zeit- und personengebundenen, konkreten Behauptungen gesehen wird. Gegen diesen Vorwurf des Relativismus wendet Wellmer jedoch – wie mit dem Ausdruck „Umkehr des Denkens" bereits deutlich gemacht wurde – ein, er hänge mit einem generell falschen Verständnis von „Begründung" zusammen. Vielmehr könne die Begründung von Wahrheiten immer nur „von unten", beim Individuum ansetzend, geschehen. Dabei komme es schließlich, um dem Vorwurf des Relativismus zu entgehen, auf ganz andere Aspekte an als auf den beständigen Versuch, „Wahrheit" an einem objektiven und absoluten Fixpunkt zu befestigen.[322]

5.1.2.2 *Kritik an Apels Theorie der Letztbegründung und Wellmers Begriff der Begründung*

Wie in Kapitel 4.1.2.3 dieser Arbeit dargestellt wurde, nimmt die Konzeption der Letztbegründung einen wichtigen Stellenwert in Apels Theorie der transzendentalpragmatischen Diskursethik sowie seiner zweistufigen Architektonik der Verantwortungsethik ein. Dabei bestimmt Apel die regulative Idee der idealen Kommunikationsgemeinschaft – und in diesem Zusammenhang die Grundnormen der Mit-Verantwortung und der Gleichberechtigung – als nicht weiter hintergehbare Präsuppositionen unseres vernünftigen Argumentierens im Diskurs. Gemäß Apel sind diese Präsuppositionen universalgültige Konstanten, die Garanten für die Erkenntnis des Richtigen und des Wahren darstellen und somit jedem Vorwurf des Relativismus entgegenstehen.

Guignon, Charles/Hiley, David R. (Hg. 2003), *Richard Rorty*, Cambridge, S. 61ff.

321 Vgl. Wellmer 1986, S. 154ff.

322 Vgl. Wellmer 2003, S. 169f.

Wellmer kritisiert an diesem Gedankengang – wie in Kapitel 4.2.3.2 gesehen –, dass Apel einfache Rationalitätsverpflichtungen des diskursinternen Argumentierens zu Idealen der Wirklichkeit hypostasiert. Wellmer zufolge lassen sich jedoch keine Anhaltspunkte dafür finden, diese einfachen diskursiven Rationalitätsverpflichtungen als kategorische, sprich universalgültige moralische Verpflichtungen zu definieren. Auch wäre eine solche Definition letztendlich unmöglich, da man dafür eine absolute Metaperspektive einnehmen müsste – was kein Mensch kann. Jeder ist, in seinem Denken und Erkennen, immer seiner „Ich-Perspektive" verhaftet.

Ausgehend von seiner Kritik am Konzept der Letztbegründung entwickelt Wellmer eine eigene Begründungstheorie, die nicht – wie bei Apel – von einem *starken und eindimensionalen*, sondern von einem *schwachen und mehrdimensionalen* Begründungsbegriff ausgeht.[323] Dabei grenzt er sich von Apel insofern ab, als er die Begründung dessen, was „wahr" und „richtig" sein soll, nicht „von oben", sondern „von unten" vollzieht. Damit ist gemeint, dass er die Begründung nicht von universalgültigen und absoluten Idealen abhängig macht, sondern durch die in der Lebenswelt diskursiv interagierenden Individuen geschehen lässt.

Bei Wellmers Begründungstheorie kommt es, wie im vorhergehenden Kapitel über „Wahrheit" deutlich wurde, auf zwei wichtige Faktoren an: zum einen auf die überzeugenden Gründe und zum anderen auf den realen Diskurs als „transsubjektiven Wahrheitsraum". Mit Letzterem hängen wiederum individuelle und kollektive Lernprozesse im Hinblick auf das zusammen, was „wahr" sein soll. Dabei wurde deutlich, dass die Individuen (a) die „Wahrheiten" immer nur in sich selbst begründen können und dass sie (b) diese „Wahrheiten" revidieren können. Die Revision der eigenen Urteile geschieht dabei dadurch, dass die Individuen am realen Diskurs teilnehmen und durch diese Interaktion mit den anderen Menschen ihre eigene Urteilskraft in den verschiedenen Erkenntnisbereichen ausbilden können.[324]

Dies zeigt, dass Wellmer das *Ziel* der Wahrheitsbegründung anders deutet als Apel. Während Apel nach einer *Letztbegründung* für die „Wahrheit" sucht, begreift Wellmer das Wesen der Begründung von Wahrheiten in der Fallibilität und Revision. Dabei differenziert er zwi-

323 Vgl. Wellmer 1986, S. 11.

324 Es ist anzumerken, dass hier nicht zwischen den verschiedenen Erkenntnisbereichen (u. a. moralisch/theoretisch/ästhetisch) differenziert wird. Dagegen geht es in Kapitel 5.1.3 ausschließlich um die moralische Erkenntnis.

schen zwei Perspektiven der Sprecher: der Innen- und der Außenperspektive. Aus der Innenperspektive erscheinen uns unsere Urteile als „absolut wahr" und „letztbegründet". Aus der Außenperspektive ist jedoch zu sagen, dass es keine objektiv gültigen, absoluten und letztbegründeten „Wahrheiten" geben kann. Um ein solches absolutes Urteil fällen zu können, müsste man einen göttlichen Standpunkt einnehmen, den jedoch kein Mensch einnehmen kann.[325] Somit sind unsere Urteile fallibel, und es kommt vielmehr darauf an, dass die Menschen ihr Urteilungsvermögen im interaktiven, realen Diskurs ausbilden und ihre Urteile dementsprechend immer wieder revidieren und *für sich* neu begründen.

Durch diese Konzeption bindet Wellmer die Begründung der „Wahrheit" und „Richtigkeit" nicht, wie es bei Apel der Fall ist, an den idealen Diskurs der idealen Kommunikationsgemeinschaft, sondern an die realen Diskurse der gegenwärtigen Gesellschaft. Gegen Apels Anspruch eines eindimensionalen, ideal-diskursiven Begründungsbegriffs setzt er einen pluralistischen, realweltlich-diskursiven Begriff von Begründung.

Diese pluralistische und realweltlich-diskursive Begründungsart sieht sich nun schnell der Kritik des Relativismus ausgesetzt. Nach Wellmer erübrigt sich dieser Vorwurf jedoch, wenn man das Begründungs- und somit Relativismusproblem aus einer anderen Perspektive – die oben unter dem Stichwort „Umkehr des Denkens" erklärt wurde – betrachtet. Damit ist gemeint, dass eine „Wahrheit" nur dadurch vor dem Problem des Relativismus geschützt werden kann, dass sie als vernünftig begründete Überzeugung in den Köpfen der Menschen verankert und von Generation zu Generation weitergetragen wird. Sie kann jedoch nicht in Beziehung zu einer abstrakten, universalgültigen Idee, wie der regulativen Idee der idealen Kommunikationsgemeinschaft, gesetzt werden. Dies überzeugt nicht.

5.1.3 Wellmers Entwurf einer diskursiven Ethik *ohne* regulative Ideen

Im Folgenden soll nachgezeichnet werden, wie Wellmer seinen speziellen Ansatz einer diskursiven Ethik in seinem Werk „Ethik und Dialog" aus dem Jahr 1986 entfaltet. Dabei ist das Besondere dieser Ethik, dass es in ihrem Rahmen gelungen ist, eine diskursive Ethik zu formulieren,

325 Vgl. Wellmer 2003, S. 152; Kapitel 4.2.3.1 (Kritikpunkt 1) dieser Arbeit.

die auf der einen Seite ohne idealistische Implikationen auskommt, auf der anderen Seite aber noch ausreichend Potenzial aufweist, um als universalistisch und kognitivistisch gelten zu können. Aufgrund dieser Eigentümlichkeit lässt sich Wellmers Ethik als eine „Minimalethik" charakterisieren. Ihre Darstellung wird in fünf Punkten vollzogen:

Zunächst wird erklärt, inwiefern es sich bei ihr um eine Ethik handelt, die dem Anspruch einer diskursiven, universalistischen und kognitivistischen Ethik genügen kann (Kapitel 5.1.1.1). Daraufhin wird in vier Schritten erläutert, wie die Begründung der Moral - vor dem Hintergrund seines neo-pragmatistischen Denkens - vollzogen werden kann (Kapitel 5.1.1.2). In einem dritten Punkt werden explizit die verschiedenen Arten von Moralnormen, die Wellmer in „Ethik und Dialog" benennt, herausgearbeitet. Dies ist für den weiteren Verlauf der Arbeit wichtig, da das gesuchte Prinzip Verantwortung dort anknüpfen soll, wo Wellmer über „positive Normen" spricht (Kapitel 5.1.1.3). Im nächsten Schritt wird auf die „Rationalisierung der Lebenswelt" eingegangen - ein bedeutender Aspekt, den Wellmer am Ende von „Ethik und Dialog" entfaltet (Kapitel 5.1.1.4). Die Darstellung der Wellmer'schen Ethik schließt mit einer kurzen Zusammenfassung und Auswertung (Kapitel 5.1.1.5).

5.1.3.1 *Anspruch: diskursiv, universalistisch, kognitiv*

Wie aus seinem Werk „Ethik und Dialog" herauszulesen ist, verbindet Wellmer mit der Entfaltung seiner Ethik einen dreifachen Anspruch: seine Ethik soll diskursiv, universalistisch und kognitiv sein.

Mit dem Anspruch auf Diskursivität befindet sich Wellmer auf einer Linie mit der allgemeinen Diskursethik, deren bekannteste Vertreter Apel und Habermas sind.[326] Dementsprechend ist es ebenfalls Wellmers Bestreben, kritisch an der Ethik Kants anzuschließen und dabei den Mangel der fehlenden Dialogizität des kantischen Ansatzes auszugleichen, um das grundlegende kantische Problem der intersubjektiven Gültigkeit der moralischen Urteile lösen zu können. In diesem Ausgangspunkt der Kritik ist sich Wellmer mit den anderen Diskursethikern einig, nicht jedoch, was die Ausführung des Lösungsweges angeht:[327] Während die Diskursethiker, wie vor allem Apel, die Gültigkeit

326 Wellmer selbst betrachtet vor allem Apel und Habermas als Hauptvertreter der Diskursethik. In „Ethik und Dialog" richtet er sich kritisch an beide. Vgl. Wellmer 1986, S. 8ff, 51ff; allgemein dazu vgl. Werner 2006a, S. 146ff.

327 Vgl. Wellmer 1986, S. 9, ferner 38ff.

von moralischen Urteilen an die Existenz einer universalgültigen und aus der allgemeinen Vernunft der Menschen abgeleiteten regulativen Idee binden, versucht Wellmer die Begründung der Moral – gemäß seinem neo-pragmatistischen Denken – „von unten“ her zu erklären, das heißt, bei den in der Lebenswelt interagierenden und diskutierenden Individuen anzusetzen. Dabei macht Wellmer deutlich, dass die Gültigkeit moralischer Urteile zwar auf Diskurse, nicht jedoch auf das Vorhandensein universalgültiger regulativer Ideen angewiesen ist.[328]

In „Ethik und Dialog“ geht Wellmer somit einen anderen Weg der diskursiven Lösung jener Problematik, die Kants Ethik aufwirft. Man kann sagen: Wellmer kommt zwar aus der philosophischen Richtung der Diskursethik, knüpft jedoch in einer anderen Weise kritisch an die Ethik Kants an, um deren Mängel – die in erster Linie in dem Fehlen der Dimension des Diskurses zu sehen sind – ausgleichen zu können.[329] Dabei ist sein Lösungsweg im Wesentlichen dadurch charakterisiert, dass Wellmer die Begründung moralischer Urteile nicht an den *idealen,* sondern an den *realen* Diskurs knüpft und dabei nicht als *eindimensional* und *stark,* sondern als *mehrdimensional* und *schwach* versteht.[330] Das Ziel dieses Lösungsweges sieht Wellmer schließlich in der Schaffung einer vernünftigen Diskurskultur. Hier sieht er die einzige Möglichkeit, einen Ort der Sicherheit für unsere moralischen Urteile, die an sich fallibel und ständig wandelbar sind, zu schaffen.[331]

Neben dem Anspruch auf Diskursivität verfolgt Wellmer den Anspruch, dass seine Ethik universalistisch und kognitiv beschaffen sein soll. Mit diesen zwei Ansprüchen möchte er zum einen in der Tradition der Ethiken von Kant und der Diskursethik stehen. Zum anderen möchte er sich aber auch hinsichtlich beider Ansprüche von den Ansätzen Kants und der Diskursethik abgrenzen. Er intendiert, die Ansprüche der Universalität und der Kognitivität *ohne* idealistische Implikationen zu erfüllen.

328 Aus diesem Grund, so lässt sich anmerken, gebraucht Wellmer an vielen Stellen seines Werkes auch den Begriff „Dialog“ und nicht den Begriff „Diskurs“, um damit gezielt zum Ausdruck zu bringen, dass er sich von dem absoluten Diskursansatz Apels abgrenzt. Man kann vielleicht sagen, dass im Kontext der Wellmer'schen Ethik der Begriff „Dialog“ für den realen Diskurs der Lebenswelt steht.

329 Vgl. Wellmer 1986, S. 38ff, 114ff.

330 Vgl. Wellmer 1986, S. 11.

331 Siehe v. a. Kapitel 5.1.3.4 dieser Arbeit.

Bei Kant und der allgemeinen Diskursethik drücken sich diese an bestimmte Ideale gekoppelten Ansprüche der Universalität und Kognitivität folgendermaßen aus: Beide sehen die Grundlage der Ethik in einem universalgültigen, formalistischen Prinzip, das sich zum einen aus der allgemeinen Vernunft der Menschen ableiten lässt und zum anderen als kategorisches Moralprinzip wiederum auf alle Menschen in gleicher Weise Bezug nimmt.[332] Dieses universalistische, formalistische Vernunft- und Moralprinzip ist bei Kant der kategorische Imperativ und bei Apel die regulative Idee der idealen Kommunikationsgemeinschaft.[333]

Bei Wellmer sind die Ansprüche der Universalität und Kognitivität vor dem Hintergrund seines neo-pragmatistischen Denkens in einer anderen Weise zu verstehen. Wie aus „Ethik und Dialog" hervorgeht, bezieht sich Wellmer mit dem Anspruch der *Kognitivität* auf die grundlegende Fähigkeit der Menschen, sich in kollektiven Lernprozessen in ihrer *moralischen Urteilskraft* ausbilden zu können. Die moralische Urteilskraft betrachtet Wellmer dabei als ein vernünftiges Potenzial, das bei allen Menschen vorhanden ist. In dieser Möglichkeit sieht er auch den Dreh- und Angelpunkt der Entwicklung einer gemeinsamen Moral der Menschen, die sich in einem immer größer und dichter werdenden Netz von gemeinsamen moralischen Überzeugungen verwirklichen lässt. Die moralische Urteilskraft ist es schließlich auch, die den endlosen Streit im transsubjektiven Wahrheitsraum über das, was moralisch richtig sein soll, am Leben erhält.[334]

Mit dem Anspruch der *Universalität* bezieht sich Wellmer schließlich auf die Konzeption seiner Ethik als Minimalethik, die von dem kleinstmöglichen Nenner einer universalgültigen Ethik ausgeht, das heißt nicht von einem idealistischen, absoluten Prinzip, sondern von der empirischen Tatsache des „kategorischen Muss". In dem kategorischen Muss sieht Wellmer einen gemeinsamen Kern, der allen verschiedenen Moralsystemen zugrunde liegt und sich durch gemeinsames Lernen

332 Vgl. Wellmer 1986, S. 8.

333 Vgl. zu Apel Kapitel 4.1.3 dieser Arbeit. Die Ausführungen zu Habermas sollen an dieser Stelle außen vor bleiben, da sie zu komplex sind. Sie würden den Rahmen der Arbeit sprengen. Zudem hat Habermas jüngst Änderungen seines philosophischen Ansatzes vorgenommen (vgl. Fußnote 298 dieser Arbeit). Zu Wellmers Interpretation und Kritik des Habermas'schen Ansatzes vgl. Wellmer 1986, S. 51ff.

334 Siehe Kapitel 5.1.3.2 (Schritt 2) dieser Arbeit.

und wachsende gemeinsame Einsichten in das Wesen der Moral sukzessiv freilegen und erkennen lässt. Auf diese Weise entwickelt sich schließlich eine universalistische Minimalmoral, die der Reflexionsgegenstand seiner Ethik ist.[335]

Mit den genannten drei Ansprüchen sieht sich Wellmer, gemeinsam mit Kant und der allgemeinen Diskursethik, in der Tradition der Aufklärung und des revolutionären Humanismus. Wie diese geht er ebenfalls prinzipiell davon aus, dass die Moral in nichts anderem als dem vereinigten, freien Willen vernünftiger Menschen bestehen kann. Folglich stellt er die Frage, wie sich dieser gemeinsame Wille der Menschen zum Ausdruck bringen lässt, in das Zentrum seiner Ethik. Die Antwort auf diese Frage und damit die Entfaltung einer universalistischen und kognitivistischen Ethik versucht Wellmer jedoch unabhängig von idealistischen Idealen zu formulieren. Er sagt dazu:

> „Ich glaube also, daß wir die Tradition der Aufklärung und des revolutionären Humanismus am besten fortsetzen können, wenn wir von einigen Idealen der Vernunft Abschied nehmen. Dies wäre kein Abschied von der Vernunft; es wäre vielmehr der Abschied einer falschen Vorstellung der Vernunft von sich selbst."[336]

5.1.3.2 *Schritte der Moralbegründung*

In „Ethik und Dialog" begründet Wellmer seine diskursive und pragmatistische Ethik, indem er, wie gesehen, gezielte Kritik an der allgemeinen Diskursethik ausübt. Im selben Moment setzt er sich aber auch kritisch mit der Ethik Kants auseinander, indem er versucht, die Anknüpfungspunkte für den Übergang von der kantischen zu einer diskursiven Ethik neu zu bestimmen. Wellmer ist so zwar prinzipiell der Richtung der allgemeinen Diskursethik zuzuordnen, er grenzt sich jedoch innerhalb derselben von den anderen Diskursethikern – wie Apel und Habermas – ab: Wellmer teilt mit ihnen die Ansicht, dass eine Ethik in der Tradition der Aufklärung und des revolutionären Humanismus stehen muss. Er stimmt mit ihnen auch darin überein, dass Kants Ethik aufgrund des Problems der intersubjektiven Gültigkeit der moralischen Urteile und des Fehlens der Dimension der Dialogizität kritisiert und modifiziert werden muss. Das heißt, er sieht ebenfalls die Notwendigkeit, dass eine Ethik immer *diskursiv* ausgerichtet sein muss. Wellmer verzichtet jedoch bei der diskursiven Ausrichtung seiner Ethik

---

335 Siehe Kapitel 5.1.3.2 (Schritt 4) dieser Arbeit.

336 Vgl. Wellmer 1986, S. 13.

auf jegliche Arten von idealistischen Implikationen, wie sie in der regulativen Idee der idealen Kommunikationsgemeinschaft bei Apel noch enthalten sind.

Hier wird deutlich, dass Wellmer generell die Notwendigkeit der Idee des Idealen oder Absoluten für die Konzeption einer universalistischen Ethik kritisiert. Seiner Ansicht nach bedarf es nicht des Nachdenkens oder Antizipierens eines gesellschaftlichen Idealzustandes, um eine Moral in der Gesellschaft begründen zu können. In diesem Sinne kritisiert er Kant und die allgemeine Diskursethik in gleichem Maße, da beide von einer Idee des Idealen ausgehen: Kant von dem „Reich der Zwecke" und Apel von der „idealen Kommunikationsgemeinschaft". Entsprechend formuliert Wellmer seinen Standpunkt auch folgendermaßen: Er bezeichnet die bisherige Diskursethik als „zu kantisch", da sie noch zu gravierende idealistische oder „metaphysische" Elemente beinhalte.[337]

Aufgrund dieser kritischen Voraussetzungen macht es sich Wellmer zur Aufgabe, die Probleme der Ethik Kants auf andere Weise zu lösen und den Weg von der kantischen zu einer diskursiven Ethik erneut zu gehen. Dabei ist der entscheidende Unterschied zur allgemeinen Diskursethik, dass Wellmer alle Formen von Idealisierungen und metaphysischen Implikationen streicht und sein neo-pragmatisches Denken, das eine „Umkehr des Denkens" mit sich bringt, anwendet. Dabei reduziert er die Möglichkeit einer Ethik auf den wesentlichen Kern einer „Minimalethik", die man jedoch trotz ihrer Schmalheit als *universalistisch* und *kognitivistisch* charakterisieren kann.

Seinem Vorhaben gemäß baut Wellmer das Programm in „Ethik und Dialog" folgendermaßen auf: Im ersten Teil knüpft er an die Ethik Kants an und untersucht diese hinsichtlich ihrer Stärken und Schwächen. Was die *Schwächen* angeht, so folgt er hier zunächst der allgemeinen Diskursethik und kritisiert an Kant das Problem der intersubjektiven Gültigkeit moralischer Urteile und ferner Kants starren Rigorismus hinsichtlich der Befolgung deontologischer Normen. Was die *Stärken* anbelangt, sieht Wellmer die Möglichkeit, einen „minimalen kategorischen Imperativ", der nicht *absolut*, sondern eher *fallibilistisch* zu verstehen ist, zu retten. Im zweiten Teil seiner Arbeit vollzieht Wellmer dann den Übergang zu einer diskursiven Ethik, wobei er die Ansätze der allgemeinen Diskursethik kritisiert und versucht, deren Fehler bewusst zu vermeiden. Seine Kritik richtet sich dabei in erster Linie gegen

337 Vgl. Wellmer 1986, S. 10f.

Apels Konzeption der regulativen Idee der idealen Kommunikationsgemeinschaft und der dieser zugrundeliegenden Konsensustheorie der Wahrheit. Im dritten und letzten Teil seines Werkes führt Wellmer schließlich die Überlegungen aus den ersten beiden Teilen zusammen. Er möchte zeigen, wie „sich Grundintuitionen der Diskursethik im Rahmen der im ersten Teil entwickelten ‚quasi-Kantischen' Perspektive zur Geltung bringen lassen."[338] Vor dem Hintergrund dieses Programms wird im Folgenden in vier Schritten die Begründung der Moral bei Wellmer erklärt:

Schritt 1: Kategorischer Imperativ „für mich"

Den Ausgangspunkt der Moralbegründung sieht Wellmer bei den in der Lebenswelt interagierenden, über Moral diskutierenden und monologisch reflektierenden Individuen. Hier setzt er an, da er – im Gegensatz zu Apel und Jonas – vermeiden möchte, die Moral an einen objektiven, „metaphysischen" Fixpunkt, von dem aus sie dann entfaltet werden soll, zu befestigen. Er wählt vielmehr einen Begründungsweg „von unten". In diesem Sinne sieht Wellmer es auch als möglich an, an der Ethik Kants anzuknüpfen. Kant hat zwar nicht seine Ethik „von unten", sondern „von oben", von dem universalgültigen „kategorischen Imperativ" her bestimmt, jedoch sieht er ebenfalls an erster Stelle das Individuum, das über Moral reflektiert und das moralische Urteil *monologisch* in sich selbst bildet.

Aus diesem Grund behandelt Wellmer die Ethik Kants in dem ersten Kapitel von „Ethik und Dialog" und arbeitet dort zum einen die möglichen Anknüpfungspunkte, aber auch die Schwächen dieses Ansatzes heraus. Die Schwächen sieht er in dem Problem der intersubjektiven Gültigkeit der moralischen Urteile und dem Fehlen der Dimension der Dialogizität sowie ferner in dem starren Rigorismus der kantischen Ethik. Die Anknüpfungsmöglichkeiten bestehen für Wellmer hingegen dort, wo Kant von dem moralischen Urteil spricht, welches das Individuum auf monologische Weise in sich selbst bildet. Gemäß Wellmer ist der Mensch in seinem moralischen Urteil zunächst einmal mit sich selbst konfrontiert.[339] Was die intersubjektive Gültigkeit dieser moralischen Urteile angeht, so unterscheidet er sich jedoch von Kant: Während Kant davon ausgeht, dass die Maximen aus sich heraus praktische Gesetze bzw. moralische Normen sind, sieht Wellmer eine Notwendig-

338 Wellmer 1986, S. 12.

339 Vgl. Wellmer 1986, S. 61.

keit darin, dass die Menschen die intersubjektive, moralische Gültigkeit der Gesetze erst einmal *ermitteln* müssen.[340] Wie diese Ermittlung der intersubjektiven Gültigkeit der Moral, die ebenfalls eine Begründung der Moral von „unten ist", vonstattengehen kann, wird in den folgenden Abschnitten erklärt.

Um diese Frage zu beantworten, zieht Wellmer Kants kategorischen Imperativ als Vorlage heran, schwächt diesen aber entscheidend ab: Er beschreibt die Generierung von moralischen Normen über den Weg der Negation nicht verallgemeinerbarer Maximen.[341] Die Frage nach der moralischen Richtigkeit meines Handelns ist dabei folgendermaßen zu beantworten:

a) Zunächst gehe ich – gemäß den Erkenntnissen der Aufklärung und des revolutionären Humanismus – davon aus, dass Moral der Ausdruck des gemeinsamen Willens aller vernünftigen Wesen sei. Somit versuche ich zu ermitteln, ob mein Handeln *verallgemeinerbar* ist, sprich: ob es dem allgemeinen Willen aller Menschen entspricht.

b) Um dies herauszufinden, komme ich gemäß Wellmer *nicht* zu einem Ergebnis, wenn ich *direkt* nach der Verallgemeinerbarkeit meiner Handlungsweise bzw. „Maxime" frage, da kein Mensch in der Lage ist, zu sagen, „diese oder jene Handlungsweise entspricht dem allgemeinen Willen aller Menschen". Für solch eine Aussage müsste man einen „metaphysischen" oder „göttlichen" Standpunkt einnehmen, was jedoch keinem Menschen möglich ist.

c) Die erfolgreiche Ermittlung einer moralischen Norm – in welcher eben der allgemeine Wille aller Menschen zum Ausdruck kommen soll – kann gemäß Wellmer nur funktionieren, wenn ich in einem ersten Schritt nach der *Nicht*-Verallgemeinerbarkeit meiner Maxime frage und in einem zweiten Schritt dann das Verbot davon formuliere. So erfolgt zum Beispiel die Ermittlung der Norm „Du sollst nicht lügen", indem ich von der Nicht-Verallgemeinerbarkeit meiner Maxime, die etwa „jeder darf lügen, wenn er möchte" lauten könnte, ausgehe und schließlich das Verbot davon aufstelle. Der Grund dafür, dass Wellmer diesen Weg der zwei Negationen wählt, ist, dass der Mensch die Aussage „Diese oder jene Handlungsweise *entspricht nicht* dem allgemeinen Willen aller Menschen" mit größerer Sicherheit vertreten kann als den Satz „Diese oder jene Handlungsweise *entspricht* dem allgemeinen Willen al-

340 Vgl. Wellmer 1986, S. 22f, 25f.

341 Vgl. zum Primat der Negation Skirbekk 2002, S. 208.

ler Menschen". Denn es muss ja nur ein Mensch gegen eine Handlungsweise sein, und schon ist der zweite Satz widerlegt, der erste jedoch nicht.

d) Schließlich macht Wellmer deutlich, dass wir uns dem Ziel, herauszufinden, was alle Menschen moralisch wollen, über den Weg der Negation und des Ausschlusses Schritt für Schritt annähern können. Dabei kann ich sagen, dass ich mit einer immer größeren Sicherheit eine Handlungsweise als nicht-verallgemeinerbar bestimmen kann, die von immer mehr Menschen abgelehnt wird. Somit kann ich aufgrund einer zu beobachtenden, immer größer werdenden Übereinstimmung aus dem Verbot dieser nicht-verallgemeinerbaren Maxime eine moralische Norm formulieren.

e) Dabei ist jedoch einzuschränken, dass die generierte moralische Norm nicht mit der allgemeingültigen, kategorischen Norm, die man bei Kant findet, zu verwechseln ist. Die hier entwickelte Norm gilt nur „für mich" aufgrund von Gründen, die mich überzeugen. Sie ist dementsprechend auch nur mit einer schwachen Soll-Geltung ausgestattet.[342] Daraus ist zu schließen, dass das Problem der intersubjektiven Gültigkeit der moralischen Norm weiterhin bestehen bleibt und sich höchstens verringern lässt, indem ich versuche, mich durch den Weg der Negation dem Ziel der Erkenntnis des allgemeinen Willens aller Menschen Schritt für Schritt anzunähern.

Den Vorgang der Genese der moralischen Norm sowie dessen Einschränkung beschreibt Wellmer folgendermaßen:

> „Man kann also nur dann behaupten, daß die verallgemeinerbaren Maximen eo ipso praktische Gesetze sind, wenn man als verallgemeinerbar nur jene Maximen versteht, deren ‚Negation' nicht-verallgemeinerbar ist auch unter der Voraussetzung, daß es *meine* Maxime wäre. Hierin ist der Vorrang der Negation bei der Frage nach der Verallgemeinerbarkeit von Maximen begründet. Freilich läßt sich das Problem der intersubjektiven *Gültigkeit* moralischer Normen auch auf diese Weise nicht definitiv lösen: Es ist keineswegs ausgemacht (wie Kant offenbar glaubte), daß die von mir anerkannten moralischen Verpflichtungen auch von jedem anderen rationalen Wesen anerkannt werden müßten (und vice versa)."[343]

An dieser Stelle ist noch hinzuzufügen, dass gemäß Wellmer unter dem Prozess der Generierung der Negation nicht-verallgemeinerbarer Handlungsweisen die Grundoperation der moralischen Urteilsbildung

342 Vgl. Wellmer 1986, 24, 43.

343 Wellmer 1986, S. 25f.

zu verstehen ist. Sie bildet, wie noch genauer erklärt werden soll, den gemeinsamen und grundlegenden, jedoch meist verdeckten, Kern aller in der Geschichte und der Welt aufzufindenden Moralsysteme.

Bisher wurde gezeigt, wie Wellmer die monologische Entwicklung von moralischen Normen beschreibt. Damit ist aber noch nicht alles darüber gesagt, was Wellmer in Bezug auf die vollständige Bildung des moralischen Urteils erklärt. Das moralische Urteil nimmt zwar seinen entscheidenden Ausgangspunkt bei den moralischen Normen, es geht dann jedoch weiter in den Bereich der „Anwendung der moralischen Normen in konkreten Situationen". Hier ist die befähigte moralische Urteilskraft – die im realen Diskurs, in kollektiven Lernprozessen ausgebildet werden muss – besonders gefragt. Diese Zusammenhänge werden in den nächsten Abschnitten erklärt.

Schritt 2: Die besondere Aufgabe der moralischen Urteilskraft

In einem weiteren Schritt bringt Wellmer die besondere Aufgabe der moralischen Urteilskraft ins Spiel. Diese erklärt Wellmer zum entscheidenden Faktor der Moralentwicklung, da es bei der Moral nicht nur darauf ankommt, dass die Menschen einzelne moralische Normen bilden, sondern diese in den verschiedenen konkreten Situationen der Lebenswelt auch richtig – das heißt in einer moralisch vertretbaren Weise – *anwenden* können.[344] Mit dieser Konzeption der moralischen Urteilskraft übt Wellmer bewusst Kritik an Kants starrem Rigorismus. Kant hatte ausschließlich die deontologischen Normen beachtet und dabei das Problem des moralisch richtigen Situationshandelns, also der *Anwendung* moralischer Normen in der Lebenswelt, außen vor gelassen.[345]

Wie aus „Ethik und Dialog" hervorgeht, misst Wellmer der moralischen Urteilskraft eine viel größere Bedeutung bei als Kant.[346] Wellmer sieht sie aus zwei Gründen als notwendig an: a) Zunächst soll sie auf einer elementaren Ebene helfen, moralische Normen zu generieren. b) Daraufhin soll sie dazu dienen, die verschiedenen moralischen Normen in den unterschiedlichen konkreten Situationen auch richtig anwenden zu können. Sie soll ein Situationsverständnis bereitstellen, das klärt, was für ein Handeln in welcher Situation moralisch richtig, das heißt dem allgemeinen Willen aller vernünftigen Menschen gemäß ist.

344 Vgl. Wellmer 1986, S. 28, 134, 136ff.

345 Vgl. Wellmer 1986, S. 26ff.

346 Vgl. Wellmer 1986, S. 123.

Somit versteht Wellmer unter der moralischen Urteilskraft vor allem ein Vermögen, die verschiedenen konkreten Situationen moralisch richtig beurteilen zu können. Die moralischen Normen dienen dabei als Ausgangspunkte der moralischen Überlegungen oder Kontroversen, wobei solche moralischen Auseinandersetzungen meist dadurch entstehen, dass zwei oder mehr moralische Normen aufeinandertreffen.[347] Aufgrund dessen ist es gemäß Wellmer wichtig, ein allgemeines moralisches Verständnis zu entwickeln, das immer besser ermitteln kann, was für ein Handeln in den verschiedenen Situationen dem allgemeinen Willen der Menschen entsprechen würde. Demnach betont er den Aspekt des kollektiven Lernens und der Ausbildung der eigenen moralischen Urteilskraft: Um generell moralisch problematische Situationen richtig beurteilen zu können, müssen die Menschen ein umfassendes Wissen um die Beschaffenheit der Welt und die verschiedenen Bedürfnisse und Nöte der anderen Menschen erlangen. Oder wie Wellmer es sagt: Wir müssen uns selbst und die Welt und die Situation der anderen richtig sehen lernen.[348]

Wie sieht nun die Bildung des vollständigen moralischen Urteils, bei dem die eben beschriebene moralische Urteilskraft eine so bedeutende Rolle spielt, genau aus? Hier unterscheidet Wellmer zunächst zwischen der elementaren und unbestimmten und der nicht-elementaren und bestimmten Ebene der Moral: Auf der elementaren und unbestimmten Moralebene begründen wir zunächst die moralischen Normen, und zwar, indem wir nach der Negation nicht-verallgemeinerbarer Handlungsweisen fragen. Die Normen, die hier begründet werden, erscheinen auf den ersten Blick den Charakter der kantischen deontologischen Normen zu haben. Sie sind gemäß Wellmer aber eher Prima-facie-Normen, da die Begründung auf der moralischen Elementarebene nur ein Teil ihrer vollständigen Begründung ist. Auf der nicht elementaren und bestimmten Ebene der Moral geht es dann darum, die verschiedenen moralischen Normen in den unterschiedlichen konkreten Situationen der Lebenswelt richtig anwenden zu können.[349]

Die Frage der richtigen Anwendung von moralischen Normen wird vor allem dann interessant und herausfordernd, wenn es sich um „moralisch komplexe Situationen"[350] der Lebenswelt handelt. Hier ist es meist

347 Vgl. Wellmer 1986, S. 29, 129.

348 Vgl. Wellmer 1986, S. 49, 68, 131f.

349 Vgl. Wellmer 1986, S. 129f.

350 Vgl. Wellmer 1986, S. 127ff.

nicht mehr möglich, gemäß einer eindeutigen Norm zu handeln, da die Anwendung verschiedener, auch miteinander konfligierender Normen möglich ist. Auf die Frage, wie solche moralischen Problemsituationen der Lebenswelt zu lösen sind, gibt Wellmer folgende Antwort:

a) Zunächst formuliert er seinen abgeschwächten, minimalen „kategorischen Imperativ" für diesen komplexen, nicht-elementaren Moralbereich nochmals um und fragt nun speziell nach der Negation der Nicht-Verallgemeinerbarkeit von konkreten „Handlungsweisen-in-Situationen".[351] Die Ergebnisse dieser Frage könnte man als „Erlaubnisgesetze" oder „Ausnahmegesetze" bezeichnen, obwohl Wellmer hervorhebt, dass sich der nicht-elementare Moralbereich nicht in der Art in Regeln fassen lässt, wie es bei dem elementaren Bereich der Fall ist.[352]

b) Den Weg über die zweifache Negation sieht Wellmer deswegen als notwendig an, weil die Negation die elementare Operation der moralischen Urteilsbildung ist.[353] Der Grund hierfür ist, dass ich niemals einen „metaphysischen" Standpunkt einnehmen und „von oben" beurteilen kann, was alle wollen. Ich kann mir nur „von unten", über das Ausschlussverfahren, Schritt für Schritt ein Wissen darüber aneignen, was der allgemeinen Willen aller vernünftigen Wesen sein könnte.

c) Stehe ich also in einer konkreten Situation und frage mich, wie ich handeln soll, so frage ich nach der Verallgemeinerbarkeit – sprich Erlaubnis oder Legitimität – von *nicht* nicht-verallgemeinerbaren Handlungsweisen-in-Situationen.

d) Um hier eine klare Antwort erhalten zu können, kommt es Wellmer wesentlich darauf an, dass man die entsprechende Situation in ihrer ganzen Komplexität versteht. Hier setzt die moralische Urteilskraft ein, die hilft, die verschiedenen konkreten Situationen durchleuchten und beurteilen zu können. Gemäß Wellmer lösen sich die Unstimmigkeiten im Hinblick auf moralisch komplexe Situationen schnell von selbst auf, wenn man die Situation mithilfe seiner moralischen Urteilskraft richtig analysieren und auswerten kann:

> „Meine These ist somit, daß in aller Regel moralische Kontroversen sich auflösen, wenn in den bisher erwähnten verschiedenen Dimensionen des moralischen Diskurses – allgemeine Interpretationen, Selbstverständnisse der Betroffenen, Situationsbeschreibungen sowie das Verständnis der

351 Vgl. Wellmer 1986, S. 60, 131.

352 Vgl. Wellmer 1986, S. 34.

353 Vgl. Wellmer 1986, S. 131 sowie Schritt 4 dieses Kapitels.

in einer Situation absehbaren Handlungsalternativen und Handlungsfolgen – Einverständnis erzielt ist. In diesem Sinne könnte man sagen, daß die Frage, ob wir – vernünftigerweise – wollen können, daß eine Handlungsweise allgemein wird, vor allem die Frage nach einem angemessenen Verständnis konkreter Handlungssituationen ist. Auf diese Weise erklärt sich auch, daß die Frage, was wir – als vernünftige Wesen – gemeinsam wollen können, sich praktisch zusammenzieht auf die Frage, wie wir – die Betroffenen – unsere Handlungssituationen angemessen verstehen können."[354]

In diesem Abschnitt wurde gezeigt, dass die Begründung von moralischen Normen nicht auf den elementaren Moralbereich beschränkt bleiben kann. Vielmehr wurde deutlich, dass es bei der Moralbegründung stets auch um die moralisch richtige Anwendung der Normen in konkreten lebensweltlichen Situationen geht. Dazu sagt Wellmer:

> „Nach der hier vertretenen Auffassung reicht dagegen die Gültigkeit moralischer Normen nur so weit wie die Gültigkeit der moralischen Urteile, welche durch diese Normen – nicht begründet, sondern – zum Ausdruck gebracht werden. Die Normen selbst tragen gleichsam einen situativen Index, durch welchen sie zurückgebunden bleiben an die Situation ihrer Generierung. Nur deshalb gibt es ein Problem der *Anwendung* moralischer Normen – und nur so läßt es sich verstehen. Mit anderen Worten: Begründungs- und Anwendungsdiskurs lassen sich im Falle moralischer Normen nicht kategorial voneinander trennen. Nur wenn man dies im Auge behält, kann man das Problem der moralischen Urteilsbildung in konkreten Situationen sinnvoll als eines der ‚Anwendung' moralischer Normen interpretieren."[355]

Deutlich wurde, dass die moralische Urteilskraft, bezogen auf die Moralentwicklung – und hier besonders im Bereich der Anwendungsproblematik –, eine entscheidende Rolle spielt. Somit ist gemäß Wellmer an jeden Menschen zu appellieren, dass er dieses Vermögen in sich ausbildet, damit die Welt insgesamt eine bessere werden kann. Folglich stellt sich die Frage, wie man diese moralische Urteilskraft in sich entfalten kann. Dies – und wie dadurch die moralischen Urteile als fallibel charakterisiert werden müssen – wird im nächsten Schritt gezeigt.

Schritt 3: Bedeutung des realen Diskurses

Die moralische Urteilskraft nimmt also eine zentrale Rolle innerhalb der Begründung des moralischen Urteils ein. Dabei stellt Wellmer die Forderung auf, dass der Mensch ein Verständnis des moralisch richti-

354 Wellmer 1986, S. 132.

355 Wellmer 1986, S. 134.

gen Verhaltens in den verschiedenen Situationen bzw. der richtigen Anwendung der moralischen Normen ausbilden soll. An dieser Stelle eröffnet sich die Frage, wie der einzelne Mensch seine moralische Urteilskraft ausbilden kann. Wellmer klärt in „Ethik und Dialog" auf, dass dies nur durch die Teilnahme am realen Diskurs gelingen kann.[356] Diese Teilnahme ist essentiell, da der Einzelne niemals alleine, sondern immer nur durch Interaktion mit den anderen Menschen seine moralische Urteilskraft ausbilden kann. Der reale Diskurs ist das „Lern-Medium", in dem die Menschen gemeinsam lernen, was moralisch richtig ist, das heißt also, was dem allgemeinen Willen aller vernünftigen Wesen entspricht.[357]

Mit dem Lernen im Diskurs und der sich ausbildenden Urteilskraft geht schließlich einher, dass die Menschen ihre bereits vorhandenen moralischen Urteile überdenken und revidieren können. Moralische Urteile sind damit im Wesentlichen *fallibel*: Durch das gemeinsame Lernen im realen Diskurs der Lebenswelt kommen die Menschen zu immer besseren Urteilen darüber, was moralisch richtig ist. Dabei werden zuvor gemachte moralische Urteile, die zu einem früheren Zeitpunkt einmal als „wahr" interpretiert wurden, als „falsch" identifiziert und verworfen.[358] *Dialogizität* und damit einhergehend *Fallibilität* sind folglich wesentliche Merkmale des Wellmer'schen moralischen Urteils.

Es bleibt also festzuhalten, dass das moralische Urteil auf den Bereich des subjektiven Denkens und Erkennens der einzelnen Individuen beschränkt bleibt. Nun kommt aber hinzu, dass wir uns in unserer moralischen Urteilskraft und somit in unseren moralischen Urteilen immer nur mithilfe der anderen Menschen ausbilden können, indem wir mit ihnen in einen Diskurs über die Moral treten. Kein Mensch kann sich in seinem Erkennen über das moralisch Richtige alleine schulen, sondern jeder braucht dafür die Kommunikation und Interaktion mit anderen Menschen. Somit lässt sich sagen: Wir helfen uns gegenseitig und brauchen uns gegenseitig, um unser moralisches Urteil ausbilden zu können.

Hier wird auch verständlich, was in Kapitel 5.1.2.1 über individuelle und kollektive Lernprozesse gesagt wurde. Bei dem individuellen Lernprozess handelt es sich darum, dass der einzelne Mensch seine

356 Zur Bedeutung des realen Diskurses vgl. ebenfalls Skirbekk 2002, S. 197.

357 Vgl. Wellmer, S. 68, 124.

358 Vgl. Wellmer, S. 68, 122ff.

moralische Urteilskraft und seine moralischen Urteile ausbildet, wobei er seine neuen Erkenntnisse aus dem realen Diskurs, in dem er aktiv mit seinen Mitmenschen interagiert, zieht. Der kollektive Lernprozess bedeutet gemeinsames Lernen, das dadurch zustande kommt, dass die Menschen versuchen, sich gegenseitig mit Gründen zu überzeugen. Somit können verbreitete gemeinsame Überzeugungen entstehen, die wiederum eine gemeinsame Ausgangsbasis für weitere Kontroversen bilden.

Was nun das individuelle und gemeinsame Lernen im realen Diskurs antreibt, ist dabei die „Streitigkeit der Wahrheit".[359] Dabei befinden wir uns in einem transsubjektiven Wahrheitsraum, in dem wir über das, was moralisch wahr sein soll, streiten. Jeder versucht dabei die anderen von seinen Urteilen und den Gründen, auf denen seine Urteile stehen, zu überzeugen. Dabei intendiert jeder, einen Konsens unter den Mitstreitern bezüglich seiner Ansichten herbeizuführen. Der Streit um die moralische Wahrheit ist hier jedoch ein *endloser* Streit, bei dem erzielte Erkenntnisse und Konsense immer wieder überprüft und möglicherweise revidiert werden. Dabei geht es nicht darum – wie es bei Apel der Fall ist –, die Form des idealen Konsenses der idealen Kommunikationsgemeinschaft zu antizipieren und anzustreben. Ein solches idealistisches bzw. „metaphysisches" Element ergibt im Rahmen dieses ethischen Ansatzes, wie Wellmer betont, keinen Sinn.[360]

Durch die Kombination der beiden Lernprozesse erklärt sich schließlich auch, wie die Moral entsteht und was sie letztendlich ist. Dazu ist zu sagen, dass es keine objektiv gültige, universell gesicherte Grundlage für eine Moral gibt. Moralische Normen gelten immer nur für die einzelnen Individuen aufgrund von „für sie" überzeugenden Gründen. Indem die Individuen jedoch in den realen Diskurs treten, um ihre moralische Urteilskraft und somit ihre moralischen Urteile verbessern zu können, versuchen sich die Menschen gegenseitig mit Gründen von moralischen Erkenntnissen zu überzeugen. Dabei kristallisieren sich im Laufe der Zeit einzelne moralische Grundsätze und Normen heraus, die immer mehr Menschen aufgrund von für sie überzeugenden Gründen für richtig und notwendig halten. Somit entsteht keine Aufstellung von deontologischen, kategorischen Normen, sondern ein Netz von Gemeinsamkeit und Übereinstimmungen, das – wenn die Gründe wei-

359 Vgl. Kapitel 5.1.2.1 dieser Arbeit.

360 Dies hebt Wellmer an mehreren Stellen in seinen Schriften hervor. Vgl. z. B. Wellmer 2003, S. 168; Wellmer 1986, S. 172.

terhin für die Individuen überzeugend bleiben – immer stärker und stabiler wird.[361] Auf diese Weise entwickelt sich eine Moral innerhalb einer Gesellschaft, bei der man niemals sagen kann, dass sie irgendwann fertig oder vollkommen sein wird.

Fragt man schließlich aus Angst vor einem Normen-Relativismus nach einer sicheren Grundlage für unsere moralischen Urteile, so lässt sich mit Wellmer sagen, dass sich eine solche Sicherheit nur herstellen lässt, wenn sich die Menschen gemeinschaftlich im realen Diskurs in ihrer moralischen Urteilskraft ausbilden. Das heißt, dass die Angst vor einem Moral-Relativismus nicht dadurch zum Verschwinden gebracht werden kann, dass absolute Maßstäbe aufgestellt werden, sondern nur, indem die Menschen eine vernünftige Diskurskultur führen, in der sie ihre gemeinsamen moralischen Erkenntnisse immer wieder überprüfen, revidieren, bestätigen und weitertragen können.

Wellmer löst somit das Problem der intersubjektiven Gültigkeit der moralischen Urteile, das sich bei Kant auftat, durch die Aspekte der moralischen Urteilskraft, der Fallibilität des moralischen Urteils und des realen Diskurses. Dabei wurde ersichtlich, dass sich innerhalb einer Gesellschaft nur dann eine haltbare und sinnvolle Moral ausbilden kann, wenn die Menschen sich (a) in ihrer moralischen Urteilskraft bilden und (b) dafür sorgen, dass reale Diskurse stattfinden können, in denen die notwendigen individuellen und kollektiven Lernprozesse stattfinden können.

Schritt 4: Kategorisches Muss und Entwicklung der universalistischen Moral

Es hat sich gezeigt, dass der Antrieb des individuellen und gemeinsamen Lernens – und somit der Grund für die Ausbildung einer gemeinsamen Moral – im realen Diskurs, in der „Streitigkeit der Wahrheit" liegt. Nun nennt Wellmer noch einen anderen, wesentlich fundamentaleren Grund für diese Entwicklung: das „kategorische Muss".

Wellmer erklärt das „kategorische Muss" als die soziale und empirisch erkennbare Tatsache, die sich in der Grundstruktur einer jeden Gesellschaft oder Gemeinschaft finden lässt. Er bezeichnet es als ein fundamentales „Faktum der menschlichen Naturgeschichte".[362] Dieses „kategorische Muss" sitzt dabei tief in den Reziprozitätsstrukturen unserer

361 Vgl. Wellmer 1986, S. 162.

362 Vgl. Wellmer 1986, S. 139.

menschlichen Sozialbeziehungen, denen wir uns nicht entziehen können.

Unter dem „kategorischen Muss" ist Folgendes zu verstehen: Wir Menschen sind immer schon gegenseitig aufeinander angewiesen. Keiner von uns kann in einer kompletten Isolation überleben. Wir teilen unsere Lebensräume und unsere Aufgaben, die uns am Leben erhalten. Diese grundlegenden sozialen Reziprozitätsbeziehungen verlangen auch ein bestimmtes Verhalten: Die Menschen sind durch sie in ihrem Handeln eingeschränkt und müssen sich an bestimmte gemeinsame Regeln halten, da sonst ein reibungsloser und friedvoller Umgang untereinander nicht möglich ist und der Einzelne sonst nicht überleben könnte. Wellmer beschreibt das „kategorische Muss" mit folgenden Worten:

> „In die Reziprozitätsstruktur menschlicher Sozialbeziehungen ist ein kategorisches ‚muß' eingebaut, dessen Gebote nur um den Preis von moralischer Verurteilung und Selbstverurteilung (Schuldgefühl) verletzt werden können. Darin, daß wir uns dieser Dimension des moralischen Urteils *als solcher* nicht entziehen können, kommt zum Ausdruck, daß wir uns den Bedingungen eines Lebens in wechselseitiger Anerkennung nicht entziehen können."[363]

Aufgrund dieser Darstellung des „kategorischen Muss" ist nun unter „Moral" zu verstehen, dass sich die Menschen moralische Verhaltensregeln geben, welche die sozialen Reziprozitätsbeziehungen unterstützen und insgesamt dem Frieden und Wohl innerhalb der Gemeinschaft dienlich sein sollen. Demnach bedeutet Moral – in ihrem grundlegenden Kern – die Bemühung, die sozialen Reziprozitätsstrukturen und das kategorische Muss zu optimieren.[364]

Wellmer erklärt die Entwicklung der *universalistischen* Moral als sukzessive Freilegung des „kategorischen Muss". Das heißt, dass die Menschen durch das gemeinsame Lernen im Diskurs immer mehr zu der gemeinsamen, vernünftigen Einsicht kommen, was das Moralische eigentlich ist und was nicht. Dabei verwerfen sie gemeinsam alle falschen und überflüssigen Vorstellungen über die Moral und stoßen schließlich auf die einfache soziale Tatsache des „kategorischen Muss", die allen unseren sozialen Reziprozitätsbeziehungen zugrunde liegt.[365]

---

363 Wellmer 1986, S. 139.

364 Gemäß Wellmer ist an dieser Stelle erforderlich, die Moral vom Recht bzw. die Moralnormen von den Rechtsnormen zu unterscheiden. Vgl. Wellmer 1986, S. 115ff.

365 Vgl. Wellmer 1986, S. 140.

Auf diese Weise ist auch zu erklären, dass sich der Maßstab der Moral im Laufe der Zeit immer wieder verändert hat und in Richtung der Erkenntnis des „moralischen Muss" geht: Durch gemeinsames Lernen im realen Diskurs haben die Menschen – schaut man in die Geschichte zurück – gemeinsam herausgefunden, dass Moral nicht etwas ist, was ein Gott gegeben hat oder was an eine Tradition gebunden ist, sondern etwas, was die Menschen sich aus freiem Willen selbst gegeben haben und geben. Dabei kommen heute immer mehr Menschen zu der zusätzlichen ernüchternden Erkenntnis, dass die Moral lediglich darin besteht, das „kategorische Muss" – als Faktum nicht unserer Vernunft, sondern unserer menschlichen Natur – zu unterstützen und zu regulieren.

Des Weiteren spricht Wellmer von dem „rationalisierbaren Kern" des „kategorischen Muss". Dieser schließt die Grundoperation der Generierung unserer moralischen Urteile, sprich die Formulierung der *Negation von nicht-verallgemeinerbaren Handlungsweisen,* ein. In diesem rationalen Kern liegt der minimalste gemeinsame Nenner aller in der Welt und Geschichte vorzufindenden Moralsysteme. Aus diesem Grund versteht Wellmer unter der Entfaltung einer universalistischen Moral, auf den Punkt gebracht, die Offenlegung dieser Grundoperation. Wellmer selbst vollzieht diesen Schritt durch die Formulierung seines minimalen „kategorischen Imperativs", der in den vorhergehenden Abschnitten dargestellt wurde. Zu dieser Grundoperation sagt er:

> „Der rationalisierbare Kern des kategorischen ‚muß' – das als solches weniger ein Faktum der Vernunft als ein Faktum der menschlichen Naturgeschichte ist – ist das Gemußte als die Negation dessen, was *wir* nicht als allgemeine Handlungsweise wollen können. *Retrospektiv* gilt dies auch für traditionale Gesellschaften oder auch für partikularistische Stammesmoralen, obwohl es dort natürlich nicht so verstanden wurde, sondern – zum Beispiel – als Gebot Gottes oder als Ausdruck einer natürlichen Ordnung. Der rationalisierbare Kern des kategorischen ‚muß' wird somit in der Reziprozitätsstruktur als solcher verankert. Die Entwicklung einer universalistischen Moral läßt sich dann verstehen als die sukzessive Eliminierung der Grundlagen eines partikularistischen Verständnisses solcher Reziprozitätsstrukturen."[366]

366 Wellmer 1986, S. 139f.

5.1.3.3 *Negative Normen, positive Normen und richtiges Situationshandeln*

Wie aus „Ethik und Dialog" ersichtlich wird, geht Wellmer in seinem Ansatz von drei verschiedenen Arten von moralischen Urteilen aus, die man mittels der Grundoperation der moralischen Urteilsbildung – der Formulierung der Negation von nicht verallgemeinerbaren Handlungsweisen – generieren kann. Dabei spricht er von den negativen Normen, den positiven Normen und schließlich von dem moralisch richtigen Situationshandeln. Im Folgenden sollen diese drei Typen und ihre internen Zusammenhänge explizit vorgestellt werden. Dies hat seinen Grund darin, dass im späteren Teil dieser Arbeit das Prinzip Verantwortung in Wellmers Ethik eingegliedert werden soll, und zwar an der Stelle, wo Wellmer über *positive Normen* spricht. Auch sollen die Unterschiede, Gemeinsamkeiten und Zusammenhänge der drei Arten des moralischen Urteils verdeutlicht werden, um die Anschlussstelle für das Prinzip Verantwortung genauer verorten zu können.

Weiter oben wurde bereits ausgeführt, was negative moralische Normen sind und welche Rolle sie bei Wellmer spielen. Er spricht in „Ethik und Dialog" weit häufiger über sie als über positive Normen, da er durch sie seinen abgeschwächten und minimalen „kategorischen Imperativ" demonstrieren möchte. Dabei erklärt Wellmer, dass man negative Normen auf die Weise gewinnen kann, dass man nach der Negation nicht-verallgemeinerbarer Handlungsweisen fragt. Beispiele wären hier „Du sollst nicht lügen" oder „Du sollst nicht töten". Beide Moralnormen kann man dadurch generieren, dass man zuvor ihre gegenteiligen Handlungsweisen, nämlich „zu lügen" oder „zu töten", als nicht-verallgemeinerbar beurteilt hat.[367]

Des Weiteren spricht Wellmer auch von positiven moralischen Normen.[368] Diese Normen sind im Gegensatz zu den negativen Normen nicht als *Verbote*, sondern vielmehr als *Gebote* formuliert, weswegen Wellmer an anderer Stelle auch von „moralischen Geboten" spricht.[369] Beispiele für positive moralische Normen sind etwa „Hilf den Hilfsbedürftigen" oder „Schütze deine Umwelt". Diese Normen lassen sich auf die gleiche Weise wie die negativen Normen, und zwar durch eine Negation von nicht-verallgemeinerbaren Handlungsweisen, gewinnen. So

367 Vgl. Wellmer 1986, S. 22.

368 Vgl. Wellmer 1986, S. 31f.

369 Vgl. Wellmer 1986, S. 30.

lässt sich das Gebot „Hilf den Hilfsbedürftigen" dadurch generieren, dass man beispielsweise die Handlungsweise „Niemand soll armen und kranken Menschen helfen" vorher anhand von überzeugenden Gründen als nicht-verallgemeinerbar identifiziert hat. Dasselbe gilt für die Norm „Schütze deine Umwelt", wobei man sich leicht klar machen kann, dass die Handlungsweise „Jeder darf die Umwelt zu seinem Eigennutz beschädigen" niemals verallgemeinerbar sein kann. Die Gründe, die man für dieses letztgenannte Urteil anbringen kann, sind ebenso einsichtig: Es kann niemals im Interesse aller Menschen liegen, dass die Umwelt ruiniert wird, da wir die Umwelt essenziell zum Leben brauchen. Eine zerstörte Umwelt wirkt sich letztlich auch negativ auf die Gemeinschaft, das Zusammenleben und das Gemeinwohl aus.

Der Unterschied zwischen den negativen und den positiven moralischen Normen ist nun folgender: a) Während bei den negativen Normen die Ausführung bestimmter Handlungen, wie beispielsweise „zu lügen", verboten ist, ist bei den positiven Normen hingegen das *Unterlassen* von Handlungen verboten. Dies heißt in Bezug auf die oben genannten Beispiele, dass es verboten ist, den hilfsbedürftigen Menschen *nicht* zu helfen oder die Natur *nicht* zu schützen. b) Während nun aber der negativen Norm das eindeutige Gebot, *diese bestimmte* Handlung – wie eben das Lügen – nicht auszuführen, entspricht, lässt sich dies bei der positiven Norm nicht sagen. Hier ist das Verbot des Unterlassens oder Untätigbleibens nicht identisch mit dem Gebot, eine bestimmte Handlung auszuführen. Vielmehr eröffnen die moralischen positiven Normen wie „Hilf den Hilfsbedürftigen" oder „Schütze deine Umwelt" mehrere Möglichkeiten des Handelns. Sie lassen einen Handlungsspielraum zu, der nur die Richtung des Handelns, nicht aber bestimmte Handlungsvorschriften vorgibt. Um auf die oben genannten Beispiele zurückzukommen, kann man also sagen, dass es verschiedene Möglichkeiten gibt, den hilfsbedürftigen Menschen zu helfen oder die Natur zu schützen.[370]

Die Gemeinsamkeiten beider Arten von Normen sind aber nun, dass beide über den Weg der doppelten Negation gewonnen werden. Das heißt, dass in beiden Fällen nach der Negation nicht verallgemeinerbarer Handlungsweisen gefragt wird. Bei dieser Negation handelt es sich, wie wir sahen, um den „rationalisierbaren Kern" des „moralischen

370 Vgl. Wellmer 1986, S. 32. Wellmer verweist an dieser Stelle auch auf die „ethischen Pflichten von weiter Verbindlichkeit" bei Kant und die „moralischen Ideale" bei Gert, welche ähnlich beschaffen sind.

Muss" und somit die universalgültige Grundoperation einer jeden moralischen Urteilsbildung. Des Weiteren ist für beide Normenarten wiederholt festzuhalten und einzuschränken, dass beide Typen von moralischen Normen immer nur „für mich", aufgrund von für mich überzeugenden Gründen, gelten können. Dies hat zur Folge, dass diesen Normen nicht die starke, universalgültige, kategorische Soll-Geltung, wie man sie bei Kant und auch bei Apel findet, sondern nur eine schwache und individuelle Soll-Geltung zugeschrieben werden kann.[371]

Sowohl die negativen als auch die positiven Normen können die Menschen nur in sich selbst begründen, und sie tun dies, wenn es überzeugende Gründe gibt, die sie dazu bewegen. Das heißt somit, dass Wellmer die Begründung der moralischen Normen nicht „von oben", von einem idealen Fixpunkt wie dem idealen Konsens der idealen Kommunikationsgemeinschaft her bestimmt, sondern „von unten", von den Individuen aus. Wellmer schlägt diese Richtung ein, weil es ihm gar nicht darauf ankommt, dass moralische Normen *absolut* begründet werden können. Stattdessen sollen sie als „begründet" gelten, wenn sie sich in den Köpfen von immer mehr Mensch aufgrund überzeugender und vernünftiger Gründe einprägen und schließlich von den Menschen auch gelebt werden. Dabei ist vor allem darauf zu achten, ob eine Norm „nützlich" ist und dazu verhelfen kann, eine Gemeinschaft von dem „kategorischen Muss" zu entlasten.

Über das bisher Gesagte hinaus liegt ein wichtiger Aspekt der Begründung in der *Anwendung* der moralischen Normen in den konkreten Situationen der Lebenswelt. Gemäß Wellmer darf dieser Aspekt nicht aus den Augen gelassen werden, und er gehört untrennbar zu der Definition der moralischen Normen hinzu.[372] Nach Wellmer ist nun die konkrete Normenanwendung der nicht elementare Bereich der Moral, der kaum unter eindeutige Gesetze zu bringen ist. Demgegenüber ist der elementare Bereich der Moral, in dem die positiven und die negativen Normen stehen, durch eindeutige Gebote oder Verbote formuliert.[373] Der entscheidende Punkt bei Wellmer ist folgender: Um moralisch richtig in der Lebenswelt zu handeln, reicht es nicht aus, nur gemäß den Normen der moralischen Elementarlehre zu handeln, sondern man muss immer auch wissen, wie man die moralischen Normen in den verschiedenen konkreten Situationen der Lebenswelt in moralisch rich-

371 Vgl. Wellmer 1986, S. 41.

372 Vgl. Wellmer 1986, S. 134.

373 Vgl. Wellmer 1986, S. 130.

tiger Weise – das heißt gemäß dem allgemeinem Willen aller Menschen – anwenden soll. Um dies erreichen zu können, ist ein umfassendes Wissen über die Welt, die Menschen, die menschlichen Bedürfnisse und Interessen vonnöten, um die verschiedenen, meist sehr komplexen Situationen richtig einschätzen zu können.[374]

Das Gesagte zeigt, dass die moralischen Normen als Ausgangspunkte oder Eckpfeiler der moralischen Kontroversen des alltäglichen Lebens in der Lebenswelt zu verstehen sind. An ihnen orientieren wir uns zuerst, wenn wir uns nach dem moralisch richtigen Handeln fragen. Aber als zweite Frage muss darauf immer folgen, ob ich diese Norm in genau *dieser* Situation wirklich anwenden darf oder ob ich mich nicht besser an einer anderen Norm orientieren sollte. So kann man sich zum Beispiel mehrere Situationen vorstellen, in denen es sogar moralisch geboten sein könnte, zu lügen – wenn man dadurch zum Beispiel einem Menschen das Leben retten könnte.

Das vollständige moralische Urteil besteht bei Wellmer somit aus zwei Teilen. Im ersten Teil geht es um die moralischen Normen, die man durch die Frage nach der Negation nicht verallgemeinerbarer Handlungsweisen erhält. Im zweiten Teil geht es dann schließlich um die Anwendung der moralischen Normen in den konkreten Situationen der Lebenswelt. Hier fragt man nach der Negation nicht verallgemeinerbarer Handlungsweisen-*in-Situationen*. Abbildung 6 verdeutlicht den Unterschied beider Teile des moralischen Urteils:

Dadurch, dass Wellmer den Bereich der Anwendung von moralischen Normen untrennbar an den Bereich der Begründung von moralischen Normen bindet, übt er Kritik an Kants Rigorismus. Kant hat die Frage der moralisch richtigen Verwendung der Normen nämlich ganz außer Acht gelassen.[375]

374 Vgl. Wellmer 1986, S. 68, 127ff.

375 Vgl. Wellmer 1986, S. 26ff.

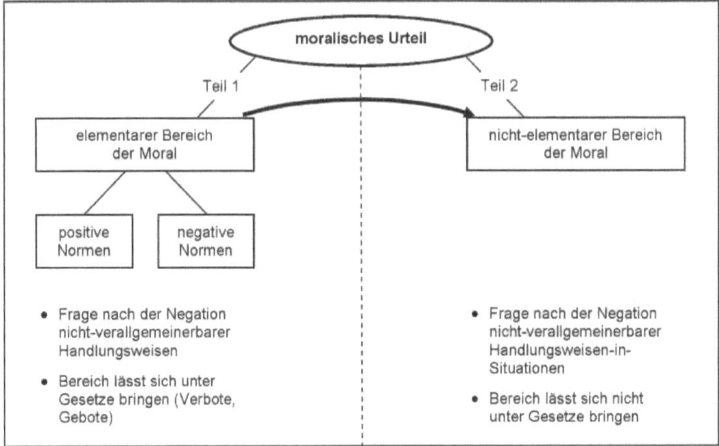

Abb. 6: Das moralische Urteil und seine verschiedenen Teile bei Wellmer

5.1.3.4 *Entfaltung der Rationalitäten*

Am Ende von „Ethik und Dialog", eröffnet Wellmer, nachdem er gezeigt hat, dass eine universalistische und kognitivistische Ethik auch ohne idealistische Implikationen möglich ist, die Möglichkeit, eine „Ethik der verschiedenen Rationalitäten" zu entfalten. Diese Möglichkeit stellt er gewissermaßen als Ausblick an das Ende seines letzten Kapitels.[376] Dabei hat er einen Zustand der Gesellschaft vor Augen, in dem ein pluraler und offener Rationalitätsbegriff gelebt wird, der *„weder von letzten Begründungen abhängig noch auf letzte Versöhnungen angewiesen ist."*[377] Für Wellmer bedeutet dieser gesellschaftliche Zustand, dass die Menschen – durch ein umfassendes individuelles und kollektives Lernen – ihre diskursiven Fähigkeiten entfalten und dementsprechend die verschiedenen Arten von Diskursen – wie theoretische, ästhetische oder praktische Diskurse – in kluger und erfahrener Weise gemeinsam führen. An anderer Stelle spricht Wellmer auch von einer

376 Vgl. Wellmer 1986, S. 159f; vgl. im Folgenden auch die Ausführungen von Skirbekk 2002, S. 183ff zur „diskursiven Vernunft" und „Modernisierung der Lebenswelt".

377 Wellmer 1986, S. 159.

Ausdifferenzierung der Rationalitäten oder, in Bezug auf Habermas, von einer „Rationalisierung der Lebenswelt".[378]

Bei der Formulierung des Begriffs einer „vernünftigen" bzw. rational ausdifferenzierten Gesellschaft und Diskursgemeinschaft ist es für Wellmer wesentlich, dass nicht von einem Idealzustand, wie es bei Apel oder Habermas der Fall ist, ausgegangen wird. Wellmer will vielmehr hervorheben, dass in einer Gemeinschaft das Prinzip einer „diskursiven Rationalität" gelebt werden kann, ohne dass sich die Mitglieder der Diskursgemeinschaft dabei auf einen gesellschaftlichen Idealzustand wie den der Apel'schen „idealen Kommunikationsgemeinschaft" fixieren müssen. Eine solche Fixierung ist gemäß Wellmer ohnehin überflüssig und nicht brauchbar, da „Wahrheit" oder „Richtigkeit" niemals an einer absoluten *Form* wie dieser idealen Kommunikationsgemeinschaft festgemacht sind, sondern immer nur „für mich" aufgrund von überzeugenden Gründen gelten können.[379] Wellmer beschreibt den Zustand einer rationalen Gesellschaft als eine Gesellschaft, in der eine freie und vernünftige Diskurskultur gelebt wird:

> „Ich gehe davon aus, daß in einer ‚vernünftig' organisierten Gesellschaft ein Prinzip ‚diskursiver Rationalität' bei prinzipiell gleichen Diskurs- und Partizipationschancen aller eine institutionelle Verkörperung finden würde. Unter einem Prinzip diskursiver Rationalität verstehe ich ein Prinzip des Umgangs mit intersubjektiven Geltungsansprüchen: Es zeichnet als einzig rationales Verfahren einer Klärung strittiger intersubjektiver Geltungsansprüche – neben den Verfahren der empirischen Überprüfung und der logischen Analyse – das Verfahren der Argumentation unter gleichberechtigten Diskussionspartnern aus [...]. Meine These ist: Wenn wir der Idee einer Gesellschaft, in der ‚diskursive Rationalität' als Organisationsprinzip anerkannt und durchgesetzt ist, einen zureichend bestimmten Sinn geben können, so bedeutet das nicht, daß wir damit zugleich das Ideal einer vollkommen rational gewordenen Form des Lebens formuliert haben. Ein solches Ideal kann es nicht geben."[380]

Im Ganzen ist zu sagen, dass Wellmer zwar von einer potenziellen Entwicklung zu einem Vernünftigerwerden der Gesellschaft ausgeht,

378 Wellmer übernimmt den Ausdruck „Rationalisierung der Lebenswelt" von Habermas. Gleichzeitig grenzt er sich kritisch von dessen ursprünglicher Konzeption bei Habermas ab. Vgl. Wellmer 1986, S. 160ff. Zur Konzeption bei Habermas vgl. Habermas, Jürgen (1996), *Der philosophische Diskurs der Moderne. Zwölf Vorlesungen*, 5. Aufl., Frankfurt a. M., S. 399ff.

379 Vgl. Kapitel 5.1.2.1 dieser Arbeit.

380 Wellmer 1986, S. 202f.

aber er lehnt ein objektiv gültiges, absolutes Ideal ab, auf das alle vernünftigen Wesen gleichsam zusteuern sollen. Gemäß Wellmer kommt es in einer Gesellschaft auch gar nicht darauf an, nach absolut gesicherten Wahrheiten zu suchen und zu streben. Das Ziel einer gesellschaftlichen Entwicklung sieht Wellmer anders: Eine Gesellschaft muss getragen werden von vernünftigen Menschen, die eine vielfältig ausgebildete Urteilskraft besitzen und untereinander eine vernünftige Diskurskultur leben. Dadurch entwickeln sie mit der Zeit gemeinsame Überzeugungen, die sich wie ein Netz zusammenfügen und den Menschen der Gesellschaft Orientierung und Halt bieten können. Bei diesen Überzeugungen handelt es sich nicht um objektiv gültige, absolute Wahrheiten, sondern um Urteile, die im Wesen fallibel und revidierbar sind. Wie lässt sich aber unter solchen Bedingungen Sicherheit für unser moralisches Handeln herstellen? Eine solche Sicherheit kann immer nur „von unten", von den Individuen selbst her, Schritt für Schritt geschaffen werden. Sie kann nicht „von oben" durch ein universalgültiges Ideal, wie etwa die „ideale Kommunikationsgemeinschaft", aufgesetzt werden. Das heißt, den Menschen kann keine Moral-Sicherheit gegeben werden, indem absolute Ideale aufgestellt werden, sondern nur, indem die Menschen (a) sich selbst bemühen, ihre moralische Urteilskraft auszubilden, und (b) gemeinsam für eine vernünftige Diskurskultur sorgen, in der sie ihre moralischen Überzeugungen immer wieder überprüfen, revidieren und erneut bestätigen können.

Wellmer zufolge sind die Menschen fähig, dieses Ziel zu erreichen, wenn sie ihre diversen Rationalitäten entwickeln und dabei einen Weg der „Eliminierung des Unsinns" gehen.[381] Damit ist gemeint, dass sie durch das kollektive Lernen und insbesondere über den Weg der Negation immer gezielter zu gemeinsamen Erkenntnissen kommen, was gut und richtig für ein gemeinsames Zusammenleben ist und was unterstützend – aber auf eine minimale Weise – auf das zugrundeliegende „kategorische Muss" wirkt. Wellmer bringt diesen Gedanken über die vernünftige bzw. rationale Entwicklung der Gesellschaft folgendermaßen auf den Punkt:

> „Die Rationalisierung der Lebenswelt ist ja kein Prozeß, an dessen Ende eine *vollkommen* rationale Lebenswelt auch nur *gedacht* werden könnte (dies wäre vielmehr eine Vorstellung ohne klaren Sinn), sie ist vielmehr ein Prozeß, in dem das Bewußtsein dessen gesellschaftlich wirksam wird, daß es keine gesicherten Grundlagen möglicher Geltung gibt und daß ein Netz tragender Gemeinsamkeiten nur mit den Mitteln einer

381 Vgl. Wellmer 1986, S. 124.

kommunikativen und argumentativen Praxis gesichert und immer wieder neu befestigt werden kann. *Gerichtet* ist dieser Prozess, weil die ‚Entfaltung der Negationspotentiale sprachlicher Verständigung' nur als Lern- und Innovationsprozeß gedacht werden kann; dessen Bezugspunkt aber ist nicht eine futuristisch gedachte ideale Kommunikationsgemeinschaft, sondern die Gegenwart mit ihren je erfahrbaren Pathologien, Irrationalitäten, Blockierungen und Unmenschlichkeiten."[382]

5.1.3.5 *Auswertung: Wellmers Minimalethik*

Wellmers ethischer Ansatz ist eher realistisch als idealistisch zu verstehen: Er klärt auf, was Moral eigentlich ist und wie sie bislang entstanden ist. Daraufhin gibt er an, wie schließlich eine Ethik – in diesem Falle eine minimalistische, neo-pragmatistische und diskursive Ethik, die auf sämtliche idealistische Implikationen verzichtet – möglich sein kann.

Dabei setzt er sich kritisch mit den Ansätzen von Kant und der allgemeinen Diskursethik auseinander, um auf der Basis dieser Kritik seine eigenen Ideen zu entfalten. Mit Blick auf die genannten Ansätze klärt Wellmer zunächst auf, was eine Moral nicht sein kann und was sie schließlich lediglich ist: Zunächst zeigt er in den ersten beiden Kapiteln, dass eine Moral nicht an eine universalgültige, absolute Form, die man auch als allgemeingültiges Vernunftprinzip bezeichnen könnte, gebunden werden kann. Das heißt, eine Moral kann weder mithilfe des kantischen kategorischen Imperativs noch mithilfe der Apel'schen regulativen Idee der idealen Kommunikationsgemeinschaft gewonnen werden. Des Weiteren macht Wellmer deutlich, dass eine Moral auch nicht letztbegründet sein kann – so wie beispielsweise in der Apel'schen Ethik die zwei Grundnormen als immer schon vorhandene Phänomene aus den Präsuppositionen unseres Argumentierens zu entnehmen sind.

Dagegen stellt Wellmer im dritten Kapitel von „Ethik und Dialog" seine ernüchternde und empirisch fundierte These auf, dass Moral etwas ist, was aus dem in allen sozialen Reziprozitätsbeziehungen eingelassenen „kategorischen Muss" hervorgeht. Dabei ist Moral zu verstehen als ein Netz von fallibilistischen, revidierbaren Vereinbarungen über richtiges zwischenmenschliches Verhalten, welche die Menschen in kollektiven, diskursiven Lernprozessen gemeinschaftlich getroffen haben, um die sozialen Reziprozitätsstrukturen und das „kategorische Muss" immer besser zu unterstützen und zu entlasten: Diese vereinbar-

382 Wellmer 1986, S. 161f.

ten Verhaltensregeln sollen dabei das Wohl und den Frieden innerhalb der Gemeinschaft schützen. Dass sich dabei im Laufe der Zeit der Maßstab der Moral verändert hat, liegt an den wachsenden Einsichten, welche die Menschen durch ihre gemeinsamen Lernprozesse im realen Diskurs erlangt haben. Im Zuge dessen haben sie sukzessiv bis heute immer deutlicher erkannt, dass Moral nur etwas sein kann, was dem allgemeinen Willen aller vernünftigen Wesen entspricht – und dass sie ursprünglich aus dem in unseren sozialen Reziprozitätsstrukturen eingelassenen „kategorischen Muss“ hervorgeht. Den Weg der Entwicklung der Moral beschreibt Wellmer dabei als eine schrittweise „Eliminierung von Unsinn“, wobei über die gedankliche Operation der Negation alles Ungleiche und Ungerechte sukzessiv abgespalten wird.

Auf dieser soziologisch-empirischen Basis baut Wellmer schließlich seine Ethik auf. Es ist eine sehr minimale Ethik, die nicht mehr von regulativen Ideen oder objektiven Wahrheiten ausgeht. Dennoch gelingt es ihm, eine universalistische und kognitive Ethik zu begründen, die zwar sehr klein gehalten ist, jedoch ausreicht, um den Menschen bewusst zu machen, woran sie sich halten müssen, um eine Verbesserung ihres Zusammenlebens zu erreichen. Es ist sozusagen die minimalste und einzige Möglichkeit von Ethik überhaupt. Man kann auch sagen: Auf der Basis der sozialen und empirischen Erklärung der Entstehung von Moral rettet Wellmer die Möglichkeit, eine universalistische Ethik zu begründen. Wie ist nun seine Ethik beschaffen und aufgebaut?

1) Als ersten wichtigen Aspekt formuliert er in Anlehnung an Kant einen abgeschwächten und minimalen kategorischen Imperativ. Dabei geht es zum einen um die Frage, wie sich auf der elementaren moralischen Ebene die moralischen Gebote und die moralischen Verbote entwickeln lassen, und zum anderen um das damit zusammenhängende Problem, wie man die moralischen Normen in den konkreten Situationen der Lebenswelt richtig anwenden soll. Beide Arten von moralischen Urteilen erhält man dabei über den Weg der zweifachen Negation: Man fragt nach dem Gegenteil einer nicht-verallgemeinerbaren Handlungsweise bzw. Handlungsweise-in-einer-Situation. Der entscheidende Aspekt in diesem ersten Punkt ist, dass alle drei Arten von moralischen Urteilen immer nur „für mich“ gelten können.

2) Als zweiten entscheidenden Faktor seiner Ethik nennt Wellmer die moralische Urteilskraft. Diese gebrauchen die Menschen, um sich in ihren moralischen Urteilen besser ausbilden zu können, das heißt immer genauer bewerten zu können, was für ein Verhalten – besonders in moralisch komplexen Situationen – dem allgemeinen Willen aller Men-

schen entsprechen würde. In dieser Hinsicht macht Wellmer deutlich, dass es zu einer gut ausgebildeten Urteilskraft gehört, ein umfassendes Wissen über die Welt, den Menschen und dessen Bedürfnisse und Interessen zu haben. Er schreibt der moralischen Urteilskraft eine enorme und fundamentale Bedeutung zu. Sie ist der Dreh- und Angelpunkt der seiner Ethik, da es bei der Verbesserung der Gesellschaft und der Etablierung einer stabilen Moral im Wesentlichen darauf ankommt, dass die Menschen in ihrer moralischen Urteilskraft ausgebildet sind.

3) Den dritten Aspekt, den Wellmer anführt, ist der reale Diskurs. Auch er spielt eine fundamentale Rolle, geht es doch darum, vermittels der Kopplung von individuellem und kollektivem Lernprozess (a) die moralische Urteilskraft auszubilden, (b) ein Netz von gemeinsamen Überzeugungen über Moral zu schaffen und (c) die gemeinsamen moralischen Urteile immer wieder diskursiv zu überprüfen, zu revidieren und erneut zu bestätigen. Ohne den realen Diskurs wäre eine Moral somit nicht möglich, was Wellmer an der kantischen Ethik, die ganz auf die diskursive Dimension verzichtet, kritisiert.

4) Als letzten Aspekt der Wellmer'schen Ethik lässt sich die Ausdifferenzierung der Rationalitäten nennen. Hier geht es allgemein darum, eine Situation der „diskursiven Rationalität", das heißt eine vernünftige Diskurskultur innerhalb der Gesellschaft, zu schaffen. Aufgrund dessen hebt Wellmer hervor, wie wichtig es ist, dass die Menschen ihre verschiedenen Rationalitäten entwickeln und dementsprechend verschiedene Diskurse führen.

Generell kann man sagen: Wellmers Ethik ist zum einen eine Bewusstmachung dessen, was eigentlich auch von selbst passieren würde. Dabei geht es ihm darum, den Prozess der Entwicklung der Moral aufzudecken und verständlich zu machen, was eine Moral ist und wie eine Ethik folglich beschaffen sein kann. Zum anderen erklärt Wellmers Ethik aber auch, wie sich unsere gesellschaftliche Situation optimieren lässt: Er macht deutlich, wie wichtig es für das Gemeinwohl ist, dass die Menschen ihre moralische Urteilskraft ausbilden und für eine vernünftige Diskurskultur sorgen. Wellmers Ethik ist damit ein Aufruf zu einem bewussten Umgang mit unseren geistigen und diskursiven Fähigkeiten sowie zu einer vernünftigen Gestaltung unserer Lebenswelt.

5.2 Die Vorteile des Wellmer'schen Ansatzes für das gesuchte Prinzip Verantwortung

Die Vorteile der Wellmer'schen Ethik für das in dieser Arbeit gesuchte Prinzip Verantwortung – und vor dem Hintergrund der Probleme, welche die Ansätze von Jonas und Apel aufwerfen – lassen sich wie folgt auf den Punkt bringen:

1) Zunächst ist als Stärke anzusehen, dass Wellmer eine diskursive Ethik entwickelt, die zudem universalistich und kognitivistisch ist. Damit bietet er einen ernst zu nehmenden ethischen Ansatz an, der an die Erkenntnisse der Aufklärung und die Tradition des revolutionären Humanismus anknüpft und sich zudem kritisch mit der Ethik Kants auseinandersetzt. Aufgrund dessen bietet diese Ethik einen geeigneten grundlegenden Rahmen für das gesuchte Prinzip Verantwortung.

2) Ein weiterer Vorteil ist, dass Wellmer bei der Konzeption seiner diskursiven Ethik auf sämtliche ontologischen, metaphysischen oder sonstigen idealistischen Implikationen verzichtet. Er vermeidet sie, weil man für solche Implikationen einen objektiven Bewertungsstandpunkt einnehmen müsste, was den Menschen jedoch aufgrund ihrer Begrenztheit auf die „Ich-Perspektive" verwehrt ist. Somit ist es als Vorteil der Wellmer'schen Ethik zu sehen, dass er auf der einen Seite eine universalistische, kognitivistische Diskursethik entfaltet und auf der anderen Seite ganz auf die absoluten Bausteine, die man bei Jonas und bei Apel findet, verzichten kann.

3) Ein dritter Vorteil ist darin zu sehen, dass Wellmer zum einen nicht von einer Letztbegründung ausgeht, zum anderen dabei aber das Problem des Relativismus (auf)löst: Anstatt einer starken und eindimensionalen finden wir hier eine schwache und mehrdimensionale Begründung. Dem Problem des Relativismus begegnet er, indem er betont, dass dieses sich nur stellen kann, wenn man vorher von einem Absolutismus ausgegangen ist. Enthält der Absolutismus keine überzeugenden Anhaltspunkte und erweist er sich für die Begründung einer universalistischen Ethik als unbrauchbar, stellt sich auch nicht mehr das Problem des Relativismus. Wellmer zeigt vielmehr, dass sich eine Moral immer nur „von unten" durch die einzelnen Individuen begründen lässt und dass es bei moralischen Normen nicht darauf ankommt, dass sie „absolut begründet" sind, sondern dass sie in einer Gesellschaft funktionieren und brauchbar sind – in dem Sinne, dass sie das „kategorische Muss" unterstützen und zum Gemeinwohl beitragen. Um dieses Ziel zu erreichen, so ist mit Wellmer deutlich geworden, kommt es da-

rauf an, dass sich die Menschen in ihrer moralischen Urteilskraft ausbilden und für die Entstehung einer vernünftigen Diskurskultur sorgen. Denn nur so ist gewährleistet, dass die moralischen Überzeugungen immer wieder geprüft, korrigiert und erneut bestätigt werden.

5.3 Versuch der Begründung des Prinzips Verantwortung auf der Basis der Wellmer'schen Ethik

In diesem letzten Abschnitt wird das Prinzip Verantwortung, das in Kapitel 3.2 aus dem Ansatz der Jonas'schen Ethik herausgelöst wurde, in den Rahmen der diskursiven und pragmatistischen Ethik Wellmers eingefügt und dort neu begründet.[383] Die Eingliederung erfolgt in folgenden Schritten:

Zunächst wird geklärt, ob die Wellmer'sche Ethik überhaupt die Begründung von *Prinzipien* im Allgemeinen zulässt. Wellmer selbst

383 Ein bedeutender Versuch, das Prinzip Verantwortung auf einer nicht absoluten Begründungsbasis zu retten, stammt von Matthias Kettner. Es lassen sich Gemeinsamkeiten und Unterschiede zwischen der Theorie Kettners und dem hier unternommenen Begründungsversuch auf der Basis der Ethik Wellmers finden: Kettner verneint ebenfalls die Möglichkeit einer Letztbegründung. Stattdessen geht er von einem realweltlichen Konzeptionalismus aus. Er betont ebenfalls, wie wichtige es ist, dass die Menschen über Moral sprechen und streiten. Im Unterschied zu der hier entfalteten Theorie geht Kettner jedoch noch einen Schritt weiter: Er versucht, Verantwortung als Grundbegriff der Ethik zu begründen. In diesem Zusammenhang spricht er von der „Moralverantwortung". Diese bezieht er auf das Handeln in Institutionen, wo sie die Form einer „geteilten Moralverantwortung" annimmt. Das Ziel dieser Moralverantwortung sieht er wiederum ebenfalls in der „diskursiven Rationalität". Er definiert Verantwortung folgendermaßen: „Schließlich werden wir sagen, daß die besondere moralische Verantwortung, die eine spezifische Differenz der Diskursethik zu anderen normativen Grundtheorien der philosophischen Ethik [...] ausmacht, folgendes beinhaltet: Personen, die sich mit einer diskursethischen Moralauffassung identifizieren, tragen Mitverantwortung in der realen Welt dafür, daß Übergänge von diskursethisch weniger integren Moralauffassungen zu diskursethisch integreren wahrscheinlicher werden und Übergänge von diskursethisch integreren zu weniger integren Moralauffassungen unwahrscheinlicher werden." Kettner, Matthias (2001), *Moralische Verantwortung als Grundbegriff der Ethik*, in: Niquet, Marcel/Herrero, Francisco Javier/Hanke, Michael (Hg. 2001), *Diskursethik – Grundlegungen und Anwendungen*, Würzburg, S. 91. Vgl. auch Kettner, Matthias, *Verantwortung als Moralprinzip? Eine kritische Betrachtung der Verantwortungsethik von Hans Jonas*, in: *Bijdragen Tijdschrift voor Filosofie en Theologie* 51 (1990), S. 418–39.

spricht von Moralnormen und moralischen Maßstäben, aber nicht explizit von Prinzipien. In diesem Punkt wird deutlich, dass ein Moralprinzip in seiner traditionellen, absoluten und letztbegründeten Form nicht möglich ist. Jedoch lässt sich in einer abgeschwächten, minimalen Form von moralischen Handlungsprinzipien sprechen. Diese sind innerhalb des Wellmer'schen Ansatzes sinnvoll und möglich. Des Weiteren wird ersichtlich, dass diese moralischen Handlungsprinzipien in einer Nähe zu den positiven Normen Wellmers liegen: Es muß ein analoger Weg gegangen werden, um sie zu begründen (Kapitel 5.3.1). Daraufhin wird der Weg nachgezeichnet, der aus „Ethik und Dialog" hervorgeht, um eine positive Norm zu begründen (Kapitel 5.3.2). Ist diese Art der Begründung geklärt, wird in einem weiteren Schritt schließlich der analoge Weg der Begründung für das gesuchte Prinzip Verantwortung gegangen. Dabei wird explizit auf die in Kapitel 3.2 herausgearbeiteten richtigen Kerngedanken des Jonas'schen Verantwortungsprinzips sowie auf die beiden in Kapitel 3.3 aufgestellten Modifikationen eingegangen (Kapitel 5.3.3).

5.3.1 Lässt Wellmers Ansatz die Begründung von *Prinzipien* zu?

Wie aus der Darstellung der Wellmer'schen Ethik hervorgeht, ist die Begründung eines Moralprinzips im traditionellen Sinne, so wie man es bei Kant, Jonas und Apel findet, in ihr nicht möglich. Dies ist darin begründet, dass Wellmer auf jegliche Form der Metaphysik und Idealisierung innerhalb seiner Ethik zu verzichten sucht, erhebt er doch den Anspruch, eine Ethik zu begründen, die auf der einen Seite noch als universalistisch und kognitivistisch gelten, auf der anderen Seite aber auf metaphysische und idealistische Implikationen verzichten kann. Dies führt (vgl. Kapitel 5.1.3) dazu, dass Wellmer nicht von einem Moralprinzip im traditionellen Sinne ausgeht, sondern von einem „abgeschwächten kategorischen Imperativ". Dieser entspricht (vgl. Kapitel 5.1.3.2) dem „rationalisierbaren Kern" des „kategorischen Muss", was die Grundoperation der Generierung unserer moralischen Urteile –die *Formulierung der Negation von nicht verallgemeinerbaren Handlungsweisen* – bedeutet.

Das traditionelle Moralprinzip ist in der Ethik Wellmers somit auf ein rein soziales Faktum reduziert worden. Dieses reicht jedoch Wellmer zufolge aus, um auf einer minimalen Basis Moralnormen generieren zu können. Dabei unterliegen diese Moralnormen auf der einen Seite der Einschränkung, dass sie nur „in mir" begründet werden können, nur „für mich" gelten können und fallibel sind. Aber sie sind auf der anderen Seite auch im realen Diskurs durch den anhaltenden „Streit um die Wahrheit“ und durch kollektive Lernprozesse, in die das Individuum verwickelt ist, entstanden und entsprechen somit einer realen intersubjektiven Übereinkunft. Dies zeigt, dass der Begriff der Moralnorm auf der einen Seite zwar ebenfalls stark reduziert ist, auf der anderen Seite aber einen wichtigen Platz innerhalb unserer Rechtfertigungspraxis im realen Diskurs hat: Über das, was eine „Moralnorm“ sein soll, wird endlos gestritten und diskutiert. Dieses endlose Streiten und Diskutieren über das, was moralisch richtig sein soll, hält das kollektive moralische Lernen am Leben, was wiederum eine Verbesserung der realen gesellschaftlichen Situation mit sich bringt.

In Wellmers Ethik wird folglich kein Moralprinzip im traditionellen Sinne gebraucht. Wellmer zeigt vielmehr, dass es ausreicht, von dem rationalisierbaren Kern des kategorischen Muss auszugehen, um Moralnormen innerhalb einer Gesellschaft „begründen“ – im Sinne von kollektiv aushandeln und „für sich“ in das eigene Handeln übernehmen – zu können.

Auf das Prinzip Verantwortung bezogen, bedeutet dies, dass es nicht mehr in der metaphysischen Form wie bei Jonas oder auch in der transzendentalpragmatischen Form wie bei Apel möglich ist. Dafür ist es in dieser traditionellen Ausführung zu stark. Jedoch stellt sich die Frage, ob nicht ein – analog zu den Wellmer'schen Moralnormen – abgeschwächtes, minimales Prinzip Verantwortung möglich und sinnvoll ist.

In der vorliegenden Arbeit wird die Ansicht vertreten, dass dies durchaus der Fall ist: Es kann innerhalb der Wellmer'schen Ethik von einem Prinzip Verantwortung, das in seinem Status als Prinzip abgeschwächt ist, aber dennoch als gehaltvoll und sinnvoll gelten kann, ausgegangen werden. Das „Prinzip Verantwortung“ kann und soll weiterhin bestehen bleiben, da ihm eine bedeutende Rolle innerhalb der Ethik Wellmers zufällt. Dabei lässt sich zwar nicht mehr von *dem* Moralprinzip sprechen, auf einer minimalen, aber sicheren Ebene jedoch von *einem* moralischen Handlungsprinzip, das wichtig und sinnvoll ist.

Im Gegensatz zum traditionellen Moralprinzip kann das „neue“ Prinzip Verantwortung nicht mehr als ein immer schon in der Natur vorhandenes Prinzip oder als eine immer schon vorhandene, letztbegründete Grundnorm gelten. Das heißt, es kann nicht gewonnen werden, indem es als etwas immer schon Bestehendes aufgefunden oder aufgedeckt wird. Vielmehr muss es (a) von den Individuen im realen moralischen Diskurs erst ausgehandelt und (b) von den einzelnen Individuen individuell und aus eigener Überzeugung und Motivation übernommen werden. Als „moralisch richtiges" und „moralisch verpflichtendes" Handlungsprinzip kann es dann – ebenso wie es in Bezug auf die Begriffe „Wahrheit" oder die „Moralnormen" der Fall ist – immer nur in der Innenperspektive der jeweiligen Individuen gelten. Von der Außenperspektive her gesehen, ist es fallibel. Das heißt, dass es nur so lange als „wahr" gilt, bis die jeweiligen Individuen es aufgrund von individuellen und kollektiven Lernprozessen verworfen haben. Zusammenfassend lässt sich sagen: Während das traditionelle Jonas'sche *Prinzip* Verantwortung „von oben" wirkt und immer schon wirksam ist, wird das „neue" *Prinzip* Verantwortung erst „von unten" durch die interagierenden und kommunizierenden Individuen generiert und ist auch nur so lange gültig, bis es von den Individuen als „falsch" interpretiert und verworfen wird.

Inwiefern ist es nun *sinnvoll*, innerhalb der Ethik Wellmers von einem solchen abgeschwächten Prinzip Verantwortung zu sprechen? Warum soll man überhaupt noch von „Prinzip" sprechen? Welche Funktion hat ein solches Prinzip dann? Um dies zu klären, wird noch einmal betrachtet, wie Wellmer mit anderen traditionell idealisierten Konzepten wie „Wahrheit" und „Moralnorm" umgeht, um dann auf die Bedeutung des Begriffs „Prinzip" schließen zu können.

Wellmer hat deutlich gemacht, wie wichtig es ist, dass ideale Begriffe wie „Wahrheit" und „Moralnorm" beibehalten werden, da sie eine bedeutungsvolle Funktion für unsere Rechtfertigungspraxis im Diskurs haben. Dabei hat er auf die Perspektivenunterschiede der verschiedenen Sprecher verwiesen und zwischen der Innenperspektive und der Außenperspektive der Sprecher unterschieden. „Wahrheit" und „Moralnorm" können immer nur in der Innenperspektive der Sprecher gelten. Wellmer hat auch gezeigt, dass unsere Auseinandersetzungen im realen Diskurs von einem unendlichen gemeinsamen Suchen nach dem, was „wahr" ist, geprägt sind. Dieses gemeinsame Suchen ist wiederum geprägt von Auseinandersetzungen, da, wie Wellmer sagt, die Wahrheit im Wesen „streitig" sei. In diesem endlosen Streit um die Wahrheit geht es schließlich darum, dass die Menschen versuchen, sich gegenseitig zu überzeugen. Dies gilt in besonderem Maße in moralischen Fragen. Dabei können gemeinsam gefundene Überzeugungen wiederum die Ausgangsbasis für neue Auseinandersetzungen bilden.

Der Streit um das, was „wahr" ist, bedeutet weiterhin, dass die Menschen individuelle und kollektive Lernprozesse vollziehen. In dem individuellen Lernprozess geht es darum, dass das Individuum *für sich* lernt, was „wahr" ist. Dabei bildet es seine moralische Urteilskraft aus und begründet *für sich* Moralnormen. Die Gründe für die Begründung der Moralnormen zieht es jedoch wiederum aus dem realen Diskurs, da es nur im realen Diskurs, also in Interaktion mit den anderen Menschen, lernen kann, was eine Moralnorm besagen soll, sprich: was denn der gemeinsame Wille und das gemeinsame Bedürfnis aller Menschen ist. Im kollektiven Lernprozess geht es dann darum, dass die Menschen gemeinsame Überzeugungen finden und diese gemeinsamen Überzeugungen wiederum zur Grundlage weiterer Auseinandersetzungen machen. In diesem kollektiven Lernprozess lernen die Menschen, so Wellmer, im Laufe der Geschichte immer gezielter, was Moral eigentlich ist. Sie bekommen eine immer bessere Einsicht in die Tatsachen des „kategorischen Muss" und der Grundoperation der moralischen Urteilsbildung.

Wellmer geht somit von einem sukzessiven Vernünftigerwerden der Menschen aus. In diesem Zusammenhang spricht er von dem Prozess der „Eliminierung des Unsinns", wobei Ungleichheiten unter den Menschen schrittweise getilgt werden. Das Ziel dieser Entwicklung sieht er in der „Rationalisierung der Lebenswelt". Dieses Ziel ist jedoch, wie gezeigt wurde, zu unterscheiden von der „regulativen Idee der idealen Kommunikationsgemeinschaft" bei Apel. Es ist eher pragmatistisch und nicht idealistisch zu verstehen: Wellmer geht es nicht darum, einen Ort der absoluten Wahrheit oder letzten Sprache zu finden, sondern vielmehr, einen gesellschaftlichen Zustand zu erreichen, in dem eine vernünftige Diskurskultur *gelebt* wird. In diesem sollen die Menschen endlos über das, was „wahr" ist, weiterstreiten und ihre gemeinsam getroffenen Überzeugungen immer wieder diskursiv überprüfen und bestätigen oder verwerfen.

Welche Rolle können in diesem Zusammenhang moralische Handlungsprinzipien spielen? Diese nehmen eine ebenso wichtige Funktion innerhalb unserer Rechtfertigungspraxis im realen Diskurs ein wie Moralnormen. Im Unterschied zu Moralnormen geht es bei der Frage nach einem Handlungsprinzip darum, dem moralischen Handeln eine bestimmte Färbung oder Richtung zu geben. Moralische Handlungsprinzipien stehen also über den Moralnormen und bestimmen diese. Somit geht es in einem moralischen Diskurs nicht nur um das Aushandeln von Moralnormen, sondern auch um die Einigung auf generelle Handlungsprinzipien.

Da Wellmer in seiner Ethik von einem Ziel, nämlich dem der „Rationalisierung der Lebenswelt"[384], ausgeht, ist es in diesem Zusammenhang sinnvoll, von Handlungs*prinzipien* zu sprechen. So könnte ein Handlungsprinzip lauten, dass es in allem moralischen Handeln darum gehen soll, die Rationalisierung der Lebenswelt voranzutreiben und einen gesellschaftlichen Zustand der diskursiven Rationalität zu leben. An dieser Stelle lässt sich das Prinzip Verantwortung anschließen. Es beinhaltet, dass alles moralische Handeln immer auch ein Handeln im Sinne der kollektiven und globalen Verantwortung sein soll. Die Gründe für das Prinzip Verantwortung sind offensichtlich: Das Prinzip Verantwortung verhilft den Menschen langfristig zu einem besseren Zusammenleben. Was den Prozess der Eliminierung der Ungleichheiten und das Ziel der diskursiven Rationalität angeht, so ist es sehr förderlich und unterstützend.

Hier ist jedoch einschränkend zu betonen, dass es sich, was den Status von Verantwortung als „Prinzip" angeht, um ein stark abgeschwächtes Prinzip handelt. Dennoch reicht es aus, dass Verantwortung mit einem solchen schwachen, in der Lebenswelt, also „von unten" her begründeten Prinzip gekoppelt wird. Wie im Folgenden zu sehen sein wird, hat man dann ein „Prinzip Verantwortung", bei dem das *Prinzip* minimal, aber die *Verantwortung* nach wie vor stark sein kann. Auch wird deutlich, dass es möglich und sinnvoll ist, weiterhin von einem „Prinzip Verantwortung" zu sprechen.

Was den möglichen Vorwurf des Relativismus angeht, so gilt auch hier, was bereits über Moralnormen gesagt wurde: Das Prinzip Verantwortung lässt sich nicht in der Art vor dem Vorwurf des Relativismus schützen, dass man es zu einem *absoluten* Prinzip erklärt – was es letztlich auch gar nicht sein kann. Eine solche Bestimmung kann der Mensch nicht treffen, da er dafür einen göttlichen Standpunkt einnehmen müsste, den er jedoch niemals einnehmen kann. Das Prinzip Verantwortung lässt sich nur in der Weise vor dem Vorwurf des Relativismus schützen, dass es konkret in der Lebenswelt von möglichst vielen Individuen übernommen, gelebt und weitergetragen wird. Dabei muss es immer wieder im realen Diskurs in Bezug auf seine Gründe überprüft und neu bestätigt werden. Nur so kann es sich in einer Gesellschaft verfestigen. Da schließlich dem Prinzip Verantwortung, wie noch zu sehen sein wird, überzeugende Gründe zugrunde liegen, ist es wahrscheinlich, dass es sich auch in der Gesellschaft verfestigen kann.

---

384 Vgl. Kapitel 5.1.3.4 dieser Arbeit.

Die Darstellung hat gezeigt, dass es möglich und sinnvoll ist, innerhalb der Wellmer'schen Ethik von Prinzipien wie insbesondere dem Prinzip Verantwortung zu sprechen, wenn auch in einem abgeschwächten Sinne. Was die Begründung des minimalen Prinzips angeht, so ist hier eine Analogie zu der Begründung von Wellmers „positiven Normen" auszumachen. Das Prinzip steht zwar auf einer höheren Stufe als Moralnormen, da es diese von oben her bestimmt, es kann jedoch nur auf dieselbe Weise begründet werden. In beiden Fällen geht es darum, dass das Individuum den moralischen Grundsatz für sich aufgrund von überzeugenden Gründen als „wahr" anerkennt und danach lebt. Bei diesem Prozess ist das Individuum auf den realen Diskurs angewiesen, da es nur hier, eingebunden in kollektive Lernprozesse, lernen kann, was moralisch richtig ist und was nicht. Das Prinzip wie auch die Moralnormen werden letztlich also im realen Diskurs kollektiv ausgehandelt, um dann von den einzelnen Individuen übernommen zu werden.

Eine weitere Nähe des Prinzips zu den positiven Normen besteht darin, dass beide keine konkrete Handlung beinhalten, wie es bei den negativen Normen der Fall ist, sondern eher einen Raum von Handlungsmöglichkeiten eröffnen. Beide werden durch die Frage nach der Nicht-Verallgemeinerbarkeit von Handlungsweisen gewonnen, wobei sie selbst *positiv* – und nicht *negativ* wie die negativen Normen – formuliert sind.

Aus den genannten Gründen wird im Folgenden das Prinzip Verantwortung mit den für ein moralisches Gebot notwendigen Schritten zu begründen sein.

5.3.2 Schritte der Begründung von moralischen positiven Normen

Im Folgenden wird in vier Schritten die Begründung einer positiven Norm – so wie sie sich aus „Ethik und Dialog" herauslesen lässt – dargestellt. Dabei wird in einem ersten Schritt auf die Frage nach der Nicht-Verallgemeinerbarkeit des Unterlassens eingegangen (Kapitel 5.3.2.1). Ein zweiter Schritt formuliert dann das bestimmte moralische Gebot und stellt es auf (Kapitel 5.3.2.2). Daraufhin wird in einem dritten Schritt die Anwendung der zuvor aufgestellten moralischen Norm in der Lebenswelt thematisiert (Kapitel 5.3.2.3). Abschließend geht es um die dauerhafte Verankerung der moralischen Norm in der Gesellschaft und damit gleichzeitig um die Frage, wann eine moralische Norm als „begründet" und „wahr" gilt (Kapitel 5.3.2.3). Das Ganze soll dabei anhand der zwei von Wellmer genannten Beispiele aufgezeigt werden. Dabei lässt sich feststellen, dass die Begründungsschritte – gemäß dem Wellmer'schen Begründungsansatzes „von unten" – nur aus der Ich-Perspektive des Individuums heraus entfaltet werden können.

5.3.2.1 *Schritt 1: Frage nach der Nicht-Verallgemeinerbarkeit des Unterlassens*

Wie aus „Ethik und Dialog" hervorgeht, steht am Beginn der Moralbegründung zum einen das gegebene Faktum des „kategorische Muss" und zum anderen die eigene Motivation und der eigene Wille, im Diskurs, zusammen mit den anderen Menschen, eine Moral zu entwickeln. Dabei versuchen sich die Individuen gegenseitig von ihren für sich begründeten Behauptungen darüber, was moralisch richtig sein soll, zu überzeugen. Sie treten in einen endlosen Streit über das, was Moral ist und sein soll. In diesem gemeinsamen und andauernden Streit über die Moral treffen die Individuen mit der Zeit auf reale Konsense, die sich immer wieder bestätigen und mit der Zeit ein stabiles Netz von gemeinsamen Überzeugungen über das moralisch Richtige bilden. Bei diesen Gemeinsamkeiten kann es sich um Fragen des moralischen Maßstabs handeln, um Fragen über bestimmte moralische Verbote und Gebote oder aber um Fragen des moralisch richtigen Situationshandelns.[385] In diesem Zusammenhang stellt die Suche nach dem moralischen Maßstab die grundlegende moralische Gemeinsamkeit dar. Davon abhängig lässt sich erst die Frage nach den moralischen Geboten und Verboten sowie nach dem moralisch richtigen Situationshandeln stellen.

Der moralische Maßstab, nach dem sich eine heutige moralische Normenbegründung zu richten hat, ist nicht mehr eine göttliche Ordnung oder eine bestimmte Tradition, sondern es ist – den Erkenntnissen der Aufklärung gemäß – die Frage nach dem gemeinsamen Willen aller vernünftigen Wesen.[386] Damit ist eine moralische Norm – wie hier das gesuchte moralische Gebot – immer ein Ausdruck dessen, was im Interesse und Bedürfnis aller Menschen steht. Das heißt, dass die Frage nach der allgemeinen Gültigkeit und der Verallgemeinerbarkeit von Handlungsweisen im Zentrum der Überlegungen und Kontroversen über das moralisch Richtige steht.

385 An dieser Stelle lassen sich auch „Prinzipien" einfügen. Wellmer spricht jedoch selbst nicht explizit von Prinzipien.

386 Vgl. Wellmer 1986, S. 8.

Aus den genannten Gründen beginnt die Begründung eines moralischen Gebots damit, dass das Individuum danach fragt, was für ein Handeln dem allgemeinen Interesse und den allgemeinen Bedürfnissen aller Menschen entsprechen könnte. Wie Wellmer anhand seiner Kritik am Solipsismus Kants in „Ethik und Dialog" erklärt hat, kann das Individuum niemals eine direkte Antwort auf diese Frage geben, sondern muss über den Weg der Negation – indem es fragt, was *nicht* dem gemeinsamen Interesse und Bedürfnis aller Menschen entsprechen kann – herausfinden, was die Menschen gemeinschaftlich wollen. In diesem Sinne erläutert Wellmer in „Ethik und Dialog", dass die Grundoperation der Begründung moralischer Normen darin bestehen muss, die Negation nicht-verallgemeinerbarer Handlungsweisen zu bilden.[387] In Bezug auf die Bildung moralischer Gebote heißt dies, dass das Individuum nach der Nicht-Verallgemeinerbarkeit des Unterlassens einer bestimmten Handlungsweise zu fragen hat.[388]

Die Frage nach der Nicht-Verallgemeinerbarkeit des Unterlassens einer Handlungsweise ist somit der erste Schritt der Begründung eines moralischen Gebots. Dabei ist die Formulierung dieses ersten Gedankens – dass das Unterlassen einer bestimmten Handlungsweise nicht-verallgemeinerbar ist – zu verstehen als Aufstellung einer Behauptung, die das Individuum aufgrund von für sich überzeugenden Gründen für „wahr" bzw. „richtig" hält. Das Individuum hat den Satz „Das Unterlassen *dieser* Handlungsweise ist nicht verallgemeinerbar" aufgrund seiner Erkenntnisse und Erfahrungen mit der Lebenswelt und dem realen Diskus gebildet und ihn als gut begründete Überzeugung für sich aufgestellt; es lässt ihn als „wahr" bzw. „richtig" gelten.

Bezogen auf die zwei von Wellmer genannten Beispiele für die moralischen positiven Normen „Hilf den Hilfsbedürftigen" und „Führe Dialoge zur Klärung moralischer Probleme" lassen sich – als erster Schritt der Begründung der moralischen Gebote – die zwei Behauptungen „Die Hilfe hilfsbedürftiger Menschen zu unterlassen, ist nicht-verallgemeinerbar" und „Sich generell dem Diskurs zur Klärung moralischer Probleme zu entziehen, ist nicht-verallgemeinerbar" formulieren.

Welche Gründe sind es, damit man diese Behauptungen *für sich* als „wahr" bzw. „richtig" anerkennen könnte? In Bezug auf die erste Behauptung, die impliziert, niemand könne wollen, dass den hilfsbedürftigen Menschen nicht geholfen werden soll, sind es zum Beispiel fol-

387 Vgl. Wellmer 1986, S. 22, 131.

388 Vgl. Wellmer 1986, S. 31f.

genden Gründe, die dazu verleiten können, diese Behauptung als gerechtfertigt anzuerkennen: (1) Jeder Mensch möchte, dass ihm geholfen wird, wenn er eines Tages hilfsbedürftig sein sollte. (2) Es wäre ein Ausdruck von Ungleichheit und Ungerechtigkeit, wenn man den armen und kranken Menschen einer Gemeinschaft nicht helfen würde. (3) Jeder Mensch hat ein Recht auf ein lebenswertes und würdevolles Leben. Hinsichtlich der zweiten Behauptung, die besagt, es könne nicht im allgemeinen Interesse liegen, dass die Menschen sich den Dialogen zur Klärung moralischer Probleme entziehen, lassen sich Gründe anführen, welche zum Beispiel lauten könnten: (1) Niemand kann alleine im Monolog herausfinden, was moralisch richtig ist. (2) Um das Gemeinwohl und den Frieden in einer Gemeinschaft zu sichern, müssen wir gemeinsam eine Moral – die jeder vertreten kann – diskursiv aushandeln. (3) Wer sich den moralischen Diskursen entzieht, darf sich im Nachhinein nicht beschweren, dass seine Interessen und Bedürfnisse nicht berücksichtigt wurden.

Diese genannten Gründe, die das Individuum davon überzeugen können, die zwei Behauptungen *für sich* als „wahr" bzw. „richtig" aufzustellen, erlernt das Individuum mithilfe seiner moralischen Urteilskraft. Die moralische Urteilskraft bildet das Individuum wiederum im realen Diskurs, wo es mit den anderen Menschen in kollektiven Lernprozessen steckt, aus. Dabei lernt das Individuum immer genauer, was moralisch richtig ist, das heißt, was denn dem allgemeinen Willen aller vernünftigen Menschen entsprechen würde. Durch den realen Diskurs und die kollektiven Lernprozesse wird die moralische Urteilskraft somit immer gereifter. Dies bedeutet, dass auch die moralischen Urteile fallibel sind: Eine Behauptung, die ein Individuum heute als „wahr" interpretiert, kann es möglicherweise zu einem anderen Zeitpunkt, wenn es sich in seiner moralischen Urteilskraft weiter ausgebildet hat, als nicht mehr wahr identifizieren.

Generell, so stellt Wellmer es in „Ethik und Dialog" dar, zeichnet sich in der kollektiven Entwicklung der Menschen jedoch eine Tendenz ab, die er als „Eliminierung von Unsinn" oder „Eliminierung von Ungleichheiten und Ungleichbehandlungen" charakterisiert.[389] Das heißt, dass wir in unserem gemeinsamen Lernprozess über das moralisch Richtige immer stärker erkennen, was Moral eigentlich ist und worauf es bei der Moral ankommt: Wir finden gemeinsam immer deutlicher heraus, dass Moral der Ausdruck des gemeinsamen Willens aller Men-

389 Vgl. Wellmer 1986, S. 124, 126.

schen ist – und dass sie dazu da ist, das „kategorische Muss" zu unterstützen. Aus diesem Grund kann man letztlich sagen, dass unsere Begründungen – wie in den obigen Beispielen – immer stärker darauf abstellen, dass eine moralische Norm dem Gemeinwohl, der Gleichbehandlung und der Gerechtigkeit dienlich sein soll. Denn dies, so finden wir gemeinsam immer sicherer heraus, ist dasjenige, was alle Menschen gemeinsam wollen.

5.3.2.2 *Schritt 2: Formulierung des moralischen Gebots*

Der zweite Schritt der Begründung des moralischen Gebots besteht nun darin, dies Gebot an sich zu formulieren, und zwar indem man es als Negation aus der zuvor aufgestellten nicht-verallgemeinerbaren Handlungsweise – bzw. in diesem Fall aus dem Unterlassen einer bestimmten Handlungsweise – ableitet. Das heißt nun auf die zwei genannten Beispiele bezogen: Aus der Behauptung „Die Hilfe hilfsbedürftiger Menschen zu unterlassen, ist nicht verallgemeinerbar" lässt sich das moralische Gebot „Hilf den Hilfsbedürftigen!" und aus der Überzeugung „Sich generell dem Diskurs zur Klärung moralischer Probleme zu entziehen, ist nicht-verallgemeinerbar" lässt sich die positive Norm „Führe Diskurse zur Klärung moralische Probleme!" generieren.

Die beiden entwickelten moralischen Gebote sind mit der Einschränkung versehen, dass sie immer nur „für mich" gelten können. Das heißt, indem ich die zwei Aussagen „Hilf den Hilfsbedürftigen!" und „Führe Diskurse zur Klärung moralischer Probleme!" als moralische Gebote erkläre, verstehe ich sie als universal gültig und als mit einer unbedingten Soll-Geltung ausgestattet. Aus meiner Innenperspektive heraus können es kategorische, absolut geltende moralische Grundsätze sein. Dass ich die zwei Aussagen „für mich" als moralische Gebote verstehe, heißt schließlich auch, dass ich diese Normen in mein Verhalten integriere und mich nach ihnen in meinem Handeln in der Lebenswelt richte. Die Begründung eines moralischen Gebotes kann jedes Individuum letztlich immer nur für sich durchführen. Dabei formuliert es, für sich, aufgrund überzeugender Gründe dieses Gebot und lebt schließlich danach. An dieser Stelle wird deutlich, was Wellmer unter „Begründung" eines moralischen Gebots versteht: Sie besteht nicht in der Deduktion von oberen Grundsätzen, sondern darin, dass die Menschen die moralischen Grundsätze für sich aufstellen und danach leben und wirken.

Dafür, dass das Individuum die zuvor gemachten Behauptungen zu moralischen Geboten erklärt und sie somit für sich mit einer starken, kategorischen Soll-Geltung versieht, lassen sich für das Individuum drei Arten von Gründen aufstellen:

(1) Zunächst sind es dieselben *inhaltlichen* Gründe, wie sie sich für die erste Behauptung, in der es um die Nicht-Verallgemeinerbarkeit des Unterlassens von bestimmten Handlungsweisen ging, aufstellen ließen.

(2) Des Weiteren lassen sich Gründe anführen, welche die *Kohärenz* der moralischen Norm in Bezug zu schon gesellschaftlich etablierten Normen betreffen. Das heißt, dass man danach fragt, ob eine moralische Norm in das Netz von schon vorhandenen moralischen Übereinkünften, die in einer Gesellschaft bereits gelebt werden, hineinpasst und einem bereits vorhandenen moralischen Grundtenor nicht widerspricht.[390]

(3) Schließlich sind auf der rein sozialen Ebene Gründe zu nennen, aufgrund derer das Individuum ein moralisches Gebot für sich formuliert und übernimmt. Auf dieser Ebene geht es darum, dass das Individuum als Teil der Gemeinschaft des realen Diskurses sich immer auch „vor" den anderen Diskursteilnehmern zu der Übernahme und Ausführung der moralischen Norm bekennt und verpflichtet. Die Gesellschaft ist folglich nicht nur eine Diskursgemeinschaft, in der in realen Diskursen über das, was moralisch richtig sein soll, gestritten wird, sondern auch eine Gemeinschaft, in der sich die Menschen permanent gegenseitig in ihrem Verhalten beobachten, kontrollieren und unter moralischen Druck setzen. Aus diesem Grund stellt die Diskursgemeinschaft auch eine *Instanz der sozialen Rechtfertigung, der sozialen Kontrolle und des sozialen Zwangs* dar, der die Menschen nicht ohne weiteres ausweichen können.[391] Denn versucht man sich diesen sozialen Zwängen zu entziehen, indem man beispielsweise vorherrschende Moralnormen einfach nicht beachtet, so zieht dies in der Regel Konsequenzen wie soziale Ausgrenzung, soziale Isolation oder aber auch Schuldgefühle, Reue und Selbstverachtung nach sich.[392] Ein Individuum begründet daher auch deswegen eine moralische Norm für sich und lebt nach ihr, weil es von außen dazu gezwungen wird. Dies ist meist dann der Fall, wenn es sich um moralische Normen handelt, die in der Gesellschaft bereits weit verbreitet und fest verankert sind.

390 Zum Begriff der Kohärenz bei Wellmer vgl. Wellmer 1986, S. 211.

391 Siehe Kapitel 3.3.2 dieser Arbeit.

392 Vgl. Wellmer 1986, S. 118.

Hat das Individuum sich zu dem moralischen Gebot bekannt und es für sich begründet, so bedeutet dies nicht, dass es eine ganz bestimmte Handlung ausführen muss. Vielmehr eröffnet sich ein Handlungsspielraum, der vorgibt, in welcher Richtung zu handeln ist, dabei aber mehrere Handlungen zulässt.[393] In Bezug auf das Gebot „Hilf den Hilfsbedürftigen!" kann dies zum Beispiel bedeuten, dass das Individuum in wohltätigen Organisationen mitarbeitet oder aber einfach aufmerksam seine Umwelt wahrnimmt und an den Stellen zu Hilfe eilt, wo hilfsbedürftige Menschen Hilfe benötigen. Das zweite Gebot, welches beinhaltet, dass man generell an den moralischen Diskursen teilnehmen soll, äußert sich darin, dass man sich aktiv an den konkreten Diskursen über das moralisch Richtige, die auf allen Ebenen und in allen Bereichen der Gesellschaft stattfinden können, beteiligt. Das heißt, dass man sich zum Beispiel mit seinen Arbeitskollegen, in der eigenen Familie oder aber in der Politik über das, was Moral ist, auseinandersetzt und dadurch für sich selbst und mit den anderen zusammen lernt, was moralisch richtig ist.

5.3.2.3 *Schritt 3: Anwendung in der Lebenswelt*

Der dritte Schritt der Begründung des moralischen Gebots ist die Anwendung der moralischen Norm in der konkreten Lebenswelt. Das heißt, dass sich hier für das Individuum ein Handlungsspielraum eröffnet, der keine konkreten Handlungen, sondern vielmehr eine bestimmte Handlungsrichtung vorgibt.

Wie aus dem Gesagten hervorgeht, stehen dem Individuum somit mehrere Möglichkeiten offen, gemäß dem moralischen Gebot zu handeln. Dies schafft auf der einen Seite zwar einen großen Freiraum für Entscheidungen, erfordert auf der anderen Seite aber auch eine reife moralische Urteilskraft des Individuums. Das bedeutet, dass das Individuum die verschiedenen konkreten Situationen genau einschätzen können muss, um zu entscheiden, wie es sein Handeln gemäß dem moralischen Gebot ausführen kann. Nimmt man hier als Beispiel das Gebot „Hilf den Hilfsbedürftigen!", so kann man sich verschiedene konkrete Situationen vorstellen, in denen ein Individuum entscheiden muss, *in welcher Weise* und *in welchem Maße* es einem anderen Menschen in genau dieser bestimmten Situation helfen soll und kann. Situationen, in denen man so etwas sehr schnell entscheiden muss, sind zum Beispiel Unfälle oder plötzliche Gefahren. Situationen, in denen man mehr

393 Vgl. Kapitel 5.1.3.3 dieser Arbeit.

Zeit zum Überlegen hat, beziehen sich zum Beispiel auf den alltäglichen Umgang mit einem alten oder behinderten Familienmitglied.

Das Problem der Anwendung der moralischen Gebote wird vor allem dringlich, wenn sich das Individuum in moralisch komplexen Situationen befindet, in denen mehrere moralische Normen kollidieren.[394] So kann in Bezug auf das Gebot „Hilf den Hilfsbedürftigen!" der Fall auftreten, dass es in einer bestimmten Situation moralisch geboten ist zu lügen, um einem hilfsbedürftigen Menschen zu helfen. In einem anderen Fall kann es moralisch richtig sein, einem bestimmten hilfsbedürftigen Menschen die Hilfe zu versagen, weil man einem anderen Menschen, der sich in akuter Lebensgefahr befindet, zunächst das Leben retten muss. Letztlich kann man sich auch in Bezug auf das genannte Gebot „Führe Diskurse zur Klärung moralischer Probleme!" konkrete komplexe Situationen vorstellen, in denen dieses Gebot mit anderen moralischen Normen in Konflikt gerät. Beispielsweise kann es moralisch geboten sein, Gewalt anzuwenden, um in einem weiteren Schritt den moralischen Diskurs überhaupt ermöglichen zu können.[395]

Die verschiedenen Beispiele zeigen somit, dass das Individuum eine gut ausgebildete moralische Urteilskraft braucht, um die verschiedenen konkreten Situationen korrekt einschätzen und die diversen moralischen Normen richtig anwenden zu können. Ein solches Wissen kann das Individuum dabei nur im realen Diskurs in Interaktion mit den anderen Menschen erlernen. Dies bedeutet schließlich, dass die Menschen nur gemeinsam lernen können, was unter einem richtigen moralischen Handeln zu verstehen ist.

Das Gesagte zeigt, dass erst der Aspekt der Anwendung in der Lebenswelt die Begründung eines Gebots für das Individuum vervollständigt. Erst wenn ein Individuum eine moralische Norm in den verschiedenen Situationen der Lebenswelt auch anwendet – das heißt, wenn es das moralische Gebot „lebt" –, kann man sagen, dass das Individuum diese Norm *für sich* begründet und somit verinnerlicht hat.

394 Vgl. zu „moralisch komplexen Situationen" Wellmer 1986, S. 127ff.

395 Hier ist eine Analogie zu Apel zu sehen. Apel geht prinzipiell davon aus, dass der Diskurs auf der primordialen Ebene gewaltfrei ist. Auf der realen Diskursebene kann es jedoch moralisch geboten sein, Gewalt anzuwenden. Vgl. dazu z. B. Apel 2001c, S. 117.

5.3.2.4 *Schritt 4: Verankerung in der Gesellschaft*

In den bisherigen drei Schritten ging es darum, wie das Individuum ein moralisches Gebot für sich begründet. Dies funktioniert, wie sich gezeigt hat, im Wesentlichen dadurch, dass das Individuum das Gebot aufgrund von überzeugenden Gründen für sich aufstellt und schließlich nach dieser moralischen Norm lebt, sie also in der Lebenswelt anwendet und vermittels seiner moralischen Urteilskraft immer wieder auf seine Richtigkeit überprüft. Dabei wurde deutlich, dass der reale Diskurs eine essenzielle Rolle in der Moralbegründung spielt: Nur indem das Individuum im realen Diskurs über das, was moralisch richtig sein soll, streitet und diskutiert, kann es selbst seine moralische Urteilskraft ausbilden und seine moralischen Urteile formen und immer wieder verbessern.

Nun geht die Begründung des moralischen Gebots einen Schritt weiter, indem danach gefragt wird, wie sich das Gebot in der gesamten Gesellschaft verankern lässt: Dies gelingt dadurch, dass das Individuum das moralische Gebot und die zugrundeliegenden überzeugenden Gründe im realen Diskurs zur Sprache bringt und dabei versucht, weitere Individuen von seiner Einsicht zu überzeugen. Das Individuum intendiert somit, einen möglichst großen Konsens im Sinne seiner Überzeugung herbeizuführen – wobei an dieser Stelle jedoch hinzuzufügen ist, dass nicht der „ideale Konsens der idealen Kommunikationsgemeinschaft" gemeint ist.

Eine moralische Norm – bzw. wie in diesem Falle das moralische Gebot – verbreitet sich in einer Gesellschaft, wenn immer mehr Menschen von der Richtigkeit dieses Gebotes überzeugt sind, es für sich begründen und schließlich danach leben. Wenn schließlich immer mehr Menschen eine moralische Norm verinnerlichen und in ihr allgemeines Handeln integrieren, so kann man sagen, dass sich diese moralische Norm immer tiefer in die Gesellschaft manifestiert oder verankert.

An dieser Stelle der „Verankerung" des moralischen Gebots befindet sich der entscheidenden Punkt, an dem sich erkennen lässt, was Wellmer zufolge mit der „Umkehr des Denkens" gemeint ist. Auch wird deutlich, wie sich mit Wellmer das Problem der „Begründung" und des „Relativismus" auflösen lässt: Wellmer versteht unter der Begründung einer moralischen Norm eben nicht, dass man sie aus einem universalistischen Prinzip „von oben" her generiert. Vielmehr lässt sich die Problematik einer solchen Deduktion ganz umgehen, indem man die gesamte Begründungsproblematik auf die Frage umpolt, ob eine moralische Norm für eine Gesellschaft tauglich und hilfreich sein kann oder nicht. Dabei geht es dann darum zu sehen, ob die einzelnen Individuen einer Gesellschaft von einer Norm überzeugt sind und ob sie diese dann auch in ihr Handeln integrieren und danach leben. Vor diesem Hintergrund lässt sich schließlich sagen, dass eine moralische Norm, von der viele Menschen überzeugt sind und nach der viele Menschen leben, eine Norm ist, welche die Menschen von den Komplikationen des zugrundeliegenden „kategorischen Muss" entlastet und die somit dem Gemeinwohl und dem allgemeinen Frieden in einer Gemeinschaft dienlich ist.

Damit wird deutlich, wie sich mithilfe von Wellmer das Problem des Relativismus beseitigen lässt. In „Ethik und Dialog" zeigt er auf, dass die Angst vor dem Relativismus nur zu beheben ist, wenn es gelingt, innerhalb der Gesellschaft ein stabiles Netz von gemeinsamen Überzeugungen zu schaffen, an dem sich die Menschen orientieren können. Ein solches Netz knüpfen sie, indem sie in kollektiven Lernprozessen herausfinden, was das moralisch Richtige ist. Dabei streiten sie um die moralische Wahrheit, treffen mit der Zeit aber auch auf Konsense, die sich in einer Gesellschaft halten können.

Mit Wellmer lässt sich daher sagen, dass die einzige Möglichkeit, das Problem des Relativismus zu beheben, eben nicht darin bestehen kann, die Moral an einen sprachlichen, universalistischen Fixpunkt wie den „idealen Konsens der idealen Kommunikationsgemeinschaft" zu binden. Gelingen kann dies vielmehr nur, indem man dafür sorgt, dass sich Normen fest in einer Gesellschaft verankern. Und diese Verankerung kann nur funktionieren, wenn möglichst viele Menschen – aufgrund ihrer gut ausgebildeten moralischen Urteilskraft – von dem Nutzen und Wert einer Norm für die Gemeinschaft überzeugt sind, diese Norm in ihr Handeln integrieren und danach leben.

5.3.3 Schritte der Begründung des Prinzips Verantwortung

An dieser Stelle lässt sich das Prinzip Verantwortung in die Wellmer'sche Ethik einbinden. Dabei werden die richtigen Kerngedanken der Verantwortungsethik von Jonas, die Kapitel 3.2 aus ihrem metaphysischen Begründungszusammenhang herausgelöst hat, in der Ethik Wellmers zur Geltung gebracht. Diese richtigen Kerngedanken sind die *Globalität,* die *Kollektivität,* die *nicht-reziproke moralische Pflicht* und schließlich die diversen *lebensweltlichen Gründe.*

Durch die Einbindung des Jonas'schen Prinzips Verantwortung in den Begründungskontext der Ethik Wellmers kann schließlich erreicht werden, dass die zwei in Kapitel 3.3 aufgestellten Modifikationen erfüllt werden. Das heißt, dass (a) die richtigen Kerngedanken der Jonas'schen Verantwortungsethik in den Rahmen einer diskursiven Ethik gestellt werden können und dass (b) das Prinzip Verantwortung von einer zweistelligen auf eine dreistellige Relation erweitert werden muss.

Die Eingliederung des Prinzips Verantwortung in die Ethik Wellmers soll an der Stelle geschehen, an der Wellmer über *positive moralische Normen* spricht. Dabei soll für die Begründung des Prinzips Verantwortung ein analoger Weg zu der bereits dargestellten Begründung der positiven moralischen Normen gegangen werden. Dieser Weg vollzieht sich in vier Schritten: Zunächst wird nach der Nicht-Verallgemeinerbarkeit des Unterlassens des Prinzips Verantwortung gefragt (Kapitel 5.3.3.1). Daraufhin wird das Prinzip Verantwortung als moralisches Handlungsprinzip formuliert und aufgestellt (Kapitel 5.3.3.2). In einem dritten Schritt geht es um die Anwendung des Prinzips Verantwortung in der Lebenswelt (Kapitel 5.3.3.3) und in einem letzten Schritt schließlich um die Verankerung des Prinzips Verantwortung in der Gesellschaft (Kapitel 5.3.3.4).

5.3.3.1 Schritt 1: Frage nach der Nicht-Verallgemeinerbarkeit des Unterlassens des Prinzips Verantwortung

In Kapitel 5.3.2.1 wurde demonstriert, dass die Begründung des moralischen Gebots mit der Frage, was für ein Handeln dem allgemeinen Interesse und den allgemeinen Bedürfnissen aller Menschen entspricht, beginnt. Dies hat seinen Grund darin, dass unser *Maßstab der Moral* seit den Erkenntnissen der Aufklärung in dem gemeinsamen Willen aller vernünftigen Wesen liegt. Seitdem gilt, dass alle moralischen Urteile – wie Moralnormen und eben auch moralische Handlungsprinzipien – immer ein Ausdruck des allgemeinen Interesses und der allgemeinen Bedürfnisse aller Menschen sein sollen.

Um eine Antwort auf diese Frage zu erhalten, was denn alle Menschen gemeinschaftlich wollen, kann das Individuum allerdings immer nur danach fragen, was die Menschen *nicht* gemeinschaftlich wollen, das heißt, was *nicht* dem allgemeinen Interesse und Bedürfnis aller Menschen entspricht. Daraus folgt nun, dass der erste Schritt der Begründung des moralischen Prinzips Verantwortung in der Frage nach der *Nicht-Verallgemeinerbarkeit des Unterlassens des Prinzips Verantwortung* besteht.

In diesem Sinne stellt das Individuum zunächst eine Frage, die etwa heißen könnte: „Entspricht es dem allgemeinen Interesse und Bedürfnis, wenn die Menschen das Prinzip des kollektiven und globalen Verantwortungshandelns ignorieren?" Die Behauptung, die sich als Antwort anbietet, ist: „Ein Handeln, welches das globale und kollektive Prinzip Verantwortung missachtet, ist nicht-verallgemeinerbar."

Diese zuletzt genannte Behauptung stellt das Individuum nun aufgrund von „für sich" überzeugenden Gründen als „wahr" bzw. „richtig" auf. Dabei hat es diese Überzeugung durch seine diversen Erfahrungen mit der Lebenswelt, mit dem realen Diskurs und mit den kollektiven moralischen Lernprozessen, in die es integriert ist, gewonnen. Die Gründe, die das Individuum dazu bewegen, dieses Urteil „für sich" als korrekt anzuerkennen, können dabei verschiedene sein.

Welche Gründe sind es nun, die für die Individuen das Urteil „Ein Handeln, welches das globale und kollektive Prinzip Verantwortung missachtet, ist nicht verallgemeinerbar" unterlegen und bekräftigen können? An dieser Stellte lässt sich sehr gut an Jonas anschließen: Nimmt man die herausgearbeiteten richtigen Kerngedanken seines Ansatzes, so lassen sie sich an genau dieser Stelle einbringen. Mit Jonas lässt sich nämlich beantworten, warum man heutzutage eine Verantwortung übernehmen soll, die a) *global,* b) *kollektiv* und c) *nicht-reziprok moralisch verpflichtend* ist. In diesem Zusammenhang zählt Jonas schließlich die diversen *lebensweltlichen Gründe* auf, welche die Notwendigkeit des Prinzips Verantwortung für die heutige Welt und Gesellschaft deutlich machen und erklären. Diese Zusammenhänge sollen im Folgenden veranschaulicht werden:

Zu a): Wie Jonas im ersten Kapitel von „Das Prinzip Verantwortung. Versuch einer Ethik für die technologische Zivilisation" herausgearbeitet hat, bedarf es eines neuen *globalen* Verantwortungsbegriffs. Dies hat seinen Grund darin, dass sich das Wesen des menschlichen Handelns seit dem Aufkommen der modernen Technologie verändert hat. Das Handeln wird zunehmend globaler und zieht letztlich Probleme nach sich, die sich auf den gesamten weltweiten Raum erstrecken. Jonas hatte in seinem Werk vor allem ökologische Probleme im Visier. Darüber hinaus lassen sich heutzutage aber auch vermehrt Probleme der globalen Ökonomie und der globalen sozialen Gerechtigkeit nennen.

Aufgrund der anwachsenden weltumspannenden Problemfelder ist es also unabdingbar, dass die Menschen eine Verantwortung übernehmen, die sich auf diese neuen globalen Objekte bezieht. Tun sie dies nicht, das heißt, missachten sie das Gebot der globalen Verantwortung, so kann dies verheerende Folgen für die gesamte Natur und Menschheit haben. Letztlich könnte dadurch der Fortbestand der Menschheit bedroht werden. Somit ist leicht einsehbar, dass ein Handeln, welches das Prinzip der globalen Verantwortung ignoriert, nicht im allgemeinen Interesse der Menschen sein kann: Die Menschen können nicht wollen, dass die diversen weltumfassenden Probleme weiterhin anwachsen und sich vermehren.

Zu b): Des Weiteren ist mit Jonas einzusehen, dass es sich bei dem Prinzip Verantwortung um ein *kollektives* Prinzip handeln soll. Jonas hat erklärt, dass das heutige technologische Handeln zunehmend als ein gemeinsames Handeln verstanden werden muss. Dies erklärte er durch die Phänomene der Kumulation und Unumkehrbarkeit: Die technischen Handlungen verketten und verschlingen sich auf verschiedenen Ebenen und werden so zu gemeinschaftlichen Handlungen, die in demselben Problemfeld resultieren. Zudem lassen sich diese Handlungen, je weiter sie fortgeschritten sind, immer weniger auf die Ausgangshandlungen zurückführen. Aus diesem Grund ist schnell einzusehen, wie es wichtig ist, dass die Menschen *gemeinsam* für ihre kollektiven Handlungen und gleichen Probleme Verantwortung übernehmen. Es kann somit nicht dem allgemeinen Interesse und Bedürfnis entsprechen, dass Akteure, die weltweit tätig sind, sich der Verantwortung für die Welt entziehen. Aus diesen Argumenten von Jonas lässt sich folgern, dass ein nicht-kollektives globales Verantwortungshandeln nicht verallgemeinerbar ist.

Zu c): Schließlich wird mit Jonas verständlich, warum es sich bei dem Prinzip Verantwortung um eine nicht reziproke moralische Pflicht, das heißt um eine selbstlose moralische Verpflichtung der Menschen gegenüber den gemeinsamen, weltumspannenden Aufgaben handeln muss. Dies hat seinen Grund darin, dass die Natur und die anderen Problemfelder uns keine Gegenleistungen bieten können und die Fürsorge somit nicht auf Wechselseitigkeit beruhen kann. Würden die Menschen diese einseitige Verpflichtung nicht übernehmen, so würde dies fatale Folgen für die Natur und darüber hinaus für die gesamte Menschheit haben. Es kann damit nicht dem Interesse und Bedürfnis der allgemeinen Menschheit entsprechen, wenn die Menschen – und vor allem die globalen Akteure – sich dieser moralischen Pflicht mit Verweis auf ihre Eindimensionalität entziehen.

Die dargestellten Gründe, die hinter der Behauptung „Ein Handeln, welches das globale und kollektive Prinzip Verantwortung missachtet, ist nicht-verallgemeinerbar" stehen, erlernt das Individuum mithilfe seiner moralischen Urteilskraft. Diese bildet es wiederum in Interaktion mit den anderen Individuen im realen Diskurs aus. Dort begibt es sich in individuelle und kollektive Lernprozesse, wodurch es immer besser lernt, was Moral eigentlich ist und wie moralische Normen beschaffen sein sollten. Das heißt, mithilfe des realen Diskurses kann das Individuum ein immer gezielteres Urteil darüber treffen, was dem allgemeinen Interesse und Bedürfnis aller Menschen entspricht.

An dieser Stelle, wo es um die Bedeutung des realen Diskurses geht, wird nun deutlich, dass mithilfe der Wellmer'schen Ethik die in Kapitel 3.3.1 geforderte *erste Modifikation* durchgeführt werden kann und muss. Bei dieser Modifikation wurde verlangt, dass eine heutige Ethik immer diskursiv ausgerichtet sein muss und somit die Begründung des gesuchten Prinzips Verantwortung unbedingt in dem Rahmen einer diskursiven Ethik vollzogen werden soll. Diese Anforderung lässt sich hier erfüllen: Das Individuum erlernt die Gründe für seine Überzeugung, dass ein Unterlassen des Prinzips Verantwortung nicht verallgemeinerbar ist, nur, indem es mit den anderen Individuen in einen realen Diskurs tritt. Hier streitet es über das, was moralisch „richtig" bzw. „falsch" sein soll. Dabei tauschen die Sprecher ihre Ansichten, Meinungen und Grundsätze aus und versuchen sich gegenseitig zu überzeugen. Auf diese Weise lernt das Individuum, was die anderen wollen bzw. nicht wollen, und kann sich so ein immer besseres Urteil darüber bilden, was moralisch gefordert bzw. nicht gefordert ist.

5.3.3.2 *Schritt 2: Formulierung des moralischen Prinzips Verantwortung*

In dem zweiten Schritt der Begründung des Prinzips Verantwortung geht es darum, das moralische Handlungsprinzip an sich zu formulieren und aufzustellen. Es lässt sich dadurch gewinnen, dass es als Negation der zuvor aufgestellten Behauptung über die Nicht-Verallgemeinerbarkeit der Missachtung des Prinzips Verantwortung abgeleitet wird – und schließlich als *positives* Prinzip formuliert wird. Das hergeleitete Handlungsprinzip könnte dann zum Beispiel lauten: „Das Prinzip Verantwortung ist in allen unseren Handlungen zu berücksichtigen."

An dieser Stelle ist jedoch einzuschränken, dass das gewonnene moralische Handlungsprinzip immer nur „für mich" gelten kann. Das heißt, es lässt sich – ebenso wie die zuvor gemachte Behauptung über die Nicht-Verallgemeinerbarkeit des Unterlassens des Prinzips Verantwortung – immer nur in der Ich-Perspektive der einzelnen Individuen finden und hat keinen Bestand in einem objektiven, absoluten Gültigkeitsraum. Somit ist das auf diese Weise begründete Prinzip Verantwortung auch mit einer anderen Soll-Geltung versehen, als es bei Jonas und bei Apel der Fall ist: Da das hier gewonnen Prinzip Verantwortung immer nur aus der Innenperspektive der Sprecher heraus gelten kann, kann eine starke, kategorische Soll-Geltung nur durch die einzelnen Individuen selbst hinzugefügt werden.

Somit wird deutlich, dass sich das Prinzip Verantwortung als moralische Pflicht ausschließlich durch die jeweils einzelnen Menschen – auf der Basis ihrer individuellen Ansicht und Motivation – begründen lässt. Dabei sind es die *überzeugenden Gründe,* welche die Individuen zunächst aus dem realen Diskurs ziehen und die sie schließlich dazu bewegen, das Prinzip Verantwortung für sich zu begründen. Dass die Individuen das Prinzip Verantwortung für sich begründen, heißt – wie im nächsten Schritt erklärt wird –, dass sie diesen Grundsatz nicht nur theoretisch aufstellen, sondern bestrebt sind, ihn in ihr Handeln zu übernehmen und danach zu leben. Würden sie dies nicht tun, so wären sie letztlich nicht überzeugt und würden das Prinzip Verantwortung auch nicht für moralisch richtig halten.

Wie im vorhergehenden Schritt gezeigt wurde, gibt es verschiedene Gründe, die das Individuum dazu bewegen, die Behauptung über die Nicht-Verallgemeinerbarkeit der Missachtung des Prinzips Verantwortung für sich als wahr anzuerkennen. Dafür, dass das Individuum aus dieser Behauptung das moralische Prinzip Verantwortung herleitet und für sich mit einer starken, kategorischen Soll-Geltung unterlegt, lassen sich – in Analogie zu Kapitel 5.3.2.2 – noch zwei weitere Arten von Gründen als die bereits dargestellten *inhaltlichen* Gründe aufstellen. Somit gibt es insgesamt drei Arten von Gründen, welche im Folgenden dargestellt werden sollen:

(1) Zunächst sind die bereits dargestellten *inhaltlichen* Motive zu nennen. An dieser Stelle fließen ebenfalls Jonas' Gedanken zu der Bedeutung von *Wissen* und *Furcht* ein:[396] Je mehr die Menschen über die diversen Probleme und Gefahren im globalen Handlungsraum wissen, desto intensiver sehen sie auch ein, dass es unverzichtbar ist, gemäß dem Prinzip Verantwortung zu handeln. Haben die Menschen – umgekehrt betrachtet – kein Wissen darüber, was globale Ökologie, globale Ökonomie und globale soziale Gerechtigkeit bedeuten, so können sie kaum überzeugende Gründe für sich entwickeln, das Prinzip Verant-

396 Vgl. Kapitel 3.1.2.3 dieser Arbeit.

wortung für sich zu begründen. Schließlich lässt sich an dieser Stelle auch das Phänomen der *Furcht*, das Jonas analysiert hat, nennen. Wie Jonas richtig dargestellt hat, wird ein großes Wissen über die diversen Problembereiche immer von einer Furcht der Menschen vor Gefahren und Katastrophen begleitet. Hier liegt ein weiterer Antrieb für die Individuen, ihr Handeln gemäß dem Prinzip Verantwortung auszurichten.

(2) Als Zweites sind die Gründe zu nennen, welche die *Kohärenz* des Prinzips Verantwortung mit anderen, bereits allgemein anerkannten moralischen Normen und Prinzipien betreffen. Dabei wird gefragt, ob sich das Prinzip Verantwortung in das schon bestehende Netz von moralischen gemeinsamen Überzeugungen einfügen lässt. In dieser Hinsicht ist leicht einzusehen, dass das Prinzip Verantwortung zu Normen und Prinzipien passt, die allgemein die Gerechtigkeit, die Solidarität, die Fürsorge, das Wohlergehen der Menschen und den Frieden unter den Menschen betreffen. Es lässt sich präzisieren, dass das Prinzip Verantwortung speziell auf das globale Handeln, das es erst durch die Entwicklung der Technik und das Aufkommen der Globalisierung gibt, bezogen ist. Hier gibt das Prinzip Verantwortung eine hauptsächliche Richtung vor, damit Wohlergehen und Frieden unter den Menschen nicht in Gefahr geraten. Somit schließt das Prinzip Verantwortung die anderen bestehenden moralischen Übereinkünfte nicht aus, sondern schließt sich diesen ergänzend an.

(3) Abschließend lassen sich die *sozialen* Gründe nennen. In dieser Hinsicht geht es darum, dass sich das Individuum bei der Übernahme der globalen Mit-Verantwortung immer auch „vor" den anderen Diskursteilnehmern verpflichtet. Dabei stellen diese eine *Instanz der sozialen Rechtfertigung, der sozialen Kontrolle und des sozialen Zwangs* dar.[397] Diese Konstellation bewirkt, dass die Individuen gegenseitig von sich verlangen, das Prinzip Verantwortung zu übernehmen. Das heißt, sie kontrollieren sich permanent gegenseitig und setzen sich wechselseitig unter sozialen Druck. Für viele Individuen sind es schließlich gerade diese sozialen Gründe, aus denen sie sich zu dem Prinzip Verantwortung bekennen. Dabei ist ihre Entscheidung von Angst vor Ausgrenzung und sozialer Isolation, aber auch von Schuld- und Reuegefühlen geprägt. Aufgrund dieser Gegebenheiten ist das Prinzip Verantwortung als dreirelationales Phänomen zu begreifen: (1) Der erste Pol der Verantwortungsbeziehung ist das Verantwortungssubjekt. Damit ist das ein-

397 Vgl. Kapitel 5.3.2.2 dieser Arbeit.

zelne Individuum gemeint, das die kollektive und globale Verantwortung für sich übernimmt. (2) Das zweite Korrelat betrifft das Objekt der Verantwortung. Dieses besteht aus den diversen globalen Problemfeldern, die aus der Entwicklung der Technik und der Globalisierung resultieren. (3) Letztlich besteht das Prinzip Verantwortung aus der genannten Instanz der sozialen Rechtfertigung, der sozialen Kontrolle und des sozialen Zwangs. Damit sind alle anderen Teilnehmer des Diskurses gemeint, die das Verantwortungssubjekt beobachten, kontrollieren und unter sozialen Druck setzen. Die folgende Zeichnung veranschaulicht diese Konstellation:

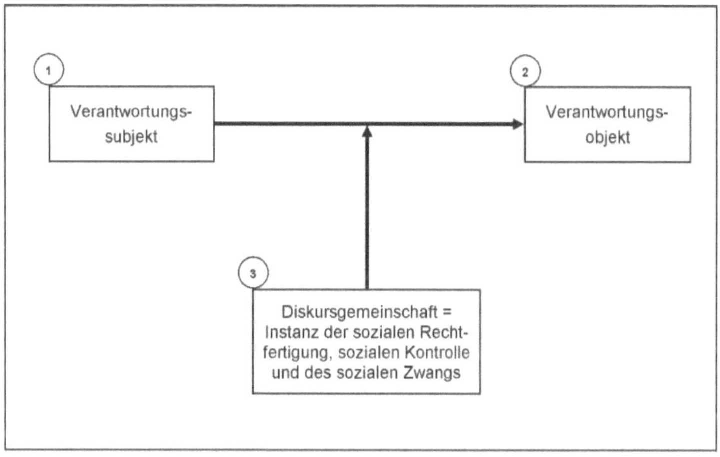

Abb. 7: Das Prinzip Verantwortung als dreistellige Relation

Schließlich eröffnet das neu begründete Prinzip Verantwortung dem Individuum einen Handlungsspielraum, wobei lediglich vorgegeben ist, in eine bestimmte Richtung zu handeln. Diese Richtung ist durch die weitestgehend unbestimmte Vorgabe festgelegt, dass das Individuum eine globale Mit-Verantwortung übernehmen soll. Wie diese Verantwortungsübernahme konkret beschaffen ist, ist dem Individuum selbst überlassen. Das Individuum kann aus einem Spektrum von verschiedenen Möglichkeiten wählen. Als Beispiele dafür lassen sich nennen: Mitwirkung in einer global aufgestellten Nichtregierungsorganisation, Mithilfe in der Entwicklungshilfe, Engagement im Umweltschutz oder Einsatz für eine nachhaltige Wirtschaft. Des Weiteren kann jeder Mensch im Alltag das Prinzip Verantwortung anwenden, indem er global und im Sinne der Allgemeinheit denkt und seine diversen Alltagshandlungen danach ausrichtet.

5.3.3.3 *Schritt 3: Anwendung des Prinzips Verantwortung in der Lebenswelt*

Nachdem das Individuum das Prinzip Verantwortung für sich aufgestellt hat, geht es in einem weiteren Schritt darum, das Prinzip Verantwortung in Bezug auf die verschiedenen konkreten Handlungen in den verschiedenen konkreten Situationen der Lebenswelt auch anzuwenden. Wie im Bisherigen bereits verdeutlicht wurde, gehört für Wellmer der Aspekt der Anwendung wesentlich zur Begründung der Moral. So kann man mit ihm sagen, dass das Individuum erst dann das Prinzip der kollektiven und globalen Verantwortung für sich vollständig begründet hat, wenn es dieses nicht nur für sich theoretisch formuliert hat, sondern auch in der Lebenswelt anwendet, was so viel heißt, dass es danach lebt und sein lebensweltliches Handeln danach ausrichtet.

Um das Prinzip Verantwortung in der Lebenswelt *richtig* anwenden zu können, bedarf es einer gut ausgebildeten moralischen Urteilskraft. So muss das Individuum zunächst entscheiden können, in welcher Weise es am besten gemäß dem Prinzip Verantwortung handeln könnte. Wie im vorhergehenden Schritt aufgezeigt wurde, eröffnet sich dem Menschen ein großes Spektrum an Handlungsmöglichkeiten, wobei nur die Richtung des Handelns vorgegeben ist. Dies bedeutet, dass das Individuum zwar auf der einen Seite frei entscheiden kann, wie es das Prinzip Verantwortung anwenden möchte. Auf der anderen Seite ist aber auch eine gereifte moralische Urteilskraft gefordert, um beurteilen zu können, welches Handeln im Sinne des Prinzips Verantwortung am sinnvollsten ist.

Des Weiteren muss das Individuum in den verschiedenen konkreten Situationen beurteilen können, was für ein verantwortliches Handeln in welchem Maße angemessen sein könnte. Hier geht es darum, dass das Individuum ein gereiftes Vermögen über die richtige Einschätzung von Situationen mitbringt. Um in dieser Hinsicht richtig urteilen zu können, braucht der Mensch, wie Wellmer betont, ein umfassendes Wissen über die Beschaffenheit der Welt und die diversen Bedürfnisse und Nöte der anderen Menschen.

Besonders kompliziert wird die Frage der richtigen Anwendung des Prinzips Verantwortung schließlich in moralisch komplexen Situationen. Hier treffen meist zwei oder mehr Möglichkeiten der Anwendung moralisch richtigen Handelns aufeinander, und es bedarf eines geschulten moralischen Urteilsvermögens, um entscheiden zu können, welcher Moralhandlung Vorrang zu geben ist.

Indem das Individuum seine moralische Urteilskraft ausbildet, lernt es immer gezielter, das Prinzip Verantwortung in der Lebenswelt moralisch richtig anzuwenden. Dabei bildet es diese Urteilskraft immer in Interaktion mit den anderen Menschen im realen Diskurs aus. Das heißt schließlich, dass die Menschen nur gemeinsam lernen können, was moralisch richtig ist bzw. in diesem Fall: wie ein moralisch richtiges Handeln im Rahmen des Prinzips Verantwortung beschaffen sein soll.

5.3.3.4 *Schritt 4: Verankerung des Prinzips Verantwortung in der Gesellschaft*

In einem letzten Schritt geht es darum, das Prinzip Verantwortung in der Gesellschaft zu verankern. Dabei kommt es darauf an, dass immer mehr Menschen von dem moralischen Prinzip der kollektiven und globalen Verantwortung überzeugt sind und schließlich danach leben. Eine solche Überzeugungsarbeit gelingt, indem die Bedeutsamkeit des Prinzips Verantwortung für unsere diversen globalen Problemfelder immer wieder im realen Diskurs zur Sprache gebracht wird. Dabei müssen zum einen die Gründe für die Relevanz des Prinzips Verantwortung herausgestellt und zum anderen die Gefahren und Risiken aufgezeigt werden, die entstehen können, wenn die Menschen sich dem Prinzip Verantwortung entziehen. An dieser Stelle lassen sich wieder Jonas' Konzeptionen über „Wissen" und „Furcht" einbinden: Es muss gewährleistet sein, dass die Menschen über die globalen Aktionen, globalen Probleme und möglichen weltumfassenden Risiken Bescheid wissen. Dieses Wissen liefert den Individuen schließlich die Gründe, sich von der Notwendigkeit des Prinzips Verantwortung überzeugen zu lassen und es für sich als moralisches Gebot zu begründen.

Des Weiteren kommt es darauf an, dass das Prinzip Verantwortung von Generation zu Generation weitergetragen wird. Dabei geht es darum, dass es sich immer fester in das bereits vorhandene Netz von moralischen Überzeugungen einfügt und, zusammen mit den anderen bestehenden Moralprinzipien und -normen, im realen Diskurs immer wieder überprüft, revidiert und erneut bestätigt wird. Kann das Prinzip Verantwortung die beständigen Überprüfungen im realen Diskurs immer wieder bestehen, so verankert es sich immer fester in der Gesellschaft und der Tradition.

Die Fragen, die im realen Diskurs aufkommen können, um das Prinzip Verantwortung zu überprüfen, können beispielsweise lauten: Verhilft das Prinzip Verantwortung zu einer Verbesserung der Welt, der Gesellschaft und des Gemeinwohls? Ist das Gebot kohärent, das heißt kompatibel mit den anderen bestehenden moralischen Prinzipien und Normen? Unterstützt das Prinzip Verantwortung das „kategorische Muss“? Von dem heutigen Standpunkt aus gesehen, lassen sich alle diese Fragen positiv beantworten. Das Prinzip Verantwortung verbreitet sich, beobachtet man den Konsens im realen Diskurs, immer mehr und wird mit zunehmender Übereinstimmung als wichtig, hilfreich und notwendig angesehen.

6 Schlussbetrachtung: Begründung des Prinzips Verantwortung „von unten“

Dieses Kapitel schließt die vorliegende Untersuchung ab. Dabei werden zunächst die Schritte der Arbeit nochmals zusammengefasst (Kapitel 6.1). In einem weiteren Punkt wird das Ergebnis der Arbeit – sprich das auf der Ebene der Lebenswelt begründete Prinzip Verantwortung – ausgewertet (Kapitel 6.2). Schließlich werden in einem kurzen Ausblick zwei weitere Forschungsfragen, die sich im Laufe dieser Arbeit ergeben haben, betrachtet (Kapitel 6.3).

6.1 Argumentationsschritte der Untersuchung

Die Intention dieser Arbeit war, ein moralisch verpflichtendes Prinzip des kollektiven und globalen Verantwortungshandelns für die heutige Zeit zu gewinnen. Ausgangspunkt war die in dieser Frage grundlegende Verantwortungsethik von Hans Jonas. Das Jonas'sche Prinzip Verantwortung sollte weitergedacht, überarbeitet und aktualisiert werden.

Um dies erreichen zu können, wurden zwei Modifikationen formuliert, ist doch die Begründung, die Jonas ausführte, in philosophischer Hinsicht nicht haltbar. In diesen Modifikationen ging es grundsätzlich darum, das Prinzip Verantwortung *diskursiv* zu begründen. Ausschlaggebend für eine *diskursive* Ausrichtung des Prinzips Verantwortung ist, dass eine heutige Ethik zum einen in der Tradition der Aufklärung und des revolutionären Humanismus stehen und zum anderen an die Kritik an der Ethik Kants anknüpfen muss. Dementsprechend ging es in der ersten Modifikation um die Einbringung des Prinzips Verantwortung in den Rahmen einer diskursiven Ethik. In der zweiten Modifikation, die mit der ersten zusammenhängt, ging es um die Erweiterung des *zweistelligen* Verantwortungsbegriffs bei Jonas zu einem *dreistelligen* diskursiven Verantwortungsbegriff. Bei der hinzugefügten dritten Relation handelt es sich um die Diskursgemeinschaft, *vor* der jeder Mensch sich zu verantworten hat.

Um diese Modifikationen vorzunehmen, wurden in *Kapitel 3* mithilfe einer Analyse der Vor- und Nachteile diejenigen Kerngedanken der Jonas'schen Verantwortungsethik herausgearbeitet, die weiterhin Bestand haben können. Sie sollten später im weiteren Verlauf der Arbeit wieder in den diskursiven Begründungszusammenhang eingebracht werden. Als vorteilhafte Kerngedanken konnten a) die *Globalität*, b) die *Kollektivität* und c) die *nicht-reziproke moralische Pflicht* herausgefiltert werden. Dies war möglich, indem sie aus dem metaphysisch-ontologischen Begründungszusammenhang, in dem sie bei Jonas standen, herausgelöst wurden.

Der Anspruch, die von ihrem metaphysischen Ballast befreiten Kerngedanken Jonas' in den Rahmen einer diskursiven Ethik einzufügen, führte zunächst in *Kapitel 4* zu der diskursiven, transzendentalpragmatischen Verantwortungsethik von Karl-Otto Apel. Apel hat das Prinzip Verantwortung als kategorische Grundnorm des Argumentierens verstanden und daraus eine als zweiteilige Architektonik angelegte „Mit-Verantwortungsethik" entfaltet. „Mit-Verantwortung" bedeutet in diesem Zusammenhang die universalgültige moralische Pflicht, in allem Handeln die *regulative Idee der idealen Kommunikationsgemeinschaft* approximativ zu realisieren. Auf den ersten Blick schien mit dieser Konzeption die Problematik der Jonas'schen Verantwortungsethik gelöst und die Forderung der zwei Modifikationen erfüllt zu sein: Mit Apel war das Prinzip Verantwortung (a) Bestandteil einer diskursiven Ethik und (b) als ein dreistelliger Begriff konzipiert, wobei der dritte Pol die Diskursgemeinschaft darstellt. Allerdings stellte sich heraus, dass die Apel'sche Ethik aufgrund der idealistischen Implikationen – die mit der regulativen Idee der idealen Kommunikationsgemeinschaft und der Letztbegründung gegeben sind – kritisch zu bewerten ist. Somit erwies sich Apels Prinzip der „Mit-Verantwortung" nicht geeignet, das Verantwortungsprinzip von Jonas zu retten und als moralisch verpflichtendes Prinzip des kollektiven und globalen Verantwortungshandelns für die heutige Zeit zu gelten.

Aufgrund des Anspruchs der beiden Modifikationen sowie der aufgezeigten Nachteile der Apel'schen Verantwortungsethik führte *Kapitel 5* zu der diskursiven und neo-pragmatistischen Ethik von Albrecht Wellmer. Da Wellmer selbst nicht explizit über das Prinzip Verantwortung spricht, war es die Absicht dieses Kapitels, Jonas' Prinzip Verantwortung in Wellmers Ansatz einzuarbeiten. Möglich war dies, indem das Prinzip Verantwortung analog zu den Wellmer'schen „positiven Normen" begründet wurde. Es wurden die Schritte nachgezeichnet, die erforderlich sind, um eine „positive Norm" zu begründen. Anschließend wurde der analoge Weg für das Prinzip Verantwortung gegangen. In beiden Fällen handelte es sich um eine Begründung „von unten" – eine Begründung, die nicht auf einer speziellen philosophischen Prinzipienebene, sondern auf der Ebene der in der Lebenswelt interagierenden

Individuen ansetzt. Durch diese *lebensweltliche* Begründungsweise konnten die beiden geforderten Modifikationen überzeugend vorgenommen werden, *ohne* dabei auf die idealistischen Implikationen Apels zurückgreifen zu müssen. Mit Wellmer konnte das Prinzip Verantwortung (a) in den Rahmen einer *real*-diskursiven Ethik eingebracht und (b) auf einen dreistelligen Begriff erweitert werden, wobei es sich bei dem dritten Pol ausschließlich um die *reale* und nicht auch um die ideale Diskursgemeinschaft Apels handelt.

6.2 Ergebnisse der Untersuchung

Mithilfe der Wellmer'schen Ethik ist es gelungen, das Prinzip Verantwortung von Hans Jonas weiterzudenken, zu überarbeiten und schließlich zu aktualisieren. In dieser Hinsicht konnte ein geeignetes moralisches Handlungsprinzip, das für die heutige Zeit angesichts der Globalisierung zur Bewältigung der vielfältigen globalen Probleme vonnöten ist, gewonnen werden. Dazu wurden die ethischen Ansätze von Jonas und Wellmer zusammengeführt: Das Prinzip Verantwortung wurde aus dem Jonas'schen Begründungskontext herausgelöst und in den diskursiven, aber neo-pragmatistischen Begründungszusammenhang der Ethik Wellmers eingearbeitet. Auf diese Weise ist es nicht mehr *absolut*, so wie bei Jonas und Apel, sondern *lebensweltlich* begründet. Dieses Vorgehen stützt sich dabei auf zwei Momente, die im Hinblick auf die Moralbegründung ineinander verwoben sind: auf das über Moral reflektierende Individuum auf der einen Seite und auf den realen Diskurs und die kollektiven Lernprozesse, in die das Individuum involviert ist, auf der anderen Seite. Die lebensweltliche Begründungsweise lässt sich in drei Schritten auf den Punkt bringen:

1.) Die Begründung des Prinzips Verantwortung „von unten" setzt beim Individuum an. Das Individuum versucht generell für sich herauszufinden, was moralisch richtig ist, und fragt – den Postulaten der Aufklärung gemäß – nach dem gemeinsamen Willen aller vernünftigen Menschen. Wie mit Wellmer deutlich geworden ist, kann das Individuum dies nicht auf direktem Wege herausfinden. Es kann sich nur sukzessiv ein immer besseres Bild von dem machen, was die Menschen gemeinschaftlich wollen, indem es danach fragt, was die Menschen *nicht* gemeinschaftlich wollen. Somit beginnt die Begründung des moralischen Urteils mit der „Frage nach der Nicht-Verallgemeinerbarkeit". Im Falle des Prinzips Verantwortung ist es die Frage nach der Nicht-Verallgemeinerbarkeit des Unterlassens des Prinzips Verantwortung.

2.) Als entscheidender Aspekt kommt hinzu, dass das Individuum in kollektiven Lernprozessen in den realen Diskurs eingebunden ist. Hier lernen die Individuen gemeinsam und in wechselseitiger Interaktion voneinander, was Moral eigentlich ist und was Moral umfassen soll. Wellmer hat den realen Diskurs treffend als „transsubjektiven Wahrheitsraum“ beschrieben, in dem wir endlos über „das, was wahr ist“, streiten. Dabei versuchen die Menschen, sich gegenseitig von ihren Moralvorstellungen zu überzeugen. Sind gemeinsame Überzeugungen erreicht, können sie wiederum zur Grundlage von neuen Auseinandersetzungen gemacht werden. Dass es sich bei diesem endlosen „Streit um die Wahrheit“ um einen kollektiven Lernprozess handelt, bedeutet, dass die Menschen immer „vernünftiger“ werden. Wellmer sieht in den Menschen eine potenzielle Vernünftigkeit, die sich durch das gemeinsame Lernen im Diskurs entwickeln kann. Im Laufe der Entwicklung bekommen die Menschen eine immer bessere Einsicht in das, was Moral eigentlich ist, und in das, was sie sein soll. Das heißt, sie können immer besser erkennen, dass Moral aus dem sozialen Faktum des „kategorischen Muss“ hervorgeht und der Verbesserung und Optimierung unserer sozialen Reziprozitätsbeziehungen dienlich sein soll.

Diesen „vernünftigen“ Lernprozess, in den das Individuum eingebunden ist und der sich in der Geschichte beobachten lässt, bezeichnet Wellmer als „Eliminierung des Unsinns“. Damit ist gemeint, dass Ungerechtigkeiten und Ungleichheiten sukzessiv ausgeräumt werden. Das Ziel dieser Entwicklung sieht Wellmer in der „diskursiven Rationalität“. Dieses Ziel ist jedoch nicht mit der regulativen Idee der idealen Kommunikationsgemeinschaft Apels vergleichbar. Vielmehr ist mit Wellmer darunter ein „lebendiger“ gesellschaftlicher Zustand zu verstehen, in dem die Menschen vernünftig miteinander diskutieren können und über „das, was wahr ist“, stets weiterstreiten. Dabei entfalten sie ihre diversen „Rationalitäten“. Es geht bei dieser Zielformulierung nicht darum, einen endgültigen Zustand der idealen Sprache und des idealen Konsenses, wie es bei Apel der Fall ist, zum Ausdruck zu bringen. Auch soll dieses Ziel nicht als letztbegründetes, absolut geltendes moralisches Prinzip vorgeschrieben werden.

3.) Die Gründe für das moralische Urteil des Prinzips Verantwortung zieht das Individuum somit aus dem realen Diskurs und den kollektiven Lernprozessen, in die es eingebunden ist. Auf dieser Grundlage kann es das Prinzip Verantwortung dann *für sich* begründen. Wie gezeigt wurde, gibt es nicht nur inhaltliche Gründe, die das Individuum dazu bewegen, das Prinzip Verantwortung für sich zu übernehmen, sondern auch soziale: Dadurch, dass das Individuum Mitglied der realen Diskursgemeinschaft ist, muss es sich auch immer *vor* den anderen verpflichten und rechtfertigen. Es wird somit durch die anderen Diskursteilnehmer kontrolliert und unter sozialen Druck gesetzt. Diese sozialen Gründe werden, wie gezeigt, durch die dritte Relation im Verantwortungsbegriff zum Ausdruck gebracht.

Dass das Individuum das Prinzip Verantwortung für sich übernimmt, heißt, dass es davon *überzeugt* ist und sein Handeln konkret danach ausrichtet – sprich danach *lebt*. Die Gültigkeit des Prinzips Verantwortung hat jedoch immer nur in der jeweiligen Innenperspektive der Individuen Bestand. Es gilt nicht in einem objektiven, absoluten Gültigkeitsraum, wie es bei Jonas und Apel der Fall ist. In der Außenperspektive ist das Prinzip Verantwortung fallibel. Das bedeutet, dass das Individuum es jederzeit kippen kann, wenn es aufgrund der Begebenheiten im realen Diskurs und in den kollektiven Lernprozessen nicht mehr überzeugt sein sollte.

Diese drei Schritte lassen erkennen, dass sich das Prinzip Verantwortung nicht, wie bei Jonas und Apel, *letzt*begründen lässt. Es kann nicht mehr *absolut* gültig sein. Vielmehr ist es in seinem Prinzipienstatus stark abgeschwächt. Es ist nicht mehr, wie bei Jonas und Apel, *das* Moralprinzip, welches immer schon vorhanden ist und nur aufgefunden oder aufgedeckt werden muss. Ein Moralprinzip, wie man es bei Jonas und Apel findet, kann es in der Wellmer'schen Ethik nicht mehr geben. Stattdessen lässt sich mit Wellmer von einem minimalen „kategorischen Imperativ" ausgehen. Er entspricht der Grundoperation der moralischen Urteilsbildung, das heißt der Formulierung der Negation von nicht-verallgemeinerbaren Handlungsweisen. Wellmer spricht diesbezüglich auch von dem rationalisierbaren Kern des sozialen Faktums des „kategorischen Muss". Vor diesem Hintergrund kann es sich bei dem Prinzip Verantwortung nur noch um *ein* moralisches Handlungsprinzip handeln. Dieses können die Individuen begründen, indem sie es (a) im realen Diskurs intersubjektiv aushandeln und (b) jeweils für sich als überzeugendes moralisches Prinzip übernehmen und danach leben.

Wie aber ist die lebensweltliche Begründungsweise des Prinzips Verantwortung abschließend zu bewerten? Hier zeigen sich drei kritische Aspekte: (1) Zunächst lässt sich bezweifeln, ob es denn überhaupt sinnvoll ist, im Rahmen der Wellmer'schen Ethik von Verantwortung als einem „Prinzip" zu sprechen. (2) Des Weiteren lässt sich einwenden, das lebensweltlich begründete Prinzip Verantwortung sei relativistisch und demnach verfehlt. (3) Schließlich stellt sich die Frage, ob das Prinzip Verantwortung überhaupt wirksam sein kann, wenn es nicht mehr – wie noch bei Jonas und Apel – eine starke Soll-Geltung impliziert.

Zu 1: Es ist durchaus sinnvoll, innerhalb des Wellmer'schen Ansatzes von Verantwortung als einem *Prinzip* zu sprechen. Schließlich hat das Prinzip Verantwortung eine wichtige Funktion innerhalb unserer Rechtfertigungspraxis im realen Diskurs. In dieser Hinsicht kommt ihm dieselbe Funktion zu wie anderen idealen Begriffen – wie „Wahrheit" oder „Moralnorm" –, die Wellmer weiterhin in einer minimalen, rein auf die reale Rechtfertigungspraxis bezogenen Form verwendet und somit – im Gegensatz zu Rorty – *rettet*. Mit Wellmer wird deutlich, dass wir im realen Diskurs, wenn wir über „das, was wahr ist", streiten, auf ideale Konzepte Bezug nehmen. Diese haben einen entscheidenden Platz in unserem Denken und Argumentieren. Dabei gelten sie jedoch nicht in einem objektiven, absoluten sprachlichen Gültigkeitsraum, wie es bei Apel der Fall ist. Sie können immer nur in der jeweiligen Ich-Perspektive der einzelnen Sprecher Gültigkeit beanspruchen.

Im Gegensatz zu Apel ist mit Wellmer von einer *Perspektivendifferenz* der Sprecher auszugehen und zwischen einer Innen- und einer Außenperspektive der Sprecher zu unterscheiden. Damit erhellt er, dass eine Differenz zwischen der Perspektive eines Sprechers auf sich selbst und der Perspektive dieses Sprechers auf andere Sprecher besteht: Eine Aussage, die Sprecher A aufgrund von bestimmten Gründen für „wahr" und somit absolut und universal gültig hält, kann aus der Perspektive eines Sprechers B für nicht gerechtfertigt und somit „nicht wahr" angesehen werden. Mit Wellmer ist an Apel somit zu kritisieren, dass dieser die Perspektivendifferenz innerhalb unserer Diskurspraxis unterschlagen hat und Innen- und Außenperspektive der Sprecher in eins setzt.

Worauf es hier ankommt, ist, dass wir durch den anhaltenden „Streit um die Wahrheit" im realen Diskurs, in dem wir permanent versuchen, uns von unseren Anschauungen zu überzeugen, in einen kollektiven Lernprozess treten. Das heißt bezogen auf die Moral: Nur, indem wir ständig über das, was moralisch richtig sein soll, streiten, lernen wir auch voneinander, was der gemeinschaftliche Wille ist. Auf diese Weise kristallisieren sich mit der Zeit gemeinsam getroffene Übereinkünfte über Moralnormen, Prinzipien und Maßstäbe heraus. Diese bilden ein tragbares Netz des moralischen Übereinkommens, das der Gesellschaft Halt und Orientierung gibt. Die gemeinsam getroffenen Überzeugungen sind jedoch keine absoluten Urteile. Dies können sie nur in der Innenperspektive der jeweiligen Sprecher sein. Nach außen hin sind sie fallibel und müssen immer wieder im realen Diskurs überprüft und neu bestätigt werden. Dabei werden sich die Übereinkünfte, die gut begründet sind – die also dem Gemeinwohl langfristig förderlich sind –, mit hoher Wahrscheinlichkeit sehr lange bestätigen. Folglich ist der Streit um die Wahrheit im realen Diskurs – in dem die idealen Begriffe eine bedeutende Rolle spielen – wichtig für das individuelle und kollektive Lernen, wobei die Menschen ihre moralische Urteilskraft ausbilden und immer besser voneinander lernen, was der gemeinsame Wille ist. Darüber hinaus wirkt es sich positiv auf die Praxis aus, da die Menschen „von unten" ein Netz von moralischen Übereinkünften begründen können.

Der Begriff des Prinzips spielt in der Rechtfertigungspraxis im realen Diskurs eine besondere Rolle. Wellmer selbst spricht nicht direkt über Prinzipien, sondern von Moralnormen und moralischen Maßstäben, die sich im Laufe der Zeit wandeln und immer stärker in Richtung des von ihm formulierten „kategorischen Muss" gehen. Er zeigt, welche wichtige Funktion das Streiten über Moralnormen und moralische Maßstäbe für den realen Diskurs und die Verbesserung der Lebenswelt hat. Entsprechend wird in dieser Arbeit davon ausgegangen, dass die diskursive Auseinandersetzung über moralische Handlungsprinzipien genauso bedeutsam ist: Indem wir über Handlungsprinzipien streiten, suchen wir nach einer Übereinkunft hinsichtlich der generellen Richtung oder „Färbung" unseres moralischen Handelns. Wir fragen uns, welche gemeinsamen Ziele wir mit unserem moralischen Handeln erreichen wollen. In diesem Zusammenhang ist gezeigt worden, dass das Prinzip Verantwortung ein bedeutendes und sinnvolles Handlungsprinzip darstellt. In ihm geht es darum, dass wir in all unserem Handeln immer auch eine kollektive und globale Verantwortung übernehmen. Und angesichts der bedrohlichen Weltlage lässt sich sagen, dass das Prinzip Verantwortung nicht nur „als Handlungsprinzip" *sinnvoll*, sondern aufgrund seines bedrohten Gegenstandes auch *notwendig* ist.

Die vorliegende Untersuchung hat somit gezeigt, dass es nicht nur möglich, sondern auch unverzichtbar ist, weiterhin von Verantwortung als einem „Prinzip" auszugehen. Es ist jedoch ein abgeschwächtes Prinzip. Es ist nicht zu verwechseln mit der regulativen Idee Apels, die universal gültig und letztbegründet ist. Das Prinzip muss vielmehr erst im realen Diskurs ausgehandelt werden, und es gilt nur so lange, bis die Individuen es verwerfen. Es ist somit nicht absolut gültig, sondern fallibel.

Abschließend ist hervorzuheben, dass das hier formulierte Prinzip Verantwortung eine Mittelposition in der von Burckhart aufgeworfenen Differenz zwischen Verantwortung als absolutem Prinzip und Verantwortung als reiner Lebenspraxis einnimmt:[398] Es kann auf der einen Seite nicht als letztbegründetes, universalistisches Prinzip gelten. Auf der anderen Seite lässt es sich aber auch nicht komplett auf die Lebensweltpraxis reduzieren, könnten wir doch sonst nicht mehr über das, was das Ziel oder die Intention unseres Handelns sein soll, streiten. In unserem „Streit um die Wahrheit“ im realen Diskurs geht es darum, dass wir versuchen, die anderen von unseren begründeten Ansichten zu überzeugen, und damit um „Moralnormen“, „moralische Maßstäbe“ und „Handlungsprinzipien“. Nur indem wir über unsere Überzeugungen streiten, kommen wir in unserem gemeinsamen Lernen – und darüber hinaus in der Verbesserung unserer gemeinsamen Lebensweltpraxis – weiter.

Zu 2: Die zweite kritische Frage ist, ob das abgeschwächte, lebensweltlich begründete Prinzip Verantwortung nicht relativistisch und damit verfehlt ist. Der Relativismus-Problematik ist gemäß Wellmer mit Argumenten zu begegnen, die in dieser Arbeit unter dem Stichwort „Umkehr des Denkens“ zusammengefasst worden sind. Dabei ist deutlich geworden, dass sich das Prinzip Verantwortung nicht vor einem Relativismus schützen lässt, indem man es *letzt*begründet und zu einem absoluten Prinzip erklärt. Vielmehr gelingt dies nur, indem es konkret in der Lebenswelt verankert wird. Das heißt, dass es (a) von möglichst vielen Individuen als Überzeugung übernommen und konkret gelebt wird sowie (b) durch den realen Diskurs von Generation zu Generation als gut begründetes und in der Praxis bewährtes Handlungsprinzip weitergetragen wird. Dabei muss es immer wieder im realen Diskurs hinsichtlich seiner Gründe und seiner Praxistauglichkeit überprüft und neu bestätigt werden. Da der Entwicklung des Prinzips Verantwortung sehr dringliche Probleme zugrunde liegen, ist davon auszugehen, dass es sich mit großer Wahrscheinlichkeit auch in der Gesellschaft verfestigen wird.

Mit Wellmer lässt sich das Problem des Relativismus nicht lösen, sondern auflösen und beseitigen. Dies gelingt, indem eine andere Perspek-

398 Diese Differenz ist im Titel des Herausgeberwerkes „Sphären der Verantwortung. Prinzip oder Lebenspraxis“ formuliert und wird in verschiedenen Aufsätzen zu dem Themenfeld Verantwortung und Pädagogik diskutiert. Vgl. Burckhart 2005a.

tive eingenommen wird: Wellmer führt den Blick weg von der theoretischen Relativismus-Absolutismus-Problematik und -Diskussion und geht mit seinem Ansatz *direkt* in die Praxis. Dort geht es dann wesentlich darum, die lebensweltliche gesellschaftliche Situation zu verbessern. Dabei spielt der Streit um „Wahrheit", „Moralnormen" und „moralische Handlungsprinzipien" eine wichtige Rolle.

Wie gezeigt wurde, kann sich das Problem des Relativismus nur stellen, wenn man zuvor einen Absolutismus vorausgesetzt hat. Das gesamte Problem lässt sich schließlich zum Verschwinden bringen, wenn man den eigenen Blick ganz auf die Praxis lenkt und fragt, wie ein moralisches Handlungsprinzip – z. B. das Prinzip Verantwortung – konkret in der lebensweltlichen Gesellschaft etabliert werden kann. Dabei geht es dann darum, das Prinzip gut zu begründen und auf seine Praxistauglichkeit hin zu überprüfen. Es geht nicht darum, es *letzt*zubegründen.

Zu 3: Eine kategorische, universalgültige Soll-Geltung, wie man sie bei Jonas und Apel findet, kann es nicht geben. Dagegen ist mit Wellmer deutlich geworden, dass ein moralisches Urteil, wie das Prinzip Verantwortung eines ist, immer nur in der „Ich-Perspektive" der einzelnen Individuen gelten kann. Somit ist auch die Soll-Geltung lediglich auf die persönliche Entscheidung und Motivation des einzelnen Individuums zurückzuführen. Allerdings wird ein Individuum, das ein moralisches Handlungsprinzip *aus Überzeugung* für sich begründet hat, dieses auch *mit Überzeugung* in sein Handeln integrieren und schließlich *überzeugt* danach leben. Das Problem einer „Befolgungsgültigkeit", wie Marcel Niquet es bei Apel kritisiert, kann sich an dieser Stelle nicht mehr stellen.[399] Dies zeigt, dass das Prinzip Verantwortung eine starke Bedeutung haben kann, obwohl es als „Prinzip" abgeschwächt werden musste.

Die Auseinandersetzung mit den drei kritischen Einwänden hat gezeigt, dass es mit Wellmer möglich ist, das Prinzip Verantwortung zu begründen. Dabei handelt es sich – was den Status als „Prinzip" angeht – um ein stark abgeschwächtes Prinzip. Es kann nicht mehr *das* absolute Moralprinzip sein, sondern nur noch *ein* moralisches Handlungsprinzip, das pluralistisch und fallibel ist. Dennoch ist deutlich geworden, dass das Prinzip Verantwortung innerhalb der lebensweltlichen Diskurspraxis sinnvoll und aufgrund der bedrohlichen weltlichen Lage sogar notwendig ist. Das heißt, dass das „Prinzip Verantwortung" nicht

399 Vgl. Niquet 2002, S. 134ff.

im Ganzen als schwach gelten muss: Als „Prinzip" ist es zwar stark minimalisiert, aber in seiner Bedeutung für die Praxis ist es nach wie vor stark und gehaltvoll.

Somit ist deutlich geworden, dass – im Rückblick auf die Zielformulierung in der Einleitung – eine lebensweltliche Begründung des Prinzips Verantwortung, die bei den in der Lebenswelt interagierenden Individuen ansetzt und somit „von unten" vollzogen wird, *notwendig*, *sinnvoll* und *möglich* ist: Sie ist (a) *notwendig*, weil ein Prinzip Verantwortung für die heutige Zeit dringend gebraucht wird. Da sie notwendig ist, ist sie (b) auch *sinnvoll*. Dies erklärt sich allein daraus, dass ein Prinzip Verantwortung als Zielvereinbarung für unser heutiges Handeln von so großer Wichtigkeit ist. Und da sie notwendig und sinnvoll ist, ist sie schließlich (c) auch *möglich*.[400]

6.3 Ausblick

Abschließend lassen sich zwei wichtige, jedoch noch offene Fragen formulieren, die sich im Laufe der Untersuchung gestellt haben und im Anschluss an diese Arbeit zu weiteren Forschungsthemen ausgeweitet werden sollten:

1.) Die erste Frage bezieht sich auf den Aspekt des Lernens. Wie mit Wellmer deutlich geworden ist, liegt der Schlüssel zu einer besseren Gesellschaft in der Ausbildung der *moralischen Urteilskraft* der einzelnen Menschen. Diese, so Wellmer, können die Menschen durch ein Zu-

400 Hinsichtlich der Zusammenhänge der Begriffe *möglich*, *sinnvoll* und *notwendig* in der Moralbegründung vgl. Burckhart 2005b, S. 11, 13ff. Burckhart verfolgt in diesem Aufsatz das Ziel, Verantwortung als universalgültiges Moralprinzip zu begründen. Dabei verwendet er die Methode der transzendentalpragmatischen Letztbegründung. Auf diese Weise gelingt es ihm, Verantwortung als starkes, grundlegendes Prinzip zu gewinnen. Die Vorgehensweise Burckharts ist von der hier verfolgten Vorgehensweise zu unterscheiden. Das Prinzip Verantwortung, zu dem Burckhart gelangt, ist – aufgrund seiner Letztbegründung – als „Prinzip" stärker als das hier aufgestellte Prinzip Verantwortung. Dennoch wird in dieser Arbeit davon ausgegangen, dass das lebensweltlich begründete Prinzip Verantwortung weiterhin möglich, sinnvoll und notwendig ist. Vgl. zu dem Zusammenhang der Begriffe *sinnvoll*, *möglich* und *notwendig* innerhalb der Moralbegründung auch Kuhlmann, Wolfgang (2006), *Begründung*, in: Düwell u. a. Hg. 2006, S. 323f; Kuhlmann, Wolfgang (1984), *Warum Normenethik?*, in: Apel, Karl-Otto/Böhler, Dietrich/Rebel, Karlheinz (Hg. 1984), *Funkkolleg Praktische Philosophie/Ethik. Studientexte*, Bd. 2, Weinheim/Basel, S. 496.

sammenspiel aus kollektiven und individuellen Lernprozessen, die durch die Interaktionen mit den anderen Menschen im realen Diskurs bedingt sind, entfalten. Wellmer hat an dieser Stelle den Aspekt des Lernens nicht weiter vertieft. Somit ist offen geblieben, wie ein solches individuelles und kollektives Lernen konkret aussehen und vor allem funktionieren könnte. Damit einhergehend stellt sich – vor dem Hintergrund der vorliegenden Arbeit – die spezielle Frage, wie das individuelle und kollektive Lernen des Prinzips Verantwortung konkret beschaffen sein könnte. An dieser Stelle könnten beispielsweise die Bildungstheorie John Deweys oder der Ansatz der konstruktivistischen Didaktik von Kersten Reich Anregungen geben.[401]

2.) Eine weitere Problematik hat sich an der Stelle eröffnet, an der Wellmer zwischen dem „Konsens einiger weniger Urteilsfähiger" und dem „realen Einverständnis aller" unterscheidet. Er trifft die Aussage: „Was aber die Frage betrifft, so ist der Konsens einiger weniger Urteilsfähiger, die den konkreten Situationen genügend nahe stehen, für die moralische Vergewisserung häufig wichtiger als ein reales Einverständnis aller."[402] Wellmer ist an dieser Stelle nicht weiter darauf eingegangen, welche Menschen als urteilsfähig gelten können und dürfen und welche nicht. So stellt sich etwa die Frage, wie mit Menschen mit geistiger Behinderung umzugehen ist. Auch ist an Menschen zu denken, welche die Anstrengung der Ausbildung einer moralischen Urteilskraft vielleicht gar nicht wollen oder sie aus Gründen der Überlastung und Überforderung im Alltag nicht in Angriff nehmen können. Ebenso sind in einer negativen Hinsicht Menschen zu erwähnen, die versuchen, mit Mitteln der Macht den Diskurs zu dominieren. An dieser Stelle ist zu fragen, wie mit Gewalt und Ideologien umzugehen ist.

Die beiden aufgeworfenen Fragen stellen allerdings das Ergebnis der vorliegenden Arbeit nicht in Frage. Im Gegenteil: Der Ansatz einer lebensweltlichen Begründung des Prinzips Verantwortung muss weiter ausgebaut und differenziert werden. Dafür ist die Berücksichtigung diverser Problematiken, die in dieser Arbeit nicht behandelt werden

401 Vgl. Dewey, John (1993), *Demokratie und Erziehung. Eine Einleitung in die philosophische Pädagogik,* aus dem Amerikanischen von Erich Hylla, hrsg. und mit einem Nachwort von Jürgen Oelkers, Weinheim/Basel; Reich, Kersten (2008), *Konstruktivistische Didaktik. Lehr- und Studienbuch mit Methodenpool,* 4. Aufl., Weinheim; zur Problematik und Diskussion didaktisch-methodischer Möglichkeiten der „Lehrlernbarkeit" von Verantwortung vgl. Burckhart 2005, S. 69ff.

402 Wellmer 1986, S. 132f.

konnten, vonnöten – so die Fragen nach dem „Lernen", der „Diskursfähigkeit" oder „Diskurserlaubnis". Somit ist das Projekt der Begründung des Prinzips Verantwortung „von unten" noch nicht abgeschlossen, sondern steht erst an seinem Anfang. Oder wie Gunnar Skirbekk es formuliert hat:

> „Wir sind gehalten, immer wieder zu versuchen, mit einer neuen kollektiven Anstrengung weiterzukommen, oder zumindest tiefe Verwirrung oder schwere Fehler (soweit möglich) zu vermeiden. Insofern ist das Philosophieren eine praktische Aufgabe, die niemals vollendet ist. Da wir, metaphorisch gesagt, im selben Boot sitzen, müssen wir uns unseren Problemen stellen, indem wir Schritt für Schritt an der Nachrüstung des gemeinsamen Bootes arbeiten. Dieses Boot treibt ‚auf hoher See' (wie Philosophen sagen), und manchen erscheint es als Narrenschiff – aber aus einem anderen Blickwinkel gesehen (oder aus dem Blick von ‚nowhere'), erscheint es eher als eine Lustbarke mit einer hoffnungslos kurzlebigen Mannschaft."[403]

403 Skirbekk 2002, S. 212.

7 Literaturverzeichnis

Albert, Hans (1975), *Transzendentale Träumereien. Karl-Otto Apels Sprachspiele und sein hermeneutischer Gott*, Hamburg.

Albert, Hans (1991), *Traktat über kritische Vernunft*, 5. verb. & erw. Auflage, Tübingen.

Apel, Karl-Otto (1975), *Der Denkweg von Charles S. Peirce. Eine Einführung in den amerikanischen Pragmatismus*, Frankfurt a. M.

Apel, Karl-Otto (1976), *Transformation der Philosophie*, in: Apel, Karl-Otto (1976), *Transformation der Philosophie. Band 1. Sprachanalytik, Semiotik, Hermeneutik*, Frankfurt a. M., S. 9–76.

Apel, Karl-Otto (1978), *Transformation der Transzendentalphilosophie. Versuch einer retrospektiven Zwischenbilanz*, in: Mercier, André/Svilar, Maja (Hg. 1978), *Philosophes critiques d'eux mêmes. Philosophers on Their Own Work. Philosophische Selbstbetrachtungen*, Bd. 4, Bern u. a., S. 9–43.

Apel, Karl-Otto/Kettner, Matthias (Hg. 1993a), *Zur Anwendung der Diskursethik in Politik, Recht und Wissenschaft*, 2. Aufl., Frankfurt a. M.

Apel, Karl-Otto (1993b), *Diskursethik vor der Problematik von Recht und Politik: Können die Rationalitätsdifferenzen zwischen Moralität, Recht und Politik selbst noch durch die Diskursethik normativ-rational gerechtfertigt werden?*, in: Apel u. a. (Hg. 1993a), S. 29–61.

Apel, Karl-Otto (1994), *Die ökologische Krise als Herausforderung für die Diskursethik*, in: Böhler (Hg. 1994a), S. 369–404.

Apel, Karl-Otto (1997), *Kann der postkantische Standpunkt der Moralität noch einmal in substantielle Sittlichkeit ‚aufgehoben' werden? Das geschichtsbezogene Anwendungsproblem der Diskursethik zwischen Utopie und Regression*, in: Apel, Karl-Otto (1997), *Diskurs und Verantwortung. Das Problem des Übergangs zur postkonventionellen Moral*, 3. Aufl., Frankfurt a. M., S. 103–153.

Apel, Karl-Otto (1998a), *Auseinandersetzungen in Erprobung des transzendentalpragmatischen Ansatzes*, Frankfurt a. M.

Apel, Karl-Otto (1998b), *Auflösung der Diskursethik? Zur Architektonik der Diskursdifferenzierung in Habermas' Faktizität und Geltung. Dritter, transzendentalpragmatisch orientierter Versuch, mit Habermas gegen Habermas zu denken*, in: Apel (1998a), S. 727–837.

Apel, Karl-Otto (1998c), *Das Problem der philosophischen Letztbegründung im Lichte einer transzendentalen Sprachpragmatik. Versuch einer Metakritik des ‚kritischen Rationalismus'*, in: Apel (1998a), S. 33–79.

Apel, Karl-Otto (1998d), *Fallibilismus, Konsensustheorie der Wahrheit und Letztbegründung*, in: Apel (1998a), S. 81–193.

Apel, Karl-Otto (1999a), *Transformation der Philosophie. Band 2. Das Apriori der Kommunikationsgemeinschaft*, 6. Aufl., Frankfurt a. M.

Apel, Karl-Otto (1999b), *Das Apriori der Kommunikationsgemeinschaft und die Grundlagen der Ethik*, in: Apel (1999a), S. 358–435.

Apel, Karl-Otto (1999c), *Szientismus oder transzendentale Hermeneutik? Zur Frage nach dem Subjekt der Zeicheninterpretation in der Semiotik des Pragmatismus*, in: Apel (1999a), S. 178–219.

Apel, Karl-Otto (1999d), *Von Kant zu Peirce: Die semiotische Transformation der Transzendentalen Logik*, in: Apel (1999a), S. 157–177.

Apel, Karl-Otto (2000), *First Things First. Der Begriff primordialer Mit-Verantwortung. Zur Begründung einer planetaren Makroethik*, in: Kettner, Matthias (Hg. 2000) *Angewandte Ethik als Politikum*, Frankfurt a. M., S. 21–50.

Apel, Karl-Otto/Burckhart, Holger (Hg. 2001a), *Prinzip Mitverantwortung. Grundlage für Ethik und Pädagogik*, Würzburg.

Apel, Karl-Otto (2001b), *Diskursethik als Ethik der Mit-Verantwortung vor den Sachzwängen der Politik, des Rechts und der Marktwirtschaft*, in: Apel u. a. (Hg. 2001a), S. 69–95.

Apel, Karl-Otto (2001c), *Primordiale Mitverantwortung. Zur transzendentalpragmatischen Begründung der Diskursethik als Verantwortungsethik*, in: Apel u. a. (Hg. 2001a), S. 96–121.

Apel, Karl-Otto (2002a), *3. Vorlesung: Anwendungsprobleme der Diskursethik*, in: Apel, Karl-Otto/Niquet, Marcel (2002), *Diskursethik und Diskursanthropologie. Aachener Vorlesungen*, Freiburg (Breisgau)/München, S. 68–94.

Apel, Karl-Otto (2002b), *Transzendentale Intersubjektivität und das Defizit einer Reflexionstheorie in der Philosophie der Gegenwart*, in: Burckhart, Holger/Gronke, Horst (Hg. 2002), *Philosophieren aus dem Diskurs*, Würzburg, S. 71–88.

Apel, Karl-Otto (2003), *Wahrheit als regulative Idee*, in: Böhler u. a. (Hg. 2003), S. 171–196.

Aristoteles (1985), *Nikomachische Ethik*, auf d. Grundlage der Übers. von Eugen Rolfes, hrsg. von Günther Bien, 4., durchges. Aufl., Hamburg.

Bacon, Francis (1990), *Neues Organon*, lateinisch-deutsch, hrsg. von Wolfgang Krohn, 2 Bde., Hamburg.

Bausch, Thomas/Böhler, Dietrich/Gronke, Horst u. a. (Hg. 2000), *Zukunftsverantwortung in der Marktwirtschaft*, Münster u. a.

Bayertz, Kurt (1995), *Eine kurze Geschichte der Herkunft der Verantwortung*, in: Bayertz, Kurt (Hg. 1995), *Verantwortung. Prinzip oder Problem?*, Darmstadt, S. 3–71.

Beck, Ulrich (1997), *Was ist Globalisierung? Irrtümer des Globalismus – Antworten auf Globalisierung*, Frankfurt a. M.

Birnbacher, Dieter/Jonas, Hans (1983). *Das Prinzip Verantwortung*, in: *Zeitschrift für Philosophische Forschung* 37 (1983), S. 144–146.

Birnbacher, Dieter (1995), *Verantwortung für zukünftige Generationen*, bibliographisch ergänzte Ausgabe, Stuttgart.

Böhler, Dietrich (1993), *Diskursethik und Menschwürdegrundsatz zwischen Idealisierung und Erfolgsverantwortung*, in: Apel u. a. (Hg. 1993a), S. 201-231.

Böhler, Dietrich (Hg. 1994a), *Ethik für die Zukunft. Im Diskurs mit Hans Jonas*, München.

Böhler, Dietrich (1994b), *In dubio contra projectum. Mensch und Natur im Spannungsfeld von Verstehen, Konstruieren und Verantworten*, in: Böhler (Hg. 1994a), S. 244–276.

Böhler, Dietrich (2000), *Idee und Verbindlichkeit der Zukunftsverantwortung. Hans Jonas und die Dialogethik – Perspektiven gegen den Zeitgeist*, in: Bausch u.a. (Hg. 2000), S. 34–69.

Böhler, Dietrich/Kettner, Matthias/Skirbekk, Gunnar (Hg. 2003), *Reflexion und Verantwortung. Auseinandersetzungen mit Karl-Otto Apel*, Frankfurt a. M.

Böhler, Dietrich/Brune, Jens Peter (Hg. 2004a), *Orientierung und Verantwortung. Begegnungen und Auseinandersetzungen mit Hans Jonas*, Würzburg.

Böhler, Dietrich (2004b), *Ethik der Zukunfts- und Lebensverantwortung. Erster Teil: Begründung. Zwischen Metaphysik und Reflexion im Dialog*, in: Böhler u. a. (Hg. 2004a), S. 97–159.

Braun, Edmund (2005), *Transzendentalpragmatik als normativ-semiotische Transformation der Transzendentalphilosophie*, in: Hennigfeld, Jochem/Jansohn, Heinz (Hg. 2005), *Philosophen der Gegenwart. Eine Einführung*, Darmstadt, S. 160–178.

Burckhart, Holger (1999), *Diskursethik, Diskursanthropologie, Diskurspädagogik. Reflexiv-normative Grundlegung kritischer Pädagogik*, Würzburg.

Burckhart, Holger (2000), *Diskurs: Sinnforum – Reflexionsform – Geltungsgrund*, in: Burckhart, Holger/Gronke, Horst/Brune, Jens Peter (Hg. 2000), *Die Idee des Diskurses. Interdisziplinäre Annäherungen* (Philosophisch-pädagogisches Forum, Bd. 2), Markt Schwaben, S. 3–13.

Burckhart, Holger (2002), *Überwindung der metaphysisch-heuristischen Grundlegung der Verantwortungsethik bei Hans Jonas durch eine dialogisch-diskursive Zukunftsethik der Mitverantwortung*, in: Sakai, Akihiro (Hg. 2002), *Gendai no seimeikan to sizenkan ni taisuru tetugakuteki rinrigakuteki saikentou (A Philosophical and ethical rethinking of the concepts of life and nature in the present)*, Sapporo, S. 41–50.

Burckhart, Holger/Sikora, Jürgen/Hoyer, Timo (Hg. 2005a), *Sphären der Verantwortung. Prinzip oder Lebenspraxis?*, Münster.

Burckhart, Holger (2005b), *Verantwortung. Prinzip oder Lebenspraxis? Ein erziehungsphilosophischer Versuch*, in: Burckhart, Holger u. a. (Hg. 2005a), S. 9–81.

Deutscher Bundestag (Hg. 1998), *Konzept Nachhaltigkeit. Vom Leitbild zur Umsetzung. Deutscher Bundestag, Referat Öffentlichkeitsarbeit*, Bonn.

Dewey, John (1993), *Demokratie und Erziehung. Eine Einleitung in die philosophische Pädagogik*, aus dem Amerikanischen von Erich Hylla, hrsg. und mit einem Nachwort von Jürgen Oelkers, Weinheim/Basel.

Duff, R. Antony (1998), *Responsibility*, in: Craig, Edward (Hg. 1998), *Routledge Encyclopedia of Philosophy*, Bd. 8, London/New York, S. 290–294.

Düwell, Marcus/Hübenthal, Christoph/Werner, Micha H. (Hg. 2006), *Handbuch Ethik*, zweite, aktualisierte und erweiterte Auflage, Stuttgart/Weimer.

Ekhardt, Felix (2005), *Das Prinzip Nachhaltigkeit. Generationengerechtigkeit und globale Gerechtigkeit*, München.

Finkentscher, Wolfgang (1989), *Verantwortung und Recht – Schlußwort zu einer Tagung*, in: Lampe (Hg. 1989), S. 327ff.

Gehlen, Arnold (1973), *Moral und Hypermoral. Eine pluralistische Ethik*, 3. Aufl., Frankfurt a. M.

Gronke, Horst (1993), *Apel versus Habermas: Zur Architektonik der Diskursethik*, in: Dorschel, Andreas/Kettner, Matthias/Kuhlmann, Wolfgang/Niquet, Marcel (Hg. 1993), *Transzendentalpragmatik. Ein Symposion für Karl-Otto Apel*, Frankfurt a. M., S. 273–296.

Gronke, Horst (1994), *Epoché der Utopie. Verteidigung des ‚Prinzips Verantwortung' gegen seine liberalen Kritiker, seine konservativen Bewunderer und Hans Jonas selbst*, in: Böhler (Hg. 1994a), S. 407–427.

Habermas, Jürgen (1983), *Diskursethik – Notizen zu einem Begründungsprogramm*, in: Habermas, Jürgen (1983), *Moralbewußtsein und kommunikatives Handeln*, Frankfurt a. M., S. 53–125.

Habermas, Jürgen (1992), *Erläuterungen zur Diskursethik*, 2. Aufl., Frankfurt a. M.

Habermas, Jürgen (1996), *Der philosophische Diskurs der Moderne. Zwölf Vorlesungen*, 5. Aufl., Frankfurt a. M.

Habermas, Jürgen (2001), *Kommunikatives Handeln und detranszendentalisierte Vernunft*, Stuttgart.

Habermas, Jürgen (2004), *Wege der Detranszendentalisierung. Von Kant zu Hegel und zurück*, in: Habermas, Jürgen (2004), *Wahrheit und Rechtfertigung. Philosophische Aufsätze. Erweiterte Ausgabe*, 2. Aufl., Frankfurt a. M., S. 186–229.

Heidbrink, Ludger (2003), *Kritik der Verantwortung. Zu den Grenzen verantwortlichen Handelns in komplexen Kontexten*, Weilerswist.

Herrmann, Harald/Voigt, Kai-Ingo (Hg. 2005), *Globalisierung und Ethik*, Ludwig-Erhard-Ringvorlesung an der Friedrich-Alexander-Universität Erlangen-Nürnberg, Heidelberg.

Höffe, Otfried (1989), *Schulden die Menschen einander Verantwortung? Skizze einer fundamentalethischen Legitimation*, in: Lampe (Hg. 1989), S. 12ff.

Höffe, Otfried (1993), *Moral als Preis der Moderne. Ein Versuch über Wissenschaft, Technik und Umwelt*, Frankfurt a. M.

Hösle, Vittorio (1990), *Die Krise der Gegenwart und die Verantwortung der Philosophie. Transzendentalpragmatik, Letztbegründung, Ethik*, München.

Hösle, Vittorio (1994), *Philosophie der ökologischen Krise. Moskauer Vorträge*, 2., um ein Nachwort erweiterte Auflage, München.

Hume, David (1973), *Ein Traktat über die menschliche Natur (A Treatise of Human Nature)*, dt. mit Anm. und Reg. von Theodor Lips, mit einer Einf. neu hrsg. von Reinhard Brandt, Hamburg.

Jonas, Hans (1973), *Organismus und Freiheit. Ansätze zu einer philosophischen Biologie*, aus dem Engl. übers. vom Verf. und von K. Dockhorn, Göttingen.

Jonas, Hans (1979), *Das Prinzip Verantwortung. Versuch einer Ethik für die technologische Zivilisation*, Frankfurt a. M.

Jonas, Hans (1983), *Forschung und Verantwortung* (Aulavorträge 21), Hochschule St. Gallen.

Jonas, Hans (1985a), *Technik, Medizin, Ethik. Zur Praxis des Prinzips Verantwortung*, Frankfurt a. M.

Jonas, Hans (1985b), *Warum die moderne Technik ein Gegenstand für die Ethik ist*, in: Jonas (1985a), S. 42–52.

Jonas, Hans (1985c), *Warum die moderne Technik ein Gegenstand für die Philosophie ist*, in: Jonas (1985a), S. 15–41.

Jonas, Hans (1987), *Wissenschaft als persönliches Erlebnis*, Göttingen.

Jonas, Hans (1992a), *Philosophische Untersuchungen und metaphysische Vermutungen*, Frankfurt a. M./Leipzig.

Jonas, Hans (1992b), *Evolution und Freiheit*, in: Jonas (1992a), S. 11–33.

Jonas, Hans (1992c), *Werkzeug, Bild, Grab. Vom Transanimalischen im Menschen*, in: Jonas (1992a), S. 34–49.

Jonas, Hans (1992d), *Zur ontologischen Grundlegung einer Zukunftsethik*, in: Jonas (1992a), S. 128–146.

Jonas, Hans (1994), *Rassismus im Lichte der Menschheitsbedrohung*, in: Böhler (Hg. 1994a), S. 21–29.

Jonas, Hans (2000), *Die Verantwortung des Verbrauchers angesichts der ‚ökologischen Krise'*, in: Bausch u. a. (Hg. 2000), S. 31–33.

Jonas, Hans (2004), *Erkenntnis und Verantwortung. Stationen eines Denklebens: Gespräch mit Ingo Hermann*, in: Böhler u. a. (Hg. 2004a), S. 405–469.

Kant, Immanuel (1956a), *Die Religion innerhalb der Grenzen der bloßen Vernunft*, Werke in sechs Bänden, Bd. IV, hrsg. von W. Weischedel, Darmstadt.

Kant, Immanuel (1956b), *Grundlegung zur Metaphysik der Sitten*, Werke in sechs Bänden, Bd. IV, hrsg. von W. Weischedel, Darmstadt.

Kant, Immanuel (1956c), *Kritik der praktischen Vernunft*, Werke in sechs Bänden, Bd. IV, hrsg. von W. Weischedel, Darmstadt.

Kant, Immanuel (1956d), *Kritik der reinen Vernunft*, Werke in sechs Bänden, Bd. II, hrsg. von W. Weischedel, Darmstadt.

Kant, Immanuel (1990), *Eine Vorlesung über Ethik*, hrsg. von Gerd Gerhardt, Frankfurt a. M.

Kaufman, Arnold S. (1967), *Responsibility, Moral and Legal*, in: Edwards, Paul (Hg. 1967), *The Encyclopedia of Philosophy*, Bd. VII, New York/London, S. 183ff.

Kettner, Matthias (1990), *Verantwortung als Moralprinzip? Eine kritische Betrachtung der Verantwortungsethik von Hans Jonas*, in: *Bijdragen Tijdschrift voor Filosofie en Theologie* 51 (1990), S. 418–39.

Kettner, Matthias (2001), *Moralische Verantwortung als Grundbegriff der Ethik*, in: Niquet, Marcel/Herrero, Francisco Javier/Hanke, Michael (Hg. 2001), *Diskursethik – Grundlegungen und Anwendungen*, Würzburg 2001, S. 65–94.

Kettner, Matthias (2003), *Gewirth oder Apel? Alternative Letztbegründungsstrategien in der Ethik*, in: Böhler u. a. (Hg. 2003), S. 303–314.

Kuhlmann, Wolfgang (1984), *Warum Normenethik?*, in: Apel, Karl-Otto/ Böhler, Dietrich/Rebel, Karlheinz (Hg. 1984), *Funkkolleg Praktische Philosophie/Ethik. Studientexte*, Bd. 2, Weinheim/Basel, S. 495–522.

Kuhlmann, Wolfgang (1985), *Reflexive Letztbegründung. Untersuchungen zur Transzendentalpragmatik*, Freiburg/München.

Kuhlmann, Wolfgang (1994), *‚Prinzip Verantwortung' versus Diskursethik*, in: Böhler (Hg. 1994a), S. 277–302.

Kuhlmann, Wolfgang (2006), *Begründung*, in: Düwell u. a. (Hg. 2006), S. 319–324.

Kuhlmann, Wolfgang (2007), *Begründungsprobleme in der Diskursethik*, in: Kuhlmann, Wolfgang (2007), *Beiträge zur Diskursethik. Studien zur Transzendentalpragmatik*, Würzburg, S. 9–43.

Kutschera, Franz von (1973), *Einführung in die Logik der Normen, Werte und Entscheidungen*, Freiburg/München.

Lampe, Ernst-Joachim (Hg. 1989), *Verantwortlichkeit und Recht. Jahrbuch für Rechtssoziologie und Rechtstheorie*, Bd. XIV, Opladen.

Le Monde diplomatique (Hg. 2006), *Atlas der Globalisierung. Die neuen Daten und Fakten zur Lage der Welt*, deutsche Ausgabe, Berlin.

Le Monde diplomatique (Hg. 2009), *Atlas der Globalisierung. Sehen und verstehen, was die Welt bewegt*, deutsche Ausgabe, Berlin.

Lenk, Hans (1982), *Zur Sozialphilosophie der Technik*, Frankfurt a. M.

Lenk, Hans (1992), *Zwischen Wissenschaft und Ethik*, Frankfurt a. M.

Lenk, Hans/Maring, Matthias (2001), *Verantwortung*, in: Ritter, Joachim/ Gründer, Karlfried/Gabriel, Gottfried (Hg. 2001), *Historisches Wörterbuch der Philosophie*, völlig neubearbeitete Ausgabe des „Wörterbuchs der Philosophischen Begriffe" von Rudolf Eisler, Bd 11, Basel, S. 566–575.

Moore, George E. (1970), *Prinzipia Ethica,* aus. d. Engl. übers. u. hrsg. von Burkhard Wisser, Stuttgart.

Nagl, Ludwig (1992), *Charles Sanders Peirce,* Frankfurt a. M./New York.

Niquet, Marcel (2002), *Moralität und Befolgungsgültigkeit. Prolegomena zu einer realistischen Diskurstheorie der Moral,* Würzburg.

Nöth, Winfried (2000), *Handbuch der Semiotik,* 2., vollständig neu bearb. und erw. Aufl., Stuttgart/Weimar.

Pape, Helmut (1989), *Erfahrung und Wirklichkeit als Zeichenprozeß. Charles S. Peirces Entwurf einer Spekulativen Grammatik des Seins,* Frankfurt a. M.

Peirce, Charles S. (1931–1958), *Collected Papers,* Bde. 1–6 hrsg. von Hartshorne, Charles/Weiss, Paul, Bde. 7–8 hrsg. von Burks, Arthur W., Cambridge, Mass.

Peirce, Charles S. (2000), *Semiotische Schriften. Band I. 1865–1903,* herausgegeben und übersetzt von Christian J. W. Kloesel und Helmut Pape, Frankfurt a. M.

Reese-Schäfer, Walter (1990), *Karl-Otto Apel zur Einführung. Mit einem Nachwort von Jürgen Habermas,* Hamburg.

Reich, Kersten (2008), *Konstruktivistische Didaktik. Lehr- und Studienbuch mit Methodenpool,* 4. Aufl., Weinheim.

Ropohl, Günter (1994), *Das Risiko im Prinzip Verantwortung,* in: *Ethik und Sozialwissenschaften* 5 (1994), S. 109–120.

Ropohl, Günter (1996), *Ethik und Technikbewertung,* Frankfurt a. M.

Rorty, Richard (1978), *Epistemological Behaviorism and the De-Transcendentalization of Analytic Philosophy,* in: *Neue Hefte für Philosophie* 14 (1978), S. 115–142.

Rorty, Richard (1987), *Der Spiegel der Natur: Eine Kritik der Philosophie,* übersetzt von Michael Gebauer, Frankfurt a. M.

Rorty, Richard (1991), *Pragmatism, Davidson and Truth,* in: Rorty, Richard (1991), *Objectivity, relativism, and truth. Philosophical papers,* Bd. 1, Cambridge, S. 126–150.

Rorty, Richard (2000), *Wahrheit und Fortschritt,* Frankfurt a. M.

Sandbothe, Mike (Hg. 2000), *Die Renaissance des Pragmatismus. Aktuelle Verflechtungen zwischen analytischer und kontinentaler Philosophie,* Weilerswist.

Schaber, Peter (2006), *Naturalistischer Fehlschluss,* in: Düwell u. a. (Hg. 2006), S. 454–456.

Schäfer, Lothar (1993), *Das Bacon-Projekt. Von der Erkenntnis, Nutzung und Schonung der Natur*, Frankfurt a. M.

Schenck, Ernst von (1956), *Die anthropologische Kategorie der Verantwortung*, in: *Studia Philosophica*, Bd. XIV (1956), S. 165ff.

Schurz, Gerhard (1997), *The Is-Ought Problem. An Investigation in Philosophical Logic*, Dordrecht u. a.

Skirbekk, Gunnar (2002), *Praxeologie der Moderne. Universalität und Kontextualität der diskursiven Vernunft*, übersetzt von Günter Seib, Weilerswist.

Weber, Max (1971), *Politik als Beruf*, in: Weber, Max (1971), *Gesammelte Politische Schriften*, dritte, erneut vermehrte Aufl., hrsg. von J. Winckelmann, Tübingen, S. 505–560.

Wellmer, Albrecht (2003), *Der Streit um Wahrheit. Pragmatismus ohne regulative Ideen*, in: Böhler u. a. (Hg. 2003), S. 143–170.

Wellmer, Albrecht (1986), *Ethik und Dialog. Elemente des moralischen Urteils bei Kant und in der Diskursethik*, Frankfurt a. M.

Werner, Micha H. (1994), *Dimensionen der Verantwortung. Ein Werkstattbericht zur Zukunftsethik von Hans Jonas*, in: Böhler (Hg. 1994a), S. 303–338.

Werner, Micha H. (2001), *Die Verantwortungsethik Karl-Otto Apels. Würdigung und Diskussion*, in: Apel u. a. (Hg. 2001a), S. 123–144.

Werner, Micha H. (2003), *Hans Jonas' Prinzip Verantwortung*, in: Düwell, Marcus/Steigleder, Klaus (Hg. 2003), *Bioethik. Eine Einführung*, Frankfurt a. M., S. 41–56.

Werner, Micha H. (2006a), *Diskursethik*, in: Düwell u. a. (Hg. 2006), S. 140–151.

Werner, Micha H. (2006b), *Verantwortung*, in: Düwell u. a. (Hg. 2006), S. 541–548.

Wetz, Franz Josef (1994), *Hans Jonas zur Einführung*, Hamburg.

Wieland, Wolfgang (1999), *Verantwortung – Prinzip der Ethik?*, Heidelberg.

Williams, Michael (2003), *Rorty on Knowledge and Truth*, in: Guignon, Charles/Hiley, David R. (Hg. 2003), *Richard Rorty*, Cambridge, S. 61–80.

Wolf, Jean-Claude (1992), *Hans Jonas: Eine naturphilosophische Begründung der Ethik,* in: Hügli, Anton/Lübcke, Poul (Hg. 1992), *Philosophie im 20. Jahrhundert. Bd. 1: Phänomenologie, Hermeneutik, Existenzphilosophie und Kritische Theorie,* 3. Auflage, Reinbek bei Hamburg, S. 214–236.

Zimmermann, Michael J (1992), *Responsibility,* in: Becker, Lawrence C./ Becker, Charlotte B. (Hg. 1992), *Encyclopedia of Ethics,* Bd. 2, New York/London, S. 1089–1095.

Zeitfracht Medien GmbH
Ferdinand-Jühlke-Straße 7
99095 Erfurt, Deutschland
produktsicherheit@kolibri360.de